선생님이 강력 추천하는

개념 + PLUS

단원평가

과학

4-1

개념+단원평가 와
내 교과서 비교하기

단원 찾는 방법

• 내 교과서 출판사명을 확인하고 공부할 범위의 페이지를 확인하세요.
• 다음 표에서 내 교과서의 공부할 페이지와 개념+단원평가 과학 페이지를 비교하면 됩니다.
  예를 들어 천재 교과서 26~49쪽이면 개념+단원평가 14~45쪽을 공부하시면 됩니다.

Search
단원찾기

단원	개념+ 단원평가	천재 교과서	아이스크림 미디어	지학사	비상 교과서	금성 출판사	동아 출판	김영사	미래엔
과학 탐구	8~13	12~25	10~17	8~17	10~17	8~23	8~15	8~21	7~14
지층과 화석	14~45	26~49	18~43	18~41	18~43	24~47	16~39	22~45	15~42
식물의 한살이	46~79	50~77	44~73	42~65	44~71	48~71	40~67	46~71	43~68
물체의 무게	80~111	78~101	74~99	66~89	72~95	72~95	68~91	72~95	69~92
혼합물의 분리	112~139	102~123	100~123	90~113	96~119	96~117	92~113	96~117	93~116

여러분의 꿈을 응원합니다!!!

민들레에게는
하얀 씨앗을 더 멀리 퍼뜨리고 싶은 꿈이 있고,

연어에게는
고향으로 돌아가 알알이 붉은 알을 낳고 싶은 꿈이 있습니다.

여러분도 가지각색의 아름다운 꿈을 가지고 있지요?
꿈을 향한 마음으로
좋은 결과를 얻기 위해 달려 보아요.

여러분의 그 아름답고 소중한 꿈을 응원합니다.

구성과 특징

교과서 종합평가

과학 8종 검정 교과서를 완벽 분석한 종합평가를 단원별로 구성하였습니다.

1. 교과서 핵심 요점

교과서 내용을 이해하기 쉽도록 사진 자료와 함께 꾸몄습니다.

2. 개념을 확인해요

교과서 개념과 관련된 주요 내용을 간단한 문제를 통하여 확인할 수 있습니다.

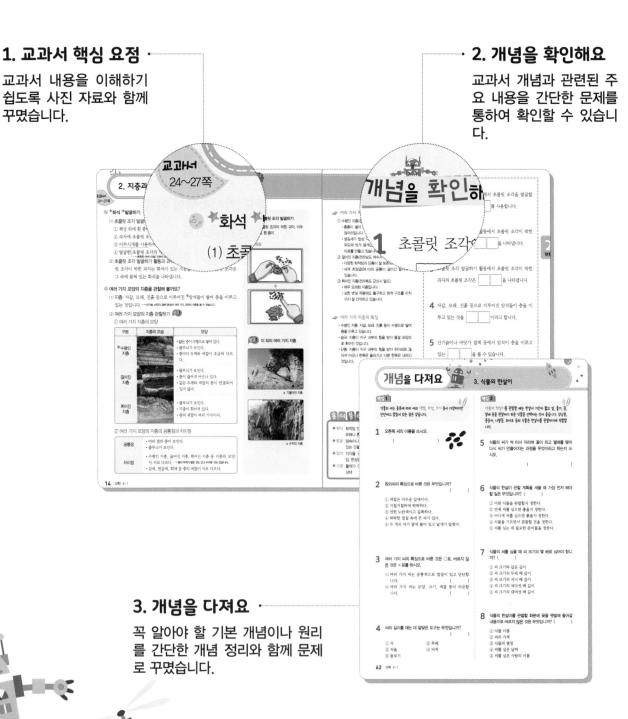

3. 개념을 다져요

꼭 알아야 할 기본 개념이나 원리를 간단한 개념 정리와 함께 문제로 꾸몄습니다.

4. 단원 평가 연습 도전 기출 실전

여러 가지 유형의 문제를 단원별로 구성하고, 연습, 도전, 기출, 실전 으로 난이도를 구분하여 학습 목표를 이룰 수 있도록 하였습니다.

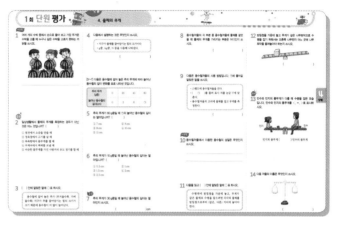

5. 탐구 서술형 평가

서술형 평가에 대비할 수 있도록 다양한 문제로 구성하였습니다.

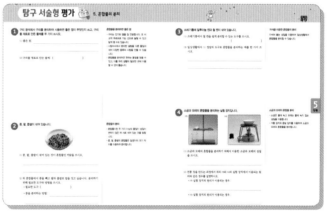

6. 100점 예상문제

핵심만 콕콕 짚어 단원별과 전체 범위로 구분하여 구성하였습니다.

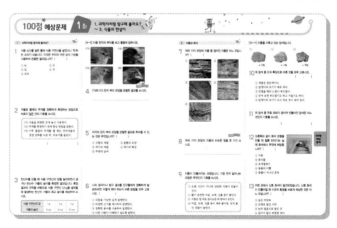

정답과 풀이

별책 부록

스스로 학습할 수 있도록 문제마다 자세한 풀이를 넣었으며 '더 알아볼까요' 코너를 두어 문제를 정확하고 쉽게 이해할 수 있도록 하였습니다.

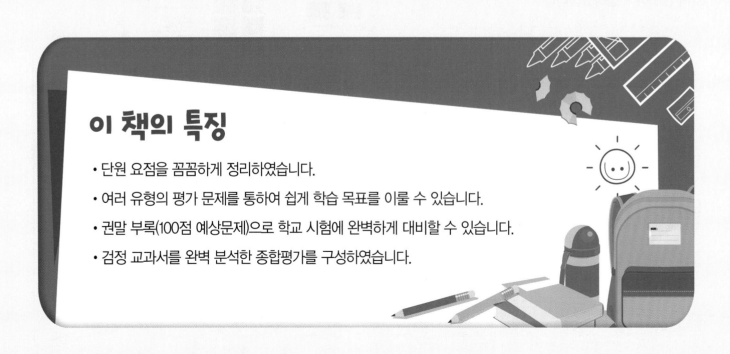

이 책의 특징

• 단원 요점을 꼼꼼하게 정리하였습니다.

• 여러 유형의 평가 문제를 통하여 쉽게 학습 목표를 이룰 수 있습니다.

• 권말 부록(100점 예상문제)으로 학교 시험에 완벽하게 대비할 수 있습니다.

• 검정 교과서를 완벽 분석한 종합평가를 구성하였습니다.

차례

4·1
3~4학년군

요점 정리
+ 단원 평가

과학 4-1

3~4
학년군

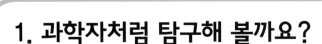
과학자처럼 관찰해 볼까요?

(1) 탄산수가 만들어지는 과정 관찰하기

① 탄산수가 만들어지는 과정

- 투명한 유리컵에 물을 $\frac{2}{3}$ 정도 붓습니다.
- 식용 소다를 약숟가락으로 한 숟가락 떠서 투명한 유리컵에 넣은 뒤 유리 막대로 저어 줍니다. ┌→ 숟가락 위의 가루 물질을 편평하게 합니다.
- 식용 구연산을 다른 약숟가락으로 한 숟가락 떠서 유리컵에 넣습니다.
- 유리 막대로 유리컵 속의 물을 저으면서 유리컵 속에서 나타나는 변화를 관찰합니다.

식용 소다

식용 구연산

② 유리컵 속에서 나타나는 변화

변화가 일어나기 전	변화가 일어나는 중	변화가 일어난 후
식용 소다를 넣으면 유리컵 바닥에 가라앉는다.→눈	식용 구연산을 넣으면 '칙' 하는 소리가 나면서 거품이 발생한다.→눈, 귀	시간이 지나면 올라왔던 거품의 높이가 낮아지고, 탄산수가 투명해진다.→눈

┌→ 식용 구연산을 만지면 까끌까끌합니다.(피부)

(2) 과학적 관찰 방법

① 탐구할 때 여러 가지 감각 기관을 사용하여 대상을 주의 깊게 관찰합니다.

② 관찰할 때 사용하는 감각 기관: 눈, 코, 입, 귀, 피부의 다섯 가지 감각 기관을 사용합니다.

③ 감각 기관만으로 관찰하기 어려울 때: 돋보기, 현미경, 청진기 등의 관찰 도구를 사용합니다.

탐구 1 유리컵 속에서 나타나는 변화 관찰하기

변화가 일어나기 전

변화가 일어나는 중

변화가 일어난 후

과학자처럼 측정해 볼까요?

(1) 정확한 양을 측정해 탄산수 만들기

① 눈금실린더를 사용하여 물 100 mL를 측정합니다.

② 전자저울을 사용하여 식용 소다 4 g, 식용 구연산 2 g을 측정합니다.

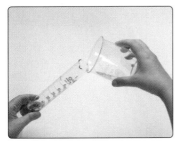

▲ 눈금실린더의 가운데 부분을 잡고 기울여서 물을 붓고, 물 100 mL를 측정합니다.

▲ 약포지에 가루 물질의 이름을 쓰고 두 대각선을 접어 전자저울 위에 올립니다.

③ 투명 유리컵에 물 100 mL를 넣은 다음, 식용 소다 4 g을 넣고 유리 막대로 저어 줍니다.

④ 식용 구연산 2 g을 식용 소다를 녹인 물에 넣고 유리 막대로 저어 주면서 탄산수를 만듭니다.

(2) 액체의 부피를 측정하는 방법

① 눈금실린더를 사용하여 액체의 부피를 측정합니다.

② 눈금실린더로 액체의 부피를 정확하게 측정하는 방법 **탐구1**

• 눈금실린더를 편평한 곳에 놓습니다.

• 액체의 가운데 오목한 부분과 눈높이를 수평으로 맞추고 눈금을 읽습니다.

(3) 물체의 무게를 측정하는 방법

① 저울을 사용하여 물체의 무게를 측정합니다.

② 저울로 물체의 무게를 정확하게 측정하는 방법 **탐구2**

• 저울을 편평한 곳에 놓고, 무게를 측정하기 전에 영점을 맞춥니다.

• 전자저울 위에 약포지를 올린 뒤 영점 단추를 누릅니다.
└─ 가루 물질의 종류에 따라 다른 약숟가락과 약포지를 사용합니다.

(4) 과학적 측정 방법

① 대상을 관찰할 때 알맞은 측정 도구를 골라 올바른 방법으로 측정합니다.

② 반복적인 측정을 통해 정확한 측정값을 얻습니다.

③ 측정한 값에 알맞은 단위를 표시합니다.

탐구1 눈금실린더 사용법

• 측정하려고 한 양보다 약간 큰 눈금실린더를 사용합니다.

• 액체를 넣을 때에는 눈금실린더를 기울여서 넣습니다.

• 눈금을 읽을 때 편평한 곳에 놓고 액체가 흔들리지 않을 때 눈높이를 수평으로 맞추어 읽습니다.

• 눈금을 읽을 때에는 액체 가운데 오목한 부분을 읽습니다.

• 사용한 뒤에는 깨끗이 씻어서 엎어 놓고 말립니다.

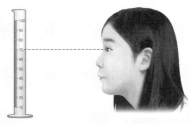

▲ 눈금실린더의 눈금을 읽는 방법

탐구2 전자저울 사용법

• 전자저울을 수평이 잘 맞는 편평한 곳에 놓습니다.

• 전자저울의 공기 방울이 검은색 원 안의 한가운데 오도록 조절합니다.

• 약포지를 올리고 영점 단추를 눌러 0 g으로 맞춥니다.

• 측정하고자 하는 물체를 전자저울의 중앙에 올려놓습니다.

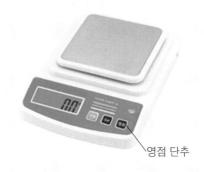

영점 단추

1. 과학자처럼 탐구해 볼까요?

과학자처럼 예상해 볼까요?

(1) 탄산수 거품의 최고 높이 예상하기

① 탄산수 거품의 높이를 측정하는 방법 실험 1

- 투명 유리컵 세 개에 각각 물을 100 mL씩 붓습니다.
- 식용 소다 4 g을 각각의 컵에 넣고 유리 막대로 저어 줍니다.
- 첫 번째 컵에 식용 구연산 1 g을 넣고, 유리 막대로 저어 주면서 발생하는 거품의 최고 높이를 유성 펜으로 표시합니다.
- 두 번째 컵에 식용 구연산 2 g, 세 번째 컵에 식용 구연산 3 g을
  └• 탄산수 거품
  각각 넣고 발생하는 거품의 최고 높이를 표시합니다.
  └• 유리컵 바닥에 자의 '0' 눈금을 맞추어야 합니다.

② 식용 구연산 양을 달리하였을 때 탄산수 거품의 높이

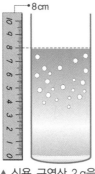

▲ 식용 구연산 1 g을 넣었을 때 / ▲ 식용 구연산 2 g을 넣었을 때 / ▲ 식용 구연산 3 g을 넣었을 때

③ 물 100 mL, 식용 소다 4 g, 식용 구연산 2.5 g을 투명 유리컵에 넣었을 때 발생하는 탄산수 거품의 최고 높이 탐구 1

- 식용 구연산의 양이 2 g일 때 발생하는 탄산수 거품의 최고 높이가 8 cm입니다.
- 식용 구연산의 양이 3 g일 때 발생하는 탄산수 거품의 최고 높이가 9 cm입니다.
- 식용 구연산의 양이 2.5 g일 때 발생하는 탄산수 거품의 최고 높이는 2 g과 3 g일 때의 중간인 8.5 cm 정도가 될 것입니다.

(2) 과학적 예상 방법

① 이미 측정한 값에서 규칙을 찾아 측정하지 않은 값도 예상할 수 있습니다.

② 예상을 정확하게 하는 방법: 측정한 결과 사이의 관계를 이해해야 합니다.

③ 측정한 값이 많을수록 규칙을 쉽게 찾아내 측정하지 않은 값을 더 정확하게 예상할 수 있습니다.

실험 1 탄산수 거품의 최고 높이 측정하기

 탐구 1 물 100 mL, 식용 소다 4 g, 식용 구연산 4 g을 넣었을 때 발생하는 탄산수 거품의 최고 높이 예상하기

- 식용 구연산의 양을 1 g씩 늘릴 때마다 발생하는 탄산수 거품의 높이가 1 cm씩 높아졌습니다.
- 식용 구연산 4 g을 넣으면 3 g을 넣었을 때보다 높이가 1 cm 높아진 10 cm 정도가 될 것입니다.

과학자처럼 분류해 볼까요?

(1) 핀치 분류하기 탐구1

① 여러 종류의 핀치를 관찰하고 각 핀치의 특징을 찾아봅니다.

㉠ 먹이를 먹고 있는 곳, 먹고 있는 먹이의 종류, 깃털의 색깔, 부리의 모양 등

② 분류 기준을 정하여 핀치를 분류해 봅니다. ㉠

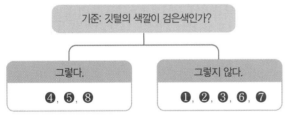

기준: 깃털의 색깔이 검은색인가?

그렇다.	그렇지 않다.
❹, ❺, ❽	❶, ❷, ❸, ❻, ❼

③ 분류한 기준과 그 결과를 이야기해 봅니다.

④ 과학적인 분류 기준을 정하여 핀치를 여러 단계로 분류해 봅니다.

(2) 과학적 분류 방법 →공통점과 차이점 중 한 가지를 선택하여 분류 기준을 세워 분류합니다.

① 과학적으로 분류하기 위한 방법: 공통점과 차이점을 바탕으로 기준을 세우고, 한 번 분류한 것을 여러 단계로 계속 분류합니다.

② 기준을 정하여 분류한 것을 다시 또 분류하면 좋은 점

• 분류 대상 각각의 성질을 자세히 알 수 있습니다.

• 분류 대상 전체와 부분의 관계를 한눈에 알 수 있습니다.

③ 과학적 분류 기준이 갖추어야 할 조건 → "깃털의 색깔이 검은색인가?"는 누가 분류하더라도 같은 분류 결과가 나오는 기준입니다.

• 누가 분류하더라도 같은 분류 결과가 나오는 기준이어야 합니다.

• "핀치가 멋있는가?"에서 "멋있는가?"는 사람에 따라 멋의 기준이 다를 수 있으므로 과학적인 분류 기준이 아닙니다.

탐구1 다윈의 핀치

❶ 딱따구리핀치: 작은 나뭇가지를 도구처럼 사용하여 나무 구멍 속에 사는 애벌레를 꺼내 먹습니다.

❷ 솔새핀치: 뾰족하고 가느다란 부리로 나무 구멍 속 곤충을 꺼내 먹습니다.

❸ 큰나무핀치: 짧고 단단한 부리로 나무 위의 곤충을 잡아먹습니다.

❹ 채식핀치: 앵무새와 같은 큰 부리로 과일이나 꽃을 따 먹습니다.

❺ 큰땅핀치: 크고 튼튼한 부리로 씨를 부숴 먹습니다.

❻ 솔새핀치: 뾰족하고 가느다란 부리로 나무 구멍 속 곤충을 꺼내 먹습니다.

❼ 큰땅핀치: 크고 튼튼한 부리로 씨를 부숴 먹습니다.

❽ 선인장핀치: 선인장 가시보다 긴 부리로 선인장을 파먹거나 선인장 씨를 먹습니다.

1. 과학자처럼 탐구해 볼까요?

교과서
18~21쪽

사고 소통

과학자처럼 추리해 볼까요?

(1) 핀치의 부리 모양과 먹이의 관계 추리하기 탐구1

① 핀치의 다양한 부리 모양

② 핀치의 부리 모양과 먹이의 관계 추리하기 탐구2

추리 과정			
부리 모양	관찰 결과	알고 있는 것 또는 경험	추리할 수 있는 것
가늘고 뾰족한 부리 +	• 가와 다 • 벌레가 나무 틈에 살고 있다. +	벌새는 가늘고 긴 부리로 꽃 속의 꿀을 먹는다. ⇒	나무 틈에 사는 벌레를 꺼내 먹기 때문에 부리가 가늘고 뾰족한 것이다.
크고 두꺼운 부리 +	• 나와 라 • 여러 가지 씨가 땅에 떨어져 있다. +	콩새는 두꺼운 부리로 식물의 씨를 부숴 먹는다. ⇒	여러 가지 씨를 먹이로 하기 때문에 부리가 크고 두꺼운 것이다.

(2) 과학적 추리 방법

① 탐구 대상을 다양하고 정확하게 관찰해야 합니다.

② 관찰한 것을 내가 알고 있는 것이나 과거 경험과 관련지어 추리합니다. ──▶ 더 과학적인 추리를 할 수 있습니다.

③ 추리한 것이 관찰 결과를 모두 설명할 수 있어야 합니다.

탐구1 **갈라파고스 제도**

• 갈라파고스 제도는 남미 에콰도르에서 서쪽 1000 km 정도 떨어진 태평양 한 가운데 위치한 화산섬입니다.

• 모두 19개의 크고 작은 섬으로 이루어져 있습니다.

탐구2 **핀치의 부리와 먹이의 종류**

• 과일을 먹는 종류: 앵무새 같은 큰 부리로 과일이나 꽃을 따 먹습니다.

• 곤충을 먹는 종류: 짧고 단단한 부리로 나무 위의 곤충을 잡아먹습니다.

• 선인장을 먹는 종류: 선인장 가시보다 긴 부리로 선인장을 파먹거나 선인장 씨를 먹습니다.

• 씨를 먹는 종류: 크고 튼튼한 부리로 씨를 부숴 먹습니다.

과학자처럼 의사소통해 볼까요?

(1) 핀치의 부리 모양과 먹이의 관계 설명하기 **탐구1**

① 내가 추리한 내용을 친구들에게 잘 전달할 수 있는 방법: 각 핀치의 부리 모양과 비슷한 모양을 가진 다른 종류의 새 사진을 함께 제시하여 설명하면 더 효과적으로 설명할 수 있습니다.

② 나의 추리를 친구들이 잘 이해할 수 있도록 설명하기 **예 탐구2**

▲ 가　　　　　▲ 다　　　　　▲ 벌새

- **가**와 **다** 핀치는 부리가 가늘고 길며, 벌새의 부리와 비슷하게 생겼습니다. →큰땅핀치는 부리가 두껍습니다.
- 벌새는 가늘고 긴 부리를 가지고 있어 꽃 속의 꿀을 먹습니다.
  →콩새는 부리가 두껍고 튼튼하기 때문에 식물의 씨를 부숴 먹습니다.
- **가**와 **다** 핀치는 벌새와 같이 식물 속에 있는 벌레를 먹이로 하기 때문에 부리가 가늘고 긴 것이라고 생각합니다.

③ 내가 추리한 내용에서 친구들이 궁금해 하는 점을 듣고 대답하기 **예**

궁금해 하는 점	"**가**와 **다** 핀치의 부리와 벌새의 부리가 비슷하다고 생각하지 않습니다. **가**와 **다** 핀치보다 벌새의 부리가 더 가늘고 길이도 깁니다. 그래서 **가**와 **다** 핀치의 부리와 벌새의 부리가 같은 용도로 사용된다고 추리하는 것은 잘못된 것입니다."
대답하기	"부리가 가늘고 긴 정도는 사람마다 기준이 달라서 그런 것 같습니다. **가**와 **다** 핀치와 좀 더 비슷하게 생긴 다른 종류의 새들을 조사해 보겠습니다."

(2) 과학적 의사소통 방법

① 다른 사람이 이해하기 쉽게 말해야 합니다.

② 타당한 근거를 제시하여 설명하면 자신과 생각이 다른 사람을 쉽게 설득할 수 있습니다.

③ 표, 그림, 그래프, 몸짓 등을 사용하면 자신의 생각을 더 정확하게 전달할 수 있습니다.

④ 다른 사람의 탐구 결과에서 궁금한 점이 생겼을 때에는 질문을 할 수도 있습니다.

탐구1 찰스 다윈

찰스 로버트 다윈(Charles Robert Dawin, 1809~1882)은 영국의 생물학자이자 지질학자이며 진화론에 기여가 가장 크다고 알려져 있으며 갈라파고스 섬에서 여러 모양의 부리를 가진 핀치를 관찰하였습니다.

탐구2 나의 추리를 친구들이 잘 이해할 수 있도록 설명하기

▲ 나

▲ 라

▲ 콩새

- **나**와 **라** 핀치는 부리가 큽니다. 이 부리는 콩새의 부리와 비슷하게 생겼습니다.
- 콩새는 두껍고 튼튼한 부리를 이용하여 씨를 부숴 먹습니다.
- **나**와 **라** 핀치는 크고 두꺼운 부리가 있기 때문에 단단한 씨를 부숴 먹기 쉬울 거라고 생각합니다.

2. 지층과 화석

★화석 ★발굴하기

(1) 초콜릿 조각 발굴하기 실험❶

① 책상 위에 흰 종이를 깔고 초콜릿 조각이 박힌 과자를 올려놓습니다.

② 과자에 초콜릿 조각이 몇 개나 들어 있을지 생각해 봅니다.

③ 이쑤시개를 사용하여 과자에 있는 초콜릿 조각을 발굴합니다.

④ 발굴한 초콜릿 조각의 개수를 세어 보고, 모양을 관찰합니다.
└ 뾰족한 이쑤시개로 인하여 초콜릿 조각이 부서지거나 손상되지 않도록 합니다.

(2) 초콜릿 조각 발굴하기 활동과 과학자가 화석을 발굴하는 것 비교: 초콜릿 조각이 박힌 과자는 화석이 있는 지층을 나타내고, 초콜릿 조각은 그 속에 묻혀 있는 화석을 나타냅니다.

여러 가지 모양의 지층을 관찰해 볼까요?

(1) 지층: 자갈, 모래, 진흙 등으로 이루어진 ★암석들이 쌓여 층을 이루고 있는 것입니다. └ 산기슭, 바닷가 절벽 등에서 여러 가지 모양의 지층을 볼 수 있습니다.

(2) 여러 가지 모양의 지층 관찰하기 탐구❶

① 여러 가지 지층의 모양

구분	지층의 모습	모양
★수평인 지층	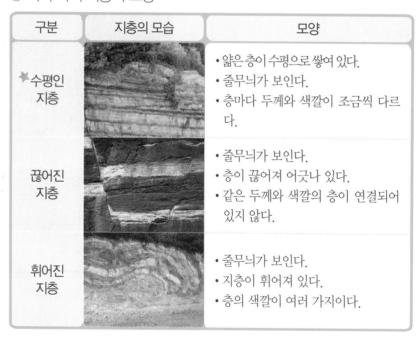	• 얇은 층이 수평으로 쌓여 있다. • 줄무늬가 보인다. • 층마다 두께와 색깔이 조금씩 다르다.
끊어진 지층		• 줄무늬가 보인다. • 층이 끊어져 어긋나 있다. • 같은 두께와 색깔의 층이 연결되어 있지 않다.
휘어진 지층		• 줄무늬가 보인다. • 지층이 휘어져 있다. • 층의 색깔이 여러 가지이다.

② 여러 가지 모양의 지층의 공통점과 차이점

공통점	• 여러 겹의 층이 보인다. • 줄무늬가 보인다.
차이점	• 수평인 지층, 끊어진 지층, 휘어진 지층 등 지층의 모양이 서로 다르다. └ 층의 두께가 얇은 것도 있고 두꺼운 것도 있습니다. • 갈색, 연갈색, 회색 등 층의 색깔이 서로 다르다.

실험❶ 초콜릿 조각 발굴하기

준비물: 초콜릿 조각이 박힌 과자, 이쑤시개 두 개, 흰 종이

실험 과정

탐구❶ 이 외의 여러 가지 지층

▲ 기울어진 지층

▲ 수직인 지층

여러 가지 지층의 모양(교과서 26쪽)

① 수평인 지층(경상남도 고성군 상족암 군립공원)
- 층층이 쌓아 놓은 시루떡을 연상시키는 퇴적암 덩어리입니다.
- 생김새가 밥상 다리 모양 같고, 바위 곳곳에는 파도에 씻겨 생겨난 깊숙하고도 기묘한 지형이 미로를 만들고 있습니다.

② 끊어진 지층(전라남도 여수시 사도)
- 다양한 퇴적암과 단층이 잘 보존되어 있습니다.
- 세계 최장급(84 m)의 공룡이 걸어간 발자국이 있습니다.

③ 휘어진 지층(전라북도 군산시 말도)
- 매우 오래된 지층입니다.
- 심한 변성 작용에도 불구하고 퇴적 구조를 아직까지 잘 간직하고 있습니다.

여러 가지 지층의 특징

- 수평인 지층: 자갈, 모래, 진흙 등이 수평으로 쌓여 층을 이루고 있습니다.
- 습곡: 지층이 지구 내부의 힘을 받아 물결 모양으로 휘어진 것입니다.
- 단층: 지층이 지구 내부의 힘을 받아 위아래로 끊어져 어긋나 한쪽은 올라가고 다른 한쪽은 내려간 것입니다.

용어풀이

★화석 퇴적암 안에 퇴적물과 함께 퇴적된 동식물의 유해나 흔적
★발굴 땅속이나 큰 덩치의 흙, 돌 더미 따위에 묻혀 있는 것을 찾아서 파냄.
★암석 지각을 구성하고 있는 물질로 화성암, 퇴적암, 변성암으로 크게 나뉨.
★수평 물체가 어느 한쪽으로 기울지 않고 평평한 상태

개념을 확인해요

2단원

1 초콜릿 조각이 박힌 과자에서 초콜릿 조각을 발굴할 때 ☐☐☐☐ 를 사용합니다.

2 초콜릿 조각 발굴하기 활동에서 초콜릿 조각이 박힌 과자는 화석이 있는 ☐☐ 을 나타냅니다.

3 초콜릿 조각 발굴하기 활동에서 초콜릿 조각이 박힌 과자의 초콜릿 조각은 ☐☐ 을 나타냅니다.

4 자갈, 모래, 진흙 등으로 이루어진 암석들이 층을 이루고 있는 것을 ☐☐ 이라고 합니다.

5 산기슭이나 바닷가 절벽 등에서 암석이 층을 이루고 있는 ☐☐ 을 볼 수 있습니다.

6 지층은 수평인 지층, 끊어진 지층, ☐☐ ☐ 지층 등 모양이 다양합니다.

7 지층은 여러 개의 층으로 이루어져 있으며 ☐ ☐☐ 가 보입니다.

8 지층은 얇은 층, 두꺼운 층 등 층의 ☐☐ 와 색깔이 다릅니다.

2. 지층과 화석

교과서
28~29쪽

지층은 어떻게 만들어질까요?

단단한 암석으로 되어 있습니다.

(1) 지층을 가까이에서 관찰하기

① 단단한 암석으로 되어 있고, 줄무늬가 보입니다.

② 알갱이 색깔과 크기가 서로 다릅니다.

지층을 이루고 있는 자갈, 모래, 진흙의 알갱이 크기와 색깔이 서로 다르기 때문입니다.

▲ 전라북도 부안군 채석강

(2) 지층을 이루는 알갱이 크기와 색깔이 다른 까닭

① 크기가 다른 알갱이가 쌓여 만들어지기 때문입니다.

② 쌓이는 알갱이의 색깔이 다르기 때문입니다.

(3) 지층 ★모형 만들기

① 지층 모형을 만드는 방법

• 비커 네 개에 물, 자갈, 모래, 진흙을 각각 100 mL 정도 채웁니다.

• 투명한 플라스틱 원통에 물을 먼저 넣고, 자갈, 모래, 진흙을 차례대로 넣습니다.

• 비커 세 개에 다시 자갈, 모래, 진흙을 각각 100 mL 정도 채우고, 투명한 플라스틱 원통에 넣는 순서를 다르게 하여 지층 모형을 만듭니다.

② 완성된 지층 모형의 특징

• 층마다 알갱이의 크기와 색깔이 다릅니다.

• 줄무늬를 볼 수 있습니다.

• 층층이 쌓여 있고, 수평입니다.

③ 지층에서 위에 있는 층과 아래 있는 층 가운데 먼저 만들어진 층과 그렇게 생각한 까닭

먼저 만들어진 층	아래에 있는 층이 위에 있는 층보다 먼저 만들어졌다.
그렇게 생각한 까닭	지층 모형 만들기 실험에서 아래에 있는 자갈이 위에 있는 모래보다 먼저 넣은 것이기 때문이다.

(4) 지층이 만들어져 발견되는 과정 탐구1

① 지층은 물이 ★운반한 자갈, 모래, 진흙 등이 쌓인 뒤에 오랜 시간을 거쳐 단단하게 굳어져 만들어진 것입니다.

② 지층이 땅 위로 솟아오른 뒤 깎이면 우리가 볼 수 있습니다.

탐구1 **지층이 만들어지는 과정**

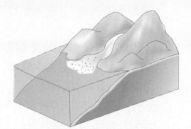

▲ 물이 운반한 자갈, 모래, 진흙 등이 쌓입니다.

▲ 자갈, 모래, 진흙 등이 계속 쌓이면 먼저 쌓인 것들이 눌립니다.

▲ 오랜 시간이 지나면 단단한 지층이 만들어집니다.

▲ 지층은 땅 위로 솟아오른 뒤 깎여서 보입니다.

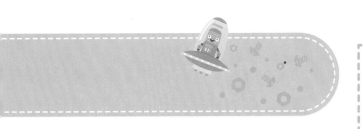

🪐 실제 지층과 지층 모형의 공통점과 차이점

- 두 지층 모두 줄무늬가 보입니다.
- 두 지층 모두 아래에 있는 것이 먼저 쌓인 것입니다.
- 실제 지층이 만들어지는 데는 오랜 시간이 걸립니다.
- 실제 지층은 단단하지만 지층 모형은 단단하지 않습니다.

🪐 퇴적물이 쌓여 지층이 되는 시간

- 지층 모형 만들기 실험 시간이 짧게 걸리고, 사진으로 보는 지층은 만들어진 결과만을 보는 것이기 때문에 지층이 되는 시간은 그렇게 길지 않다고 생각할 수 있습니다.
- 실제로 약 1만 년 내에 퇴적물이 쌓여 지층이나 암석이 되는 것을 보기는 어렵습니다.
- 퇴적물이 쌓여 지층이 되기까지는 아주 오랜 시간이 걸립니다.

🪐 지층이 쌓인 순서

- 아래에 있는 층이 먼저 쌓인 다음, 그 위에 새로운 층이 만들어집니다.
- 지층은 ㉣ → ㉢ → ㉡ → ㉠의 순서로 쌓입니다.

개념을 확인해요

1 지층은 단단한 ☐☐ 으로 되어 있습니다.

2 투명한 플라스틱 원통에 자갈, 모래, 진흙을 넣는 순서를 다르게 하여 ☐☐ 모형을 만듭니다.

3 완성된 지층 모형은 층마다 ☐☐☐ 의 크기와 색깔이 다릅니다.

4 지층의 층마다 알갱이의 크기와 색깔이 다르기 때문에 ☐☐☐ 가 나타납니다.

5 지층은 자갈, 모래, 진흙 등이 ☐ 에 의하여 운반되어 쌓여 굳어서 만들어집니다.

6 운반된 자갈, 모래, 진흙 등이 오랜 시간을 거쳐 단단하게 굳어져 ☐☐ 이 만들어집니다.

7 지층은 ☐ 위로 솟아오른 뒤 깎여서 보입니다.

8 지층에서 위에 있는 층과 아래에 있는 층 가운데 먼저 만들어진 층은 ☐☐ 에 있는 층입니다.

2. 지층과 화석

교과서
30~31쪽

🌑 **지층을 이루고 있는 암석을 관찰해 볼까요?**

(1) ⭐**퇴적암**

① 대부분의 지층을 이루고 있습니다.

② 물이 운반한 자갈, 모래, 진흙 등의 퇴적물이 굳어져 만들어진 암석입니다.

(2) **퇴적암 관찰하기**

① 퇴적암을 관찰하고 ⭐분류하는 방법 ──▶ 퇴적암은 이암, 사암, 역암 등이 있습니다.

• 흰 종이에 여러 가지 퇴적암을 올려놓습니다.

• 퇴적암을 이루고 있는 ⭐알갱이의 크기와 색깔, 손으로 만졌을 때의 느낌을 관찰합니다.

• 관찰한 퇴적암을 세 가지로 분류해 봅니다.

② 관찰한 퇴적암의 ⭐특징

구분		알갱이의 크기	색깔	만졌을 때의 느낌
이암	❷	매우 작다.	노란색	부드럽다.
	❹		연한 갈색	부드럽고, 매끄럽다
사암	❶	모래 알갱이 정도이다.	연한 회색	약간 거칠다.
	❻		연한 갈색	까슬까슬하다.
역암	❸	크고 작은 것이 섞여 있다.	회색	다양하다.
	❺		짙은 갈색	부드럽기도 하고, 거칠기도 하다.

③ 퇴적암 분류하기 탐구1

• 이암: 진흙과 같이 작은 알갱이로 되어 있습니다. ──▶ 알갱이의 크기가 작은 것

• 사암: 주로 모래로 되어 있습니다. ──▶ 알갱이의 크기가 중간인 것

• 역암: 주로 자갈, 모래 등으로 되어 있습니다. ──▶ 알갱이의 크기가 큰 것

탐구1 **이암, 사암, 역암**

① 이암: 진흙이나 갯벌의 흙과 같이 알갱이의 크기가 매우 작은 것이 굳어져 만들어진 암석으로 단단하지 않은 경우가 많습니다.

▲ 이암

② 사암: 암석을 이루는 알갱이가 진흙보다 굵은 모래가 굳어져 만들어진 암석입니다.

▲ 사암

③ 역암: 자갈, 모래, 진흙 등이 굳어져 만들어지는데 자갈의 비중이 많은 암석으로, 주로 해안이나 얕은 바다, 강기슭, 강바닥에 퇴적됩니다.

▲ 역암

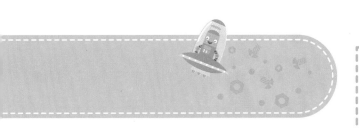

퇴적암의 일반적인 특징

구분	알갱이의 크기	색깔	촉감	기타
이암	$\frac{1}{16}$ mm 이하로 작다.	다양하다.	부드럽다.	덩어리 모양으로 깨진다.
사암	$\frac{1}{16}$~2 mm로 보통이다.	다양하다.	약간 거칠다.	모래 크기의 알갱이들이 보인다.
역암	2 mm 이상으로 크다.	다양하다.	다양하다.	굵은 자갈이 뚜렷하게 보인다.

이외의 퇴적암

① 석회암 : 조개껍데기 같은 생물의 일부나 물에 녹아 있는 탄산 칼슘이 침전되어 만들어진 암석입니다.

② 응회암 : 화산재가 쌓여서 만들어진 암석으로 화산에서 분출된 뒤 운반 작용을 충분히 받지 못하고 퇴적되어 거칩니다.

용어풀이

- ✹퇴적　물이나 바람에 의해 운반된 알갱이들이 쌓이는 것
- ✹분류　사물을 공통되는 성질에 따라 종류별로 나눔.
- ✹알갱이　작고 동그랗고 단단한 물질
- ✹특징　다른 것에 비하여 특별히 눈에 띄는 점

개념을 확인해요

1 여러 가지 암석의 알갱이를 자세하게 관찰하는 데 필요한 도구는 ☐☐☐ 입니다.

2 물이 운반한 자갈, 모래, 진흙 등은 ☐☐☐ 이라고 합니다.

3 퇴적물이 굳어져 만들어진 암석을 ☐☐☐ 이라고 합니다.

4 퇴적암은 암석을 이루고 있는 ☐☐☐ 의 크기에 따라 이암, 사암, 역암으로 나눌 수 있습니다.

5 ☐☐ 은 진흙과 같은 작은 알갱이로 되어 있습니다.

6 ☐☐ 은 주로 모래로 되어 있습니다.

7 ☐☐ 은 주로 자갈, 모래 등으로 되어 있습니다.

8 역암, 이암, 사암 중 알갱이의 크기가 가장 큰 것은 ☐☐ 입니다.

2. 지층과 화석

🔅 퇴적암은 어떤 과정을 거쳐 만들어질까요?

(1) 퇴적암 모형 만들기

① 퇴적암 모형을 만드는 과정 ┌•모래를 너무 많이 넣으면 굳는 데 시간이 오래 걸립니다.

• 종이컵에 모래를 종이컵의 $\frac{1}{3}$ 정도 넣은 다음, 종이컵에 넣은 모래 양의 반 정도의 물 풀을 넣습니다.

• 나무 막대기로 섞어 모래 반죽을 만듭니다.

• 다른 종이컵으로 모래 반죽을 누릅니다.

• 하루 동안 그대로 놓아둔 다음, 종이컵을 찢어 모래 반죽을 꺼냅니다.

물 풀

나무 막대기

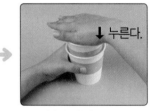
↓ 누른다.

┌•모래의 빈 곳을 채워줍니다.

② 모래에 물 풀을 넣는 까닭: 모래를 서로 붙여 주기 위해서입니다.

③ 종이컵으로 모래 ✱반죽을 누르는 까닭: 위에 쌓인 ✱퇴적물이 아래의 퇴적물을 누르는 것처럼 모래 반죽을 눌러 주기 위해서입니다.
┌•모래 알갱이 사이의 공간을 좁아지게 하기 위해서입니다.

④ 퇴적암 모형과 실제 퇴적암의 공통점과 차이점

공통점	사암과 퇴적암 모형 모두 모래로 만들어져 알갱이의 크기가 비슷하다.
차이점	퇴적암 모형은 만드는 데 걸리는 시간이 짧지만, 사암이 만들어지는 데는 오랜 시간이 걸린다.

(2) 실제 퇴적암이 만들어지는 과정 탐구1

① 물, 바람 등에 의하여 ✱암석이 자갈이나 모래처럼 작게 부서집니다.

② 부서진 자갈이나 모래, 진흙 등이 흐르는 물에 의하여 운반되어 강이나 바다에 쌓입니다.

③ 쌓인 퇴적물은 그 위에 쌓이는 새로운 퇴적물에 의하여 눌리고, 물속의 여러 가지 물질들에 의하여 서로 단단하게 붙습니다.

④ 이런 과정이 오랫동안 지속되어 단단한 퇴적암이 됩니다.

탐구1 실제 퇴적암이 만들어지는 과정

①

▲ 햇빛, 비, 바람 등에 의하여 암석이 부서집니다.

②
▲ 바위가 작은 돌로 부서지고 더 작은 자갈이나 모래가 됩니다.

③

▲ ✱유수에 의하여 운반됩니다.

④
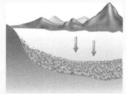
▲ 강이나 바다에 쌓입니다.

⑤
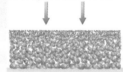
▲ 새로 쌓이는 퇴적물에 의하여 눌려 부피가 줄고 다져지며, 서로 붙습니다.

⑥
▲ 오랜 시간 반복되어 퇴적물이 퇴적암이 됩니다.

퇴적암 모형을 만들 때, 물 풀의 역할

- 퇴적암 모형을 만들 때, 모래 반죽에 물 풀을 넣지 않고 종이컵으로 눌렀을 때보다 물 풀을 넣고 종이컵으로 눌렀을 때가 짧은 시간에 모래 반죽을 굳게 할 수 있습니다.
- 물 풀은 모래와 모래 사이의 빈 곳을 채우고 서로 붙여 줍니다.
- 물만 넣어서는 짧은 시간 동안 모래 반죽을 굳게 할 수 없습니다.
- 실제 퇴적암이 만들어질 때는 물속에 있는 여러 가지 물질이 물 풀 같은 역할을 하여 모래를 굳게 합니다.

퇴적암 모형이 만들어지는 과정과 실제 퇴적암이 만들어지는 과정 비교

- 퇴적암 모형 만들기 과정은 실제 퇴적암이 만들어지는 과정 중 암석이 풍화되어 운반되고, 강이나 바다에 쌓이는 과정이 빠져 있습니다.
- 퇴적암 모형을 만들 때 모래에 물 풀을 넣어 모래 반죽을 만든 것은 실제 퇴적암이 만들어질 때 여러 가지 물질들이 알갱이 사이의 빈 공간을 채우고 알갱이들을 서로 단단하게 붙게 해 주는 과정을 나타낸 것입니다.
- 종이컵으로 모래 반죽을 누르는 것은 실제 퇴적물이 눌리면서 알갱이 사이가 좁아지고 다져지는 과정을 나타낸 것입니다.

용어풀이

- ✦ 반죽　가루에 물을 부어서 갬.
- ✦ 퇴적물　물, 바람, 빙하 등으로 인하여 지표에 쌓인 물질
- ✦ 암석　지각을 구성하고 있는 단단한 물질
- ✦ 유수　흐르는 물

개념을 확인해요

1 자갈, 모래, 진흙 같은 퇴적물은 오랜 시간이 지나면 뭉쳐져 단단한 □□□ 이 됩니다.

2 모래가 오랜 시간이 지나면 서로 뭉쳐 단단한 퇴적암이 되는데, 이것은 □□ 입니다.

3 퇴적암 모형을 만들 때, 모래에 □□ 을 넣으면서 나무 막대기로 섞어 모래 반죽을 만듭니다.

4 퇴적암 모형을 만들 때 모래에 □□ 을 넣는 까닭은 모래 알갱이 사이의 공간을 채우고 서로 붙여 주기 위해서입니다.

5 퇴적암 모형을 만들 때 □□□ 으로 모래 반죽을 눌러 줘 모래 알갱이 사이의 공간을 좁아지게 합니다.

6 모래로 만든 퇴적암 모형과 □□ 의 알갱이 크기는 비슷합니다.

7 실제 퇴적암은 퇴적암 모형보다 만들어지는 데 오랜 □□ 이 걸립니다.

8 실제 퇴적암이 만들어질 때 퇴적물은 그 위에 쌓이는 퇴적물의 □□ 때문에 알갱이 사이의 공간이 좁아집니다.

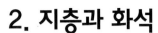

2. 지층과 화석

여러 가지 화석을 관찰하고 분류해 볼까요?

(1) 여러 가지 화석 관찰하기

① 화석: 퇴적암 속에 아주 오랜 옛날에 살았던 생물의 몸체와 생물이 활동한 흔적이 남아 있는 것입니다.

② 여러 가지 화석의 특징 탐구1

구분	여러 가지 화석	특징
식물 화석	고사리 화석	• 식물의 줄기와 잎이 잘 보인다. • 옛날과 오늘날의 고사리 모습은 비슷하다.
	나뭇잎 화석	• 잎의 가장자리가 갈라져 손 모양을 하고 있다. • 잎맥이 잘 보인다.
동물 화석	★삼엽충 화석	• 머리, 가슴, 꼬리의 세 부분으로 나눌 수 있다. • 모양이 잎을 닮았다. • 바다에서 기는 생활을 하였다.
	물고기 화석	지금 물고기의 모습과 비슷하다.
	새 발자국 화석	지금 살고 있는 새의 발자국 모습과 비슷하다.
	공룡알 화석	• 오늘날 여러 알의 모양과 비슷하게 생겼다. • 공룡 화석과 함께 발견되어 공룡이 알을 낳았다는 것을 알려 준다.

(2) 화석과 화석이 아닌 것 알아보기 ──오늘날 살고 있는 생물과 비교하여 화석 속 생물이 동물인지 식물인지 알 수 있습니다.

① 동물의 뼈나 식물의 잎과 같은 생물의 몸체뿐만 아니라 동물의 발자국이나 기어간 흔적도 화석이 될 수 있습니다.

② 화석은 거대한 공룡 뼈에서부터 ★현미경으로 관찰할 수 있는 작은 생물까지 그 크기가 다양합니다. 탐구2

③ 화석인 것과 화석이 아닌 것

화석인 것		화석이 아닌 것	
나뭇잎 화석	공룡 화석	고인돌	모래에 난 발자국

• 나뭇잎 화석과 공룡 화석은 화석입니다.
• 고인돌은 화석이 아닌 유물입니다.
• 모래에 난 사람의 발자국은 옛것이 아닙니다.

탐구1 **여러 가지 화석**

▲ 삼엽충 화석

▲ 고사리 화석

▲ 나뭇잎 화석

▲ 물고기 화석

▲ 새 발자국 화석

▲ 공룡알 화석

탐구2 **화석은 모두 돌로 되어 있을까?**

• 우리가 보는 대부분의 화석은 암석에 형성되어 있습니다.

• 얼음이나 ★호박에 갇혀 화석이 되는 경우도 있습니다.

▲ 호박 화석

▲ 매머드

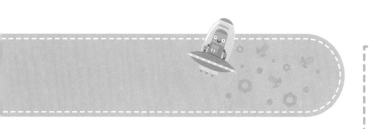

표준 화석과 시상 화석

① 표준 화석

- 생존 기간이 짧고 진화 속도가 빠르며, 넓은 지역에 걸쳐 번성했던 생물의 화석은 특정 지질 시대를 구분하는 기준이 됩니다.
- 특정 시대에 살았던 생물 화석을 말합니다.

고생대	삼엽충 화석
중생대	암모나이트 화석, 공룡 화석
신생대	매머드 화석

② 시상 화석

- 특정한 환경에서만 서식하여 그들이 살던 지질 시대의 주변 자연환경을 알려 주는 화석입니다.
- 대표적으로 산호 화석이 발견된 곳은 옛날에 얕고 따뜻한 바다였고, 고사리 화석이 발견된 곳은 옛날에 기온이 따뜻하고 습기가 많은 곳이었다는 것을 알 수 있습니다.

▲ 산호 화석 　　　　　▲ 고사리 화석

용어풀이

- ✹ **삼엽충** 껍데기 부분이 세 갈래의 모양으로 나누어져 있는 동물
- ✹ **현미경** 눈으로 볼 수 없을 만큼 작은 물체나 물질을 확대해서 보는 기구
- ✹ **호박** 지질 시대의 나무 진과 같은 물질이 땅속에서 수소·산소·탄소 등과 화합하여 돌처럼 된 광물

개념을 확인해요

1 퇴적암 속에 아주 오랜 옛날에 살았던 생물의 몸체나 활동한 흔적이 남아 있는 것을 ☐☐ 이라고 합니다.

2 ☐☐☐ 화석은 머리, 가슴, 꼬리의 세 부분으로 나눌 수 있으며, 모양이 잎을 닮았습니다.

3 ☐☐☐ 화석은 지금 물고기의 모습과 비슷합니다.

4 ☐☐☐ 화석은 오늘날 여러 알의 모양과 비슷하게 생겼으며, 공룡 화석과 함께 발견되어 공룡이 알을 낳았다는 것을 알려 줍니다.

5 삼엽충 화석, 물고기 화석, 새 발자국 화석, 공룡알 화석은 ☐☐ 화석입니다.

6 고사리 화석, 나뭇잎 화석은 ☐☐ 화석입니다.

7 고인돌은 옛날에 살았던 생물이 아닌 ☐☐ 이기 때문에 화석이 아닙니다.

8 우리는 ☐☐ 을 통하여 과거에 살았던 다양한 생물의 모습을 알 수 있습니다.

🔬 화석은 어떻게 만들어질까요?

(1) 화석 모형 만들기

① 화석 모형을 만드는 방법

- 찰흙 반대기에 조개껍데기를 올려놓고 손으로 눌렀다가 떼어 냅니다.
  - └→ 지층   └→ 옛날에 살았던 생물

- 찰흙 반대기에 생긴 조개껍데기 자국이 모두 덮이도록 ✳알지네이트 반죽을 붓습니다.

- 알지네이트가 다 굳으면 알지네이트를 찰흙 반대기에서 떼어 냅니다.

- 화석 모형을 관찰합니다.

② 조개 화석 모형의 특징: 부채 모양이고, 줄무늬가 보입니다.

③ 화석 모형과 실제 화석의 공통점과 차이점

공통점	모양, 무늬가 비슷하다.
차이점	• 실제 화석은 색깔과 무늬가 선명하고, 단단하다. • 화석 모형은 만드는 데 걸리는 시간이 짧지만, 실제 화석은 만들어지는 데 오랜 시간이 걸린다.

(2) 화석이 만들어지는 과정

① 화석이 잘 만들어지는 조건

- 생물의 몸체 위에 퇴적물이 빠르게 쌓여야 합니다.

- 동물의 뼈, 이빨, 껍데기, 식물의 잎, 줄기 등과 같이 단단한 부분이 있으면 화석으로 만들어지기 쉽습니다.

② 화석이 만들어져 발견되는 과정

- 생물의 ✳흔적이나 죽은 몸체 위에 퇴적물이 계속해서 쌓이면 퇴적암으로 이루어진 지층이 만들어집니다.

- 그 퇴적암 속에 묻힌 생물이 화석으로 만들어집니다.

탐구1 화석이 만들어져 발견되는 과정

▲ 죽은 생물이나 나뭇잎 등이 호수나 바다의 바닥으로 운반됩니다.

▲ 그 위에 퇴적물이 두껍게 쌓입니다.

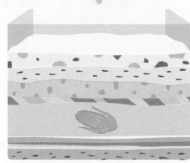

▲ 퇴적물이 계속 쌓여 지층이 만들어지고 그 속에 묻힌 생물이 화석이 됩니다.

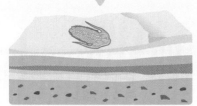

▲ 지층이 높게 솟아오른 뒤 깎이고, 지층이 더 많이 깎여 화석이 드러납니다.

지층과 화석 모형 실험

준비물: 여러 가지 색깔의 식빵, 비닐장갑, 휴지, 두꺼운 책, 여러 가지 모양의 젤리, 투명한 빨대(지름 1cm 이상)

실험 방법

① 식빵을 휴지에 올려놓고 식빵 위에 젤리를 올려놓습니다.
② 다른 색깔의 식빵을 올려놓고 다시 젤리를 올려놓습니다. 반복하여 서너 겹으로 쌓습니다.
③ 휴지로 덮은 뒤 두꺼운 책을 올려 식빵을 눌러 줍니다.
④ 하루 정도 지난 뒤에 책을 치우고 처음 모습과 차이점을 관찰합니다.
⑤ 투명한 빨대를 식빵에 꽂아 지층이 쌓인 순서를 확인합니다.
⑥ 위에 올려진 식빵과 젤리를 치우고 빵 속에 남아 있는 젤리의 흔적을 관찰합니다.

개념을 확인해요

2 단원

1 화석 모형을 만들 때 찰흙 반대기에 생긴 조개껍데기 자국이 모두 덮이도록 ☐☐☐☐ ☐ 반죽을 붓습니다.

2 화석 모형 만들기에서 찰흙 반대기는 실제 화석이 만들어지는 과정에서 ☐☐ 을 나타냅니다.

3 화석 모형 만들기에서 조개껍데기는 실제 화석이 만들어지는 과정에서 옛날에 살았던 ☐☐ 을 나타냅니다.

4 화석 모형과 실제 화석 중 더 단단하고 무늬가 선명한 것은 ☐☐ 화석입니다.

5 화석 모형과 실제 화석 중 짧은 시간에 만들 수 있는 것은 화석 ☐☐ 입니다.

6 화석이 잘 만들어지기 위해서는 생물의 몸체 위에 ☐☐☐ 이 빠르게 쌓여야 합니다.

7 죽은 생물의 몸체에서 단단한 부분이 있으면 ☐☐ 으로 만들어지기 쉽습니다.

8 죽은 생물 위에 퇴적물이 쌓여 이루어진 지층이 높게 솟아오른 뒤 깎이면 ☐☐ 이 드러납니다.

교과서 38~41쪽

화석은 어디에 이용될까요?

(1) 화석을 이용하여 생물의 모습과 환경 알아보기 탐구①

  ① 삼엽충 화석: 삼엽충 화석이 발견된 곳은 당시에 물속이었음을 알 수 있습니다.

  ② 산호 화석: 산호 화석이 발견된 곳은 깊이가 얕고 따뜻한 바다였음을 알 수 있습니다.

  ③ 고사리 화석: 화석 속 고사리도 지금의 고사리처럼 기온이 따뜻하고 ★습기가 많은 곳에서 자랐다는 것을 알 수 있습니다.

  ④ 공룡 발자국 화석: 공룡이 살던 시기에 쌓인 지층이라는 것을 알 수 있습니다.

  ⑤ 석탄과 석유: 화석은 ★연료로도 활용된다는 것을 알 수 있습니다.

(2) 화석의 이용

  ① 삼엽충 화석, 산호 화석, 고사리 화석: 옛날에 살았던 생물의 모습과 생물이 살았던 환경을 알 수 있습니다. 탐구②

  ② 공룡 발자국 화석: 지층이 쌓인 시기를 알 수 있습니다.

  ③ 석탄과 석유: 화석 연료는 우리 생활에 유용하게 활용됩니다.

(3) 고사리 사진과 고사리 화석 비교

▲ 고사리 사진　　　　▲ 고사리 화석

  ① 공통점: 잎과 줄기의 생김새가 비슷합니다.

  ② 차이점: 색깔이 다릅니다.

자연사 박물관 꾸미기

(1) ★자연사 박물관: 자연에 대한 여러 자료를 ★수집하고 전시하는 곳입니다.

예 퇴적암을 알갱이 크기에 따라 전시하고 만들어지는 과정도 표현하겠습니다.

관람하는 사람들이 이해하기 쉽게 다양한 방법으로 전시물이 전시되어 있습니다.

(2) 자연사 박물관 전시실 꾸미기

  ① 지층과 화석을 어떻게 전시할지 계획하여 글이나 그림으로 나타냅니다.

  ② 전시물을 만들어 모둠별 전시실을 꾸며 봅니다.

  ③ 모둠별 전시실을 모아 우리 학급의 자연사 박물관을 만듭니다.

탐구① 여러 가지 화석 관찰하기

▲ 산호 화석

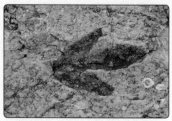

▲ 공룡 발자국 화석

▲ ★석탄

탐구② 조개 화석이 만들어질 때의 환경

조개 화석이 발견된 것으로 보아 화석이 발견된 곳은 옛날에 바다, 강, 호수였을 것입니다.

▲ 조개 화석

화석의 가치

① 고생물에 대하여 알 수 있습니다.
  • 고생물에 대한 정보를 얻을 수 있습니다.
  • 지질 시대에 살았던 생물의 종류, 크기, 모양, 생태에 관한 자료를 가장 확실하게 얻을 수 있습니다.

② 시대와 환경을 알 수 있습니다.
  • 특정한 생물 화석은 어느 특정한 지질 시대에 한정되어 발견되므로 지층의 지질 시대를 알려줍니다.
  • 고생대의 삼엽충 화석, 중생대의 암모나이트 화석과 공룡 화석 등이 여기 속합니다.

③ 지하 자원 탐사에 도움을 줍니다.
  • 석유, 천연가스, 석탄 등은 많은 양의 생물체가 죽은 뒤에 쌓여서 만들어진 것입니다.
  • 화석을 연구하여 지층의 시대와 환경을 알면 화석 연료가 묻혀 있는지를 판단할 수 있습니다.

석탄과 석유

• 옛날의 생물이 변한 것으로 화석 연료라고 합니다.
• 석탄은 매우 오래전에 울창한 숲을 이루었던 습지 식물이 땅속에 묻히고 그 위에 퇴적물이 계속 쌓여 만들어진 것입니다.
• 석유는 주로 바다 표면 근처에 살던 작은 생물인 동물성 플랑크톤이 땅속에 묻히고 그 위에 퇴적물이 계속 쌓여 만들어진 것입니다.

용어풀이

✿ 습기   물기가 많고 축축한 것
✿ 연료   에너지를 얻기 위하여 태우는 물질
✿ 자연사 자연의 역사
✿ 수집   거두어 모음.
✿ 석탄   검은색 또는 갈색을 띠며 탄화 정도에 따라 토탄, 역청탄 갈탄, 무연탄 등으로 나눔.

개념을 확인해요

1 ☐☐ 은 옛날에 살았던 생물이나 그 지역의 환경을 알려 줍니다.

2 삼엽충 화석이 발견된 곳은 옛날에 ☐☐ 이었던 것을 알 수 있습니다.

3 ☐☐ 화석이 발견된 곳은 그때 당시에 깊이가 얕고 따뜻한 바다였음을 알 수 있습니다.

4 화석 속 고사리가 살았을 때의 환경은 지금의 고사리처럼 기온이 따뜻하고 ☐☐ 가 많은 곳이었을 것입니다.

5 어느 지역의 산에서 물고기 화석이 발견되었다면 이 화석이 만들어질 때 이곳은 강이나 ☐☐ 였다는 것을 알 수 있습니다.

6 우리나라에서 공룡 발자국 화석이 많이 발견된 것으로 보아 옛날에 ☐☐ 들이 살기 좋은 환경이었음을 알 수 있습니다.

7 ☐☐☐ 박물관은 자연에 대한 여러 자료를 수집하고 전시하는 곳입니다.

8 모둠별로 자연사 박물관 전시실을 꾸밀 때 가장 먼저 어떻게 전시할지 ☐☐ 합니다.

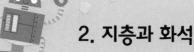
핵심 1

과학자들이 지층에서 공룡 뼈 화석을 발굴하는 것처럼 과자에서 초콜릿 조각을 발굴해 볼 수 있습니다. 과자는 화석이 있는 지층을 나타내고, 초콜릿 조각은 그 속에 묻혀 있는 화석을 나타냅니다.

[1~4] 공룡 뼈 화석을 발굴하는 모습과 과자에서 초콜릿 조각을 발굴하는 모습입니다.

(가)   (나)

1 (가)와 같이 공룡 뼈 화석을 발굴하는 사람들은 누구인지 쓰시오.

( )

2 (나)와 같이 초콜릿 조각 발굴하기 활동을 할 때, 필요한 준비물이 <u>아닌</u> 것은 무엇인지 기호를 쓰시오.

> ㉠ 돋보기   ㉡ 이쑤시개
> ㉢ 흰 종이   ㉣ 초콜릿 조각이 박힌 과자

( )

3 (나)의 활동에서 초콜릿 조각이 박힌 과자가 나타내는 것은 무엇입니까? ( )

① 지층   ② 화석
③ 화산   ④ 사암
⑤ 이암

4 (가)와 (나) 중 활동 시간이 더 오래 걸리는 경우는 어느 것인지 기호를 쓰시오.

( )

핵심 2

암석들이 층을 이루고 있는 것을 지층이라고 합니다. 산기슭이나 바닷가 절벽에서 여러 가지 모양의 지층을 볼 수 있습니다. 지층은 수평인 지층, 끊어진 지층, 휘어진 지층 등 모양이 다양합니다.

5 자갈, 모래, 진흙 등으로 이루어진 암석들이 층을 이루고 있는 것을 무엇이라고 하는지 쓰시오.

( )

[6~8] 여러 가지 모양의 지층입니다.

㉠   ㉡

6 위의 지층 중 휘어진 지층은 어느 것인지 기호를 쓰시오

( )

7 위의 지층에 대한 설명으로 바르지 <u>않은</u> 것은 무엇입니까? ( )

① 줄무늬가 보인다.
② 짧은 시간에 만들어진다.
③ 수평이거나 휘어진 지층이다.
④ 여러 개의 층으로 이루어져 있다.
⑤ 각 층의 두께나 색깔 등이 다르다.

8 위 두 지층의 공통점을 한 가지 쓰시오.

_____

지층은 단단한 암석으로 되어 있습니다. 지층은 물이 운반한 자갈, 모래, 진흙 등이 쌓인 뒤에 오랜 시간을 거쳐 단단하게 굳어져 만들어진 것입니다.

9 지층에 줄무늬가 생기는 까닭은 무엇인지 쓰시오.

_____

10 지층에서 아래에 있는 층과 위에 있는 층 중 먼저 만들어진 층은 어느 것인지 쓰시오.

(   )

[11~12] 지층이 만들어져 발견되는 과정입니다.

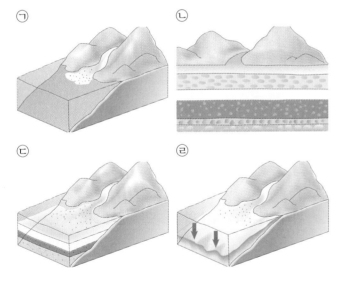

11 위의 그림을 보고 지층이 만들어지는 과정을 순서대로 기호를 쓰시오.

(   )

12 우리가 지층을 볼 수 있게 되는 과정은 어느 것인지 기호를 쓰시오.

(   )

퇴적물이 굳어져 만들어진 암석을 퇴적암이라고 합니다. 퇴적암에는 이암, 사암, 역암이 있습니다. 이암은 진흙과 같이 작은 알갱이로 되어 있고, 사암은 주로 모래로 되어 있으며 역암은 주로 자갈, 모래 등으로 되어 있습니다.

13 물이 운반한 자갈, 모래, 진흙 등의 퇴적물이 굳어져 만들어진 암석은 무엇인지 쓰시오.

(   )

14 다음 중 알갱이의 크기가 가장 큰 퇴적암은 무엇인지 보기 에서 골라 쓰시오.

보기
역암	사암	이암

(   )

15 이암의 특징은 무엇입니까? (   )

① 연한 회색이다.
② 만졌을 때 거칠다.
③ 만졌을 때 부드럽다.
④ 알갱이의 크기가 모래 알갱이 정도이다.
⑤ 알갱이의 크기는 크고 작은 것이 섞여 있다.

16 사암의 특징이 아닌 것은 무엇입니까? (   )

① 퇴적암이다.
② 만졌을 때 거칠다.
③ 주로 모래로 이루어져 있다.
④ 퇴적물이 굳어져 만들어진 암석이다.
⑤ 알갱이의 크기가 크고 작은 것이 섞여 있다.

핵심 5

퇴적물은 그 위에 쌓이는 퇴적물이 누르는 힘 때문에 알갱이 사이의 공간이 좁아지고, 여러 가지 물질들이 알갱이들을 서로 단단하게 붙게 합니다. 이런 과정이 오랫동안 지속되어 단단한 퇴적암이 됩니다.

[17~20] 퇴적암 모형을 만드는 모습입니다.

ㄱ

ㄴ

ㄷ
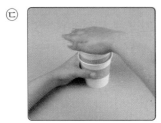

ㄹ

17 퇴적암 모형을 만들 때 ㉠ 과정에서 모래에 넣는 것은 무엇인지 쓰시오.

( )

18 퇴적암 모형을 만들 때 ㉢ 과정과 같이 종이컵으로 모래 반죽을 누르는 까닭은 무엇인지 쓰시오.

_____

19 위 퇴적암 모형 만들기를 통해 만들어지는 퇴적암의 종류는 무엇인지 쓰시오.

( )

20 위의 퇴적암 모형과 실제 퇴적암의 공통점은 무엇인지 한 가지 쓰시오.

_____

핵심 6

퇴적암 속에서 아주 오랜 옛날에 살았던 동물의 뼈나 식물의 잎과 같은 생물의 몸체뿐만 아니라 동물의 발자국이나 기어간 흔적이 발견되는데, 이것들을 화석이라고 합니다.

[21~22] 여러 가지 화석입니다.

ㄱ

ㄴ

ㄷ
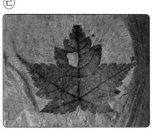

ㄹ

21 위 화석의 이름을 쓰시오.

㉠: ( )
㉡: ( )
㉢: ( )
㉣: ( )

22 위의 화석에서 식물 화석을 모두 골라 기호를 쓰시오.

( )

23 화석에 대한 설명으로 바른 것을 모두 고르시오.

(,)

① 고인돌은 화석이다.
② 새의 배설물은 화석이다.
③ 공룡의 발자국은 화석이다.
④ 조개가 판 구멍은 화석이 될 수 없다.
⑤ 일주일 전에 생긴 사람의 발자국도 화석이다.

화석이 되려면 생물의 몸체 위에 퇴적물이 빠르게 쌓여야 하고, 동물의 뼈, 이빨, 껍데기, 식물의 잎, 줄기 등과 같이 단단한 부분이 있어야 화석으로 만들어지기 쉽습니다.

24 조개 화석 모형과 실제 조개 화석의 공통점은 무엇입니까? (   )

① 모양
② 무게
③ 사는 곳
④ 만들어지는 시간
⑤ 만들어지는 물질

25 조개 화석 모형을 만들 때 이용되는 찰흙 반대기가 실제 화석이 만들어지는 과정에서 의미하는 것은 무엇인지 쓰시오.

(   )

26 화석이 만들어져 발견되는 과정을 순서대로 기호를 쓰시오.

> ㉠ 그 위에 퇴적물이 두껍게 쌓인다.
> ㉡ 죽은 생물이나 나뭇잎 등이 호수나 바다의 바닥으로 운반된다.
> ㉢ 퇴적물이 계속 쌓여 지층이 만들어지고 그 속에 묻힌 생물이 화석이 된다.
> ㉣ 지층이 더 많이 깎여 화석이 드러난다.
> ㉤ 지층이 높게 솟아오른 뒤 깎인다.

(   )

27 다음을 읽고 바르면 ○표, 바르지 않으면 ×표를 하시오.

⑴ 화석이 되려면 생물의 몸체 위에 퇴적물이 최대한 천천히 쌓여야 합니다.   (   )
⑵ 생물의 몸체에서 단단한 부분이 있으면 화석으로 만들어지기 쉽습니다.   (   )

화석을 통하여 옛날에 살았던 생물의 모습과 그 지역의 환경도 짐작할 수 있습니다. 어떤 화석은 지층이 쌓인 시기를 알려주기도 합니다.

28 화석을 통해 알 수 있는 것이 아닌 것은 무엇입니까?
(   )

① 지층이 쌓인 시기
② 화석 연료를 찾을 때
③ 옛날에 살았던 생물의 종류
④ 옛날에 생물이 살았던 자연환경
⑤ 옛날에 살았던 생물의 정확한 수

29 고사리 사진과 고사리 화석의 공통점은 무엇인지 기호를 쓰시오.

> ㉠ 모양   ㉡ 크기   ㉢ 색깔

(   )

30 산에서 조개 화석이 발견되었습니다. 화석 속 조개가 살던 이곳의 자연환경은 무엇이라고 짐작할 수 있습니까? (   )

① 산
② 바다
③ 밭
④ 학교
⑤ 사막

31 산호 화석이 발견된 곳의 자연환경은 화석이 만들어질 때 당시 어땠을지 쓰시오.

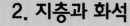
1 다음을 읽고 실제 화석을 발굴하는 것과 초콜릿 조각이 박힌 과자에서 초콜릿 조각을 발굴하는 활동에 대한 설명으로 바른 것은 ○표, 바르지 않은 것은 ×표를 하시오.

(1) 과학자가 지층에서 실제 화석을 발굴하는 것이 초콜릿 조각이 박힌 과자에서 초콜릿 조각을 발굴하는 것보다 시간이 적게 듭니다. (   )

(2) 초콜릿 조각이 박힌 과자는 지층을 나타냅니다.
  (   )

2 초콜릿 조각이 박힌 과자에서 초콜릿 조각을 발굴할 때 초콜릿 조각이 나타내는 것은 무엇인지 쓰시오.

(   )

3 다음 여러 가지 모양의 지층을 바르게 선으로 연결하시오.

(1) 휘어진 지층 •

• ㉠

(2) 끊어진 지층 •

• ㉡

(3) 수평인 지층 •

• ㉢

4 지층에 대한 설명이 바르지 않은 친구는 누구인지 쓰시오.

• 현수: 암석이 층을 이루고 있는 것을 지층이라고 해.
• 유미: 지층은 각 층마다 두께나 색깔이 모두 똑같아.
• 진석: 기울어지거나 수직으로 세워진 지층도 있어.

(   )

5 우리 주변의 모습 중 지층의 모양과 비슷한 경우가 아닌 것은 무엇입니까? (   )

① 시루떡
② 무지개떡
③ 책을 쌓아 놓은 모습
④ 동전을 쌓아 놓은 모습
⑤ 색연필을 바닥에 펼쳐놓은 모습

6 오른쪽과 같은 지층 모형을 만들 때 필요한 준비물이 아닌 것은 무엇입니까? (   )

① 자갈
② 모래
③ 진흙
④ 스포이트
⑤ 투명한 플라스틱 원통

7 다음에서 설명하는 것은 무엇인지 쓰시오.

물이 운반한 자갈, 모래, 진흙 등이 쌓인 뒤에 오랜 시간을 거쳐 단단하게 굳어져 만들어진 것이다.

(   )

서술형

8 지층에 줄무늬가 생기는 까닭은 무엇인지 쓰시오.

_____

9 ㉠과 ㉡에 들어갈 말이 바르게 짝지어진 것은 무엇입니까? (   )

> 물이 운반한 자갈, 모래, 진흙 등의 (㉠   )
> 이 굳어져 만들어진 암석을 (㉡   )이라고
> 한다.

구분	㉠	㉡
①	퇴적암	퇴적물
②	퇴적물	퇴적암
③	퇴적물	이암
④	퇴적물	사암
⑤	퇴적암	역암

주의

10 퇴적암 중 주로 자갈, 모래 등으로 되어 있는 암석은 무엇인지 쓰시오.

(_____)

11 다음 중 알갱이의 크기가 가장 작은 암석은 무엇인지 **보기** 에서 골라 쓰시오.

> **보기**
>
> 이암, 사암, 역암

(_____)

[12~14] 모래를 이용하여 모형을 만드는 모습입니다.

㉠ 　㉡

㉢ 　㉣

12 위와 같이 모래를 이용하여 만드는 모형은 무엇입니까? (   )

① 지층 모형　　　② 화석 모형
③ 용암 모형　　　④ 퇴적물 모형
⑤ 퇴적암 모형

13 위 ㉠에서 모래가 든 종이컵에 넣는 것은 무엇인지 쓰시오.

(_____)

14 위 활동에서 만들어진 암석은 무엇인지 쓰시오.

(_____)

[15~16] 여러 가지 화석입니다.

㉠

㉡

㉢

㉣

15 ㉠화석은 무엇입니까? (   )

① 공룡 화석
② 고사리 화석
③ 삼엽충 화석
④ 나뭇잎 화석
⑤ 물고기 화석

16 위 화석 중 식물 화석은 어느 것인지 기호를 쓰시오.

(   )

17 다음 활동에서 만드는 모형은 무엇인지 쓰시오.

(   )

18 화석으로 만들어지기 어려운 것은 무엇입니까?

(   )

① 동물의 뼈
② 동물의 이빨
③ 동물의 껍데기
④ 동물의 연한 부분
⑤ 식물의 잎이나 줄기

19 다음 화석이 만들어질 때, 이곳의 당시 자연환경에 대한 설명으로 바른 것은 무엇입니까? (   )

▲ 산호 화석

① 물속이었다.
② 땅속이었다.
③ 숲속이었다.
④ 추운 곳이었다.
⑤ 습기가 적은 곳이었다.

20 다음과 같이 자연에 대한 여러 자료를 수집하고 전시하는 곳은 어디인지 쓰시오.

(   )

1 다음과 같이 초콜릿 조각이 박힌 과자에서 초콜릿 조각을 발굴하는 모습을 실제 과학자들이 지층에서 하는 일과 비교하였을 때 무엇을 발굴하는 것입니까?
( )

① 화석   ② 지층
③ 사암   ④ 역암
⑤ 이암

2 지층을 볼 수 있는 곳을 모두 고르시오.
(,)

① 학교   ② 집안
③ 산기슭   ④ 바닷속
⑤ 바닷가 절벽

3 다음 지층의 특징을 바르게 짝지은 것은 무엇입니까?
( )

> ㉠ 수평인 지층이다.
> ㉡ 휘어진 지층이다.
> ㉢ 줄무늬가 보인다.
> ㉣ 층마다 두께가 모두 같다.

① ㉠, ㉡   ② ㉠, ㉢
③ ㉡, ㉢   ④ ㉡, ㉣
⑤ ㉢, ㉣

서술형

4 ㉠과 ㉡ 지층의 차이점을 한 가지 쓰시오.

㉠

㉡
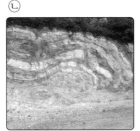

5 여러 가지 지층의 특징으로 바르지 않은 것은 무엇입니까? ( )

① 줄무늬가 보인다.
② 짧은 시간에 만들어진다.
③ 층마다 색깔이 조금씩 다르다.
④ 각 층의 두께와 색깔이 다르다.
⑤ 수평인 지층, 끊어진 지층, 휘어진 지층 등이 있다.

중요

6 다음 지층에서 ㉠~㉣ 중 가장 먼저 만들어진 층은 어느 것인지 기호를 쓰시오.

( )

7 지층이 만들어지는 과정에서 자갈, 모래, 진흙 등이 계속 쌓여 먼저 쌓인 것들이 눌리는 모습을 나타낸 것은 어느 것인지 기호를 쓰시오.

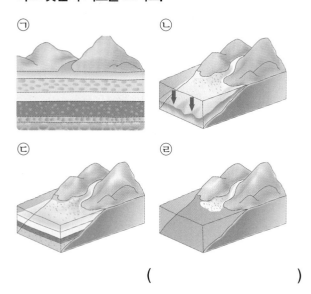

( )

8 퇴적암의 특징을 알아보기 위해 관찰해야 하는 것이 <u>아닌</u> 것은 무엇입니까? ( )

① 암석의 맛
② 암석의 색깔
③ 알갱이의 크기
④ 암석을 주로 이루고 있는 알갱이
⑤ 암석의 표면을 손으로 만졌을 때의 느낌

9 다음과 같은 특징을 가진 퇴적암은 무엇인지 보기 에서 골라 쓰시오.

색깔	알갱이의 크기	손으로 만졌을 때의 느낌
노란색, 연한 갈색	매우 작다.	부드럽다.

보기
이암, 사암, 역암

( )

10 역암에 대한 설명으로 바른 것은 ○표, 바르지 <u>않은</u> 것은 ×표 하시오.

⑴ 역암은 주로 자갈, 모래 등으로 되어 있습니다.
( )

⑵ 역암은 알갱이의 크기가 이암보다 작습니다.
( )

11 다음 퇴적암을 손으로 만졌을 때 약간 거칠거칠했습니다. ( ) 안에 알맞은 말을 쓰시오.

위의 퇴적암은 (㉠)이고, 주로 (㉡)로 되어 있다.

㉠: ( )
㉡: ( )

서술형

12 퇴적암 모형을 만들 때, 모래에 물 풀을 넣는 까닭은 무엇인지 쓰시오.

_____

13 ( ) 안에 들어갈 알맞은 말을 쓰시오.

퇴적물은 그 위에 쌓이는 퇴적물이 누르는 힘 때문에 알갱이 사이의 공간이 좁아진다. 또 여러 가지 물질들이 알갱이들을 서로 단단하게 붙게 한다. 이러한 과정이 오랜 시간 지속되어 ( )이 된다.

( )

14 실제 퇴적암이 만들어지는 데 걸리는 시간은 얼마입니까? (   )

① 1시간
② 3시간
③ 6시간
④ 하루 정도
⑤ 오랜 시간

[15~16] 여러 가지 화석의 모습입니다.

15 위의 화석 중 식물 화석을 찾아 기호와 이름을 쓰시오.

(   )

16 위 화석 중 동물의 발자국 화석은 어느 것인지 기호를 쓰시오.

(   )

17 다음 학생들의 대화를 읽고, 화석에 대한 설명이 바르지 않은 학생은 누구인지 쓰시오.

• 지민: 새의 배설물은 몸체가 아니기 때문에 화석이 될 수 없어.
• 서연: 화석은 거대한 공룡 뼈도 있지만 작은 생물도 있어.
• 주미: 고인돌은 생물의 몸체나 흔적이 아닌 유물이기 때문에 화석이 될 수 없어.
• 성진: 물고기 화석은 지금 물고기의 모습과 비슷해 보여.

(   )

18 화석이 만들어져 발견되는 과정 중 세 번째 과정에 대한 설명입니다. (   ) 안에 들어갈 말을 쓰시오.

퇴적물이 계속 쌓여 (   )이 만들어지고 그 속에 묻힌 생물이 화석이 된다.

(   )

19 우리 생활에 연료로 유용하게 활용되는 화석은 무엇입니까? (   )

① 석유
② 산호 화석
③ 삼엽충 화석
④ 고사리 화석
⑤ 공룡 발자국 화석

20 화석을 주제로 자연사 박물관 전시실을 꾸밀 때, 필요한 전시물로 알맞지 않은 것은 어느 것입니까?

(   )

① 고사리 화석
② 단풍잎 화석
③ 공룡 뼈 모형
④ 화강암, 현무암 표본
⑤ 알지네이트로 만든 조개 화석 모형

1 다음 그림을 보고 ( ) 안에 들어갈 말을 쓰시오.

> 과학자들이 지층에서 공룡 뼈 ( )을 발굴하고 있다.

( )

2 오른쪽 지층에 대한 설명으로 바르지 <u>않은</u> 것은 무엇입니까?
( )

① 줄무늬가 보인다.
② 층마다 두께가 다르다.
③ 층마다 색깔이 다르다.
④ 얇은 층이 휘어져 있다.
⑤ 층이 끊어져 어긋나 있다.

3 여러 가지 지층의 공통점이 바르게 짝지어진 것은 무엇입니까? ( )

> ㉠ 줄무늬가 보인다.
> ㉡ 각 층의 두께가 같다.
> ㉢ 짧은 시간에 걸쳐 만들어진다.
> ㉣ 여러 개의 층으로 이루어져 있다.

① ㉠, ㉡   ② ㉠, ㉢
③ ㉠, ㉣   ④ ㉡, ㉣
⑤ ㉢, ㉣

4 오른쪽 샌드위치와 같이 여러 겹의 층이 보이는 모습과 비슷한 것은 무엇입니까? ( )

① 지층   ② 화석
③ 화산   ④ 바다
⑤ 사막

5 지층의 모습에 대한 설명입니다. ( ) 안에 알맞은 말을 쓰시오.

> 지층을 가까이에서 관찰하면 암석의 알갱이 ( )와 색깔이 서로 다르다는 것을 알 수 있다.

( )

6 다음은 지층 모형을 만드는 과정입니다. 순서가 바른 것은 어느 것입니까? ( )

> ㉠ 투명한 플라스틱 원통에 물을 먼저 넣고, 자갈, 모래, 진흙을 차례대로 넣는다.
> ㉡ 비커 네 개에 물, 자갈, 모래, 진흙을 각각 100 mL 정도 채운다.
> ㉢ 비커 세 개에 다시 자갈, 모래, 진흙을 각각 100 mL 정도 채우고, 투명한 플라스틱 원통에 넣는 순서를 다르게 하여 지층 모형을 만든다.

① ㉠ - ㉡ - ㉢   ② ㉠ - ㉢ - ㉡
③ ㉡ - ㉠ - ㉢   ④ ㉡ - ㉢ - ㉠
⑤ ㉢ - ㉠ - ㉡

7 다음 지층 모형에 대한 설명으로 바르지 <u>않은</u> 것을 골라 기호를 쓰고, 바르게 고쳐 쓰시오.

그림	글
	㉠ 층마다 알갱이의 크기와 색깔이 같다. ㉡ 줄무늬를 볼 수 있다. ㉢ 층층이 쌓여 있고, 수평이다.

_____

8 다음은 지층이 만들어져 발견되는 과정입니다. 우리가 지층을 볼 수 있게 되는 과정은 어느 것인지 기호를 쓰시오.

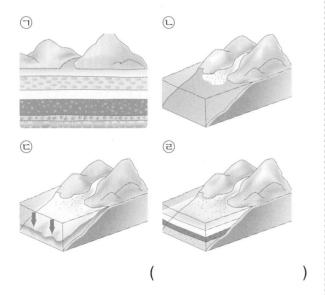

(   )

9 물이 운반한 자갈, 모래, 진흙 등의 퇴적물이 굳어져 만들어진 암석을 무엇이라고 하는지 쓰시오.

(   )

[10~11] 여러 가지 퇴적암입니다.

▲ 사암   ▲ 이암   ▲ 역암
▲ 이암   ▲ 역암   ▲ 사암

10 진흙과 같이 작은 알갱이로 되어 있는 암석을 두 가지 골라 기호를 쓰시오.

(   )

11 주로 모래로 되어 있는 암석을 모두 골라 기호를 쓰고, 그 암석의 이름을 쓰시오.

(1) 기호: (   )
(2) 암석의 이름: (   )

12 여러 가지 퇴적암을 다음과 같이 분류하였을 때, 분류 기준은 무엇인지 쓰시오.

> 이암, 사암, 역암

(   )

13 다음은 퇴적암 모형을 만드는 데 필요한 준비물입니다. 더 필요한 것은 무엇인지 쓰시오.

> 모래, 나무 막대기, 종이컵 두 개, 사암 표본

(   )

14 퇴적암 모형을 만드는 과정에서 종이컵으로 모래 반죽을 누르는 것은 실제 퇴적암이 만들어지는 과정에서 무엇을 나타낸 것입니까? (   )

① 오랜 시간이 지나면 퇴적암이 된다.
② 물에 의하여 암석이나 자갈이 작게 부서진다.
③ 쌓인 퇴적물이 새로운 퇴적물에 의해 눌린다.
④ 부서진 자갈이나 모래가 흐르는 물에 의해 운반된다.
⑤ 쌓인 퇴적물이 물속의 여러 물질에 의해 서로 단단하게 붙는다.

15 화석을 관찰할 수 있는 암석은 어느 것인지 ○표 하시오.

(1)

▲ 자갈, 모래, 진흙 등이 굳어져 만들어진 퇴적암

(   )

(2)

▲ 화산 활동으로 만들어진 화성암

(   )

16 오른쪽 화석에 대한 설명으로 바른 것은 무엇입니까?
(   )

① 식물 화석이다.
② 고사리 화석이다.
③ 잎과 줄기가 잘 보인다.
④ 화석이 만들어지는 데 짧은 시간이 걸린다.
⑤ 머리, 가슴, 꼬리의 세 부분으로 나눌 수 있다.

서술형

17 일주일 전에 모래에 난 사람 발자국이 화석이 될 수 없는 까닭은 무엇인지 쓰시오.

_____

18 다음은 화석 모형을 만드는 과정입니다. (   ) 안에 공통으로 들어갈 말을 쓰시오.

> • 찰흙 반대기에 조개껍데기를 올려놓고 손으로 눌렀다가 떼어 낸다.
> • 찰흙 반대기에 생긴 조개껍데기 자국이 모두 덮이도록 (   ) 반죽을 붓는다.
> • (   )가 다 굳으면 찰흙 반대기에서 떼어 낸다.

(   )

19 다음은 화석이 만들어지는 과정입니다. 지층이 땅속에서 작용하는 힘으로 높게 솟아오른 뒤 침식이 되는 과정을 나타내는 그림의 기호를 쓰시오.

ㄱ

ㄴ

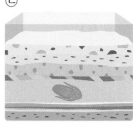

ㄷ

ㄹ

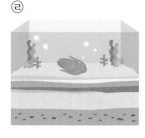

(   )

20 다음을 읽고 바른 것은 ○표, 바르지 않은 것은 ×표를 하시오.

(1) 화석을 이용하여 옛날에 살았던 생물의 모습과 그 지역의 환경을 짐작할 수 있습니다. (   )
(2) 석탄이나 석유는 화석이 아닙니다. (   )

1 여러 가지 지층에 대한 설명으로 바른 것은 무엇입니까? ( )

(가)  (나)

(다)  (라)

① (나) 지층은 휘어진 모양이다.
② (다) 지층은 수직인 모양이다.
③ 지층 모두 줄무늬가 보인다.
④ (라) 지층은 한 개의 층으로 이루어져 있다.
⑤ (가) 지층은 한 가지 색깔로만 이루어져 있다.

2 여러 가지 지층에 대한 설명으로 바르지 <u>않은</u> 것은 무엇입니까? ( )

① 지층은 모양이 변하지 않는다.
② 지층은 암석이 층을 이루고 있다.
③ 지층은 단단한 암석으로 되어 있다.
④ 산기슭이나 바닷가 절벽에서 지층을 볼 수 있다.
⑤ 지층은 수평인 지층, 끊어진 지층, 휘어진 지층 등이 있다.

서술형
3 오른쪽 지층 모형을 보고 알 수 있는 지층의 특징을 한 가지 쓰시오.

_____

_____

4 오른쪽 그림은 지층이 만들어지는 과정 중 무엇입니까? ( )

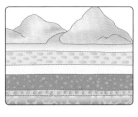

① 물이 자갈, 모래, 진흙 등을 운반한다.
② 지구 내부의 힘을 받아 지층이 끊어진다.
③ 지층은 땅 위로 솟아오른 뒤 깎여서 보인다.
④ 오랜 시간이 지나면 단단한 지층이 만들어진다.
⑤ 퇴적물이 계속해서 쌓이면 먼저 쌓인 퇴적물을 누른다.

5 지층이 쌓인 순서대로 기호를 쓰시오.

( )

[6~7] 다음은 여러 가지 퇴적암입니다.

㉠  ㉡

6 ㉠ 암석의 이름은 무엇인지 쓰시오.

( )

7 ㉡ 암석의 특징으로 바르지 <u>않은</u> 것은 무엇입니까? ( )

① 역암이다.
② 손으로 만졌을 때 매우 부드럽다.
③ ㉠에 비해서 알갱이의 크기가 크다.
④ 퇴적물이 굳어져 만들어진 암석이다.
⑤ 알갱이가 주로 자갈, 모래로 이루어져 있다.

8 퇴적암 모형을 만들 때 모래 알갱이를 서로 붙여 주기 위해 하는 것은 무엇입니까? (　　　)

① 모래에 물 풀을 넣어 준다.
② 모래가 든 종이컵을 흔든다.
③ 나무 막대기로 모래를 섞는다.
④ 종이컵에 모래를 가득 넣는다.
⑤ 모래를 넣은 종이컵을 찢어 모래 반죽을 꺼낸다.

서술형

9 퇴적암 모형을 만들 때, 다음과 같이 종이컵으로 모래 반죽을 누른 후 하루 동안 그대로 놓아두는 까닭은 무엇인지 쓰시오.

10 사암과 모래로 만든 퇴적암 모형을 비교한 것으로 바른 것을 골라 기호를 쓰시오.

▲ 사암　　　　　▲ 퇴적암 모형

> ⊙ 알갱이의 크기가 비슷하다.
> ⓒ 퇴적암 모형이 퇴적암보다 더 단단하다.
> ⓒ 실제 퇴적암과 퇴적암 모형이 만들어지는 데 걸리는 시간이 비슷하다.

(　　　　　　　)

11 다음 여러 가지 화석의 이름을 쓰시오.

ㄱ　　　　　　　　ㄴ
(　　　　　)　　(　　　　　)

ㄷ　　　　　　　　ㄹ
(　　　　　)　　(　　　　　)

12 위 **11**번 여러 가지 화석에 대한 설명으로 바른 것을 모두 고르시오. (　　,　　)

① 모두 식물 화석이다.
② 모두 동물 화석이다.
③ 화석은 종류와 형태가 다양하다.
④ 화석으로 옛날에 살았던 생물의 모습을 알 수 있다.
⑤ 화석에서 볼 수 있는 생물들은 오늘날에도 모두 볼 수 있다.

13 고인돌과 모래에 난 사람 발자국이 화석이 아닌 까닭으로 바른 것은 무엇입니까? (　　　)

ㄱ　　　　　　　　ㄴ

① ⓒ은 유물이다.
② ⓒ은 옛것이 아니다.
③ ㄱ은 옛것이 아니다.
④ ㄱ과 ⓒ은 생물이다.
⑤ ㄱ과 ⓒ은 오늘날 볼 수 없다.

14 실제 조개 화석과 조개 화석 모형의 공통점은 무엇입니까? (   )

① 색깔이 같다.
② 조개 모양이다.
③ 단단하기가 같다.
④ 만들어지는 데 걸리는 시간이 짧다.
⑤ 만들어지는 데 걸리는 시간이 길다.

서술형

15 다음은 화석이 만들어지기 위한 조건입니다. 바르게 고쳐 쓰시오.

> 화석이 되려면 생물의 몸체 위에 퇴적물이 천천히 쌓여야 한다.

16 어떤 생물이 나무에서 나오는 액체에 갇혀 살아 있던 모습 그대로 화석이 된 것은 어느 것인지 기호를 쓰시오.

(   )

17 우리 생활에 연료로 유용하게 이용되는 화석은 무엇입니까? (   )

① 산호 화석
② 삼엽충 화석
③ 고사리 화석
④ 공룡 발자국 화석
⑤ 석탄과 석유

18 고사리 화석이 만들어졌을 때의 환경에 대한 설명으로 바른 것을 모두 고르시오. (,   )

① 건조하다.
② 기온이 춥다.
③ 기온이 따뜻하다.
④ 습기가 많은 곳이다.
⑤ 사막과 같은 환경이다.

19 산호 화석과 삼엽충 화석이 발견된 곳의 옛날 자연환경의 공통점은 무엇인지 (   ) 안에 알맞은 말을 쓰시오.

> 산호 화석과 삼엽충 화석이 발견된 곳은 옛날에 모두 (   )속이었다.

(   )

20 자연사 박물관 전시실을 꾸밀 주제로 바르지 <u>않은</u> 것은 무엇입니까? (   )

① 지층 전시실
② 공룡 전시실
③ 퇴적암 전시실
④ 화석 전시실
⑤ 미래 에너지 전시실

1 여러 가지 지층의 모습입니다.

ㄱ

ㄴ

ㄷ

(1) 끊어진 지층과 휘어진 지층을 골라 차례대로 기호를 쓰시오.

(   )

(2) 위 지층들의 공통점을 한 가지 쓰시오.

_____

(3) 우리 주변에서 위의 지층처럼 여러 개의 층으로 쌓여 있는 것을 두 가지 쓰시오.

_____

여러 가지 지층의 차이점

• 수평인 지층, 끊어진 지층, 휘어진 지층 등 층의 모양이 다릅니다.
• 얇은 지층, 두꺼운 지층 등 층의 두께와 색깔이 다릅니다.

2 지층이 만들어져 발견되는 과정입니다. 네 번째 ㉠ 과정에 대해 설명하시오.

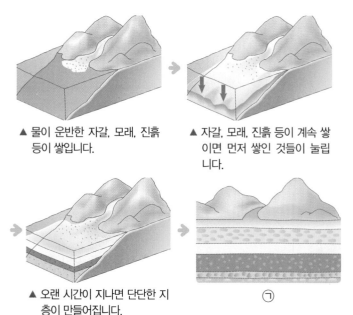

▲ 물이 운반한 자갈, 모래, 진흙 등이 쌓입니다.

▲ 자갈, 모래, 진흙 등이 계속 쌓이면 먼저 쌓인 것들이 눌립니다.

▲ 오랜 시간이 지나면 단단한 지층이 만들어집니다.

㉠

지층이 만들어지는 과정

• 지층은 물에 의하여 운반된 자갈, 모래, 진흙 등이 쌓인 뒤에 오랜 시간을 거쳐 단단하게 굳어져 만들어진 것입니다.
• 아래에 있는 층은 위에 있는 층보다 먼저 만들어진 것입니다.

3 퇴적암의 특징을 정리한 것입니다. ㉠, ㉡, ㉢에 들어갈 퇴적암의 특징을 쓰시오.

구분	모습	색깔	손으로 만졌을 때의 느낌	알갱이의 크기
이암		다양하다.	㉠	알갱이의 크기가 작다.
사암		다양하다.	㉡	알갱이의 크기가 중간이다.
역암		다양하다.	다양하다.	㉢

㉠: _____

㉡: _____

㉢: _____

여러 가지 퇴적암의 특징

• 역암은 주로 자갈, 모래 등으로 되어 있습니다.
• 사암은 주로 모래로 되어 있습니다.
• 이암은 진흙과 같이 작은 알갱이로 되어 있습니다.
• 이암, 사암, 역암은 모두 퇴적암입니다.

4 다음을 보고 화석이 <u>아닌</u> 것을 골라 기호를 쓰고, 화석이 <u>아닌</u> 까닭을 쓰시오.

㉠  ㉡

㉢ ㉣

(1) 화석이 아닌 것: (   )

(2) 화석이 아닌 까닭: _____

_____

화석이 될 수 있는 것

• 공룡 뼈와 같은 생물의 몸체
• 공룡이나 새의 발자국, 배설물, 조개가 판 구멍 등 생물이 활동한 흔적
• 화석은 거대한 공룡 뼈에서부터 현미경으로 관찰할 수 있는 작은 생물까지 종류와 크기가 다양합니다.

3. 식물의 한살이

씨에서 자라게 될 식물 상상하기

(1) 식물이 자라는 과정 상상하여 그리기

① 씨에서 나올 식물을 상상하여 씨에서 싹이 튼 모습을 그리고 특징을 적습니다.

② 이 식물이 다 자란 모습을 자세히 그리고 특징을 적습니다.

③ 씨에서 싹이 튼 모습부터 다 자란 모습까지 그린 식물의 모습을 친구들 앞에서 발표합니다.

(2) 내가 상상하여 그린 식물과 친구들이 상상하여 그린 식물 비교하기 예

① 내가 그린 식물은 황금색 꽃이었는데 내 친구가 그린 식물은 열매가 황금색이었습니다.

② 내가 그린 식물은 키가 작은데 내 친구가 그린 식물은 키가 매우 크고 잎이 길쭉해 재밌습니다.

③ 내가 그린 싹 튼 모습과 친구가 그린 싹 튼 모습은 비슷했는데 다 자란 모습은 서로 달랐습니다.

탐구1 씨 관찰하기

▲ 씨의 색깔 관찰하기

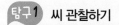

▲ 씨의 길이 측정하기

여러 가지 씨를 관찰해 볼까요?

(1) 여러 가지 씨 관찰하기 탐구1 → 호두처럼 매우 큰 씨도 있고, 채송화씨처럼 매우 작은 씨도 있습니다.

① 눈으로 색깔을 관찰하고, 손으로 촉감을 느낍니다.

② 자나 동전을 이용하여 길이와 크기를 재 봅니다.

(2) 여러 가지 씨의 특징 탐구2 → 식물의 씨는 종류에 따라 모양, 크기, 색깔 등이 다양합니다.

구분	모양	색깔	크기
강낭콩	둥글고 길쭉하다.	검붉은색 또는 알록달록한 색	가로 1.5cm 세로 0.8cm
참외씨	길쭉하다.	연한 노란색	가로 0.5cm 세로 0.2cm
사과씨	둥글고 길쭉하며 한쪽은 모가 나 있다.	갈색	가로 0.8cm 세로 0.4cm
봉숭아씨	둥글다.	어두운 갈색	가로 0.3cm 세로 0.2cm

(3) 여러 가지 씨의 공통점과 차이점

공통점	• 단단하고 껍질이 있다. • 대부분 주먹보다 크기가 작다.
차이점	색깔, 모양, 크기 등의 생김새가 다르다.

탐구2 여러 가지 식물의 씨

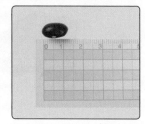

구분	식물의 모습	씨의 모습
참외		
사과		
채송화		
강낭콩		
호두 나무		
봉숭아		

그 외의 여러 가지 씨의 특징

구분	모양	색깔	크기
호두	동그랗고 주름이 있다.	연한 갈색	가로 3cm 세로 3cm
은행 나무씨	달걀 모양과 비슷하다.	연한 노란색	가로 1.6cm 세로 1cm
분꽃씨	둥글고 주름이 많으며 거칠거칠하다.	검은색, 어두운 갈색	가로 0.8cm 세로 0.6cm
채송화씨	동그랗다.	검은색	매우 작아 재기 어렵다.
호박씨	납작하고 한쪽은 둥글고 다른 한쪽은 뾰족하다.	연한 노란색	가로 2cm 세로 1.2cm

같은 종류라도 색깔과 모양이 다른 씨

- 같은 종류의 씨라도 품종에 따라 색깔과 모양이 다른 경우가 많습니다.
- 강낭콩은 콩과에 속하는 종류이지만 품종이 150여 종이나 됩니다.

▲ 작두콩

개념을 확인해요

1 식물이 자라는 과정을 상상하여 그릴 때 가장 먼저 씨에서 나올 식물을 상상하여 씨에서 ☐이 튼 모습을 그립니다.

2 여러 가지 식물의 씨 색깔은 ☐으로 관찰합니다.

3 여러 가지 식물의 씨를 관찰할 때 손으로는 씨의 ☐☐을 느낍니다.

4 씨를 관찰할 때 ☐를 이용하여 씨의 길이를 측정합니다.

5 호두, 강낭콩, 채송화씨 중에서 크기가 가장 큰 것은 ☐☐입니다.

6 참외씨, 봉숭아씨, 채송화씨 중 연한 노란색인 것은 ☐☐씨입니다.

7 ☐☐☐은 둥글고 길쭉하며 검붉은색 또는 알록달록한 색입니다.

8 여러 가지 씨는 색깔, 모양, 크기가 다르지만, ☐☐이 있다는 공통점이 있습니다.

3. 식물의 한살이

교과서 52~53쪽

식물을 기르면서 ✱한살이를 알아보려면 어떻게 해야 할까요?

(1) **식물의 한살이:** 식물의 씨가 싹 터서 자라며, 꽃이 피고 열매를 맺어 다시 씨가 만들어지는 과정입니다.

(2) **식물을 기르면서 한살이를 알아보는 방법:** 관찰 계획을 세우고, 식물을 기르면서 식물의 한살이를 관찰하여 관찰 일지 등을 작성합니다.

(3) **식물의 한살이 관찰 계획 세우기** `탐구1`
　　━ 식물의 한살이 과정을 알아보기 위해서 가장 먼저 해야 하는 일입니다.

　① 어떤 식물을 관찰할지 생각합니다.

　② 그 식물을 선택한 까닭을 이야기합니다.

　③ 언제, 어디에, 어떻게 씨를 심으면 좋을지 생각해 봅니다.

　④ 식물을 기르면서 무엇을 어떻게 관찰할지 이야기해 봅니다. ━
　　식물의 길이, 줄기의 굵기, 잎의 개수, 잎의 넓이, 꽃의 개수, 열매의 개수 등을 관찰합니다.

　⑤ 계획한 대로 씨를 심어 관찰해 봅니다.

(4) **한살이를 관찰할 식물 선택하기**

　① 강낭콩, 봉숭아, 나팔꽃, 토마토 등과 같이 한살이 기간이 짧은 식물을 선택합니다.

　② 잎, 줄기, 꽃, 열매 등을 관찰하기 쉬운 식물을 선택하는 것이 좋습니다.

　③ 식물의 한살이 과정은 씨가 싹 트고 잎과 줄기가 자라는 모습, 꽃이 피고 열매가 자라는 모습 등을 꾸준히 관찰해야 합니다.

(5) **씨 심는 방법** `탐구2`

▲ 화분 바닥에 있는 물 빠짐 구멍을 ✱망이나 작은 돌로 막습니다.

▲ 화분에 거름흙을 $\frac{3}{4}$ 정도 넣습니다.

▲ 씨 크기의 두세 배 깊이로 씨를 심고, 흙을 덮습니다.

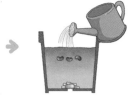

▲ 물뿌리개로 물을 충분히 줍니다.

▲ 팻말을 꽂아 햇빛이 비치는 곳에 놓아둡니다.

(6) **팻말에 들어가야 할 내용:** 식물 이름, 씨를 심은 날짜, 씨를 심은 사람의 이름, 식물의 ✱별명, ✱다짐의 말 등을 씁니다. 예 강낭콩(5월 5일): 나 김재경은 콩이에게 매일 사랑을 주도록 하겠습니다.

`탐구1` **식물의 한살이 관찰 계획 세우기**

• 언제, 어디에, 어떻게 심을지 정합니다.

• 식물의 길이, 줄기의 굵기, 잎의 개수, 잎의 넓이, 꽃의 개수, 열매의 개수 등을 관찰합니다.

관찰 계획서

✎ 관찰자: 김재경
✎ 관찰 식물: 강낭콩
✎ 식물을 선택한 까닭: 한살이 기간이 짧기 때문이다.
✎ 씨를 심을 날짜: 20○○년 5월 5일
✎ 씨를 심을 곳: 화분

	언제	매일 아침
관찰 방법	어디서	화단
	무엇을 어떻게	강낭콩이 자라는 모습을 관찰 기록장에 그리거나 사진을 찍어 기록한다.

▲ 식물의 한살이 관찰 계획서

`탐구2` **씨 크기의 두세 배 깊이로 씨를 심는 까닭**

• 씨가 싹 트는 데 필요한 조건에는 물, 온도, 공기 등이 있습니다. 따라서 씨를 너무 깊게 심으면 공기가 잘 통하지 않아 쉽게 썩고, 너무 얕게 심으면 흙에 있는 물이 쉽게 증발되어 씨가 말라버립니다.

• 들판에 심을 경우 씨를 너무 얕게 심으면 동물의 먹이가 되기도 합니다.

한살이를 관찰하기에 적합한 식물

- 한살이 기간이 짧고 잎, 줄기, 꽃, 열매의 구분이 명확하며, 크기가 적당해야 합니다.
- 쉽게 구할 수 있고, 관리가 편한 것이 좋습니다.
- 옥수수, 해바라기, 벼, 분꽃, 방울토마토, 고추, 봉숭아 등이 한살이를 관찰하는 데 알맞습니다.

▲ 옥수수
(100~120일)

▲ 해바라기
(90~120일)

▲ 벼
(200~220일)

▲ 분꽃
(110~140일)

▲ 방울토마토
(180~210일)

▲ 고추
(210~240일)

용어풀이

- ✦한살이 　동물이나 식물이 태어나서 어린 시절을 거치며 성장하여 자손을 남기고 죽을 때까지의 과정
- ✦망 　그물처럼 만들어 가려 두거나 치거나 하는 물건을 통틀어 이르는 말
- ✦별명 　사람이나 사물의 실제 부르는 이름 대신 부르는 이름
- ✦다짐 　이미 한 일이나 앞으로 할 일이 틀림없음을 확인하거나 강조하여 말함.

개념을 확인해요

1 식물의 씨가 싹 터서 자라며, 꽃이 피고 열매를 맺어 다시 씨가 만들어지는 과정을 식물의 ☐☐ ☐ 라고 합니다.

2 식물의 한살이 과정을 알아보기 위해서 가장 먼저 해야 할 일은 식물의 한살이 관찰 ☐☐ 을 세우는 것입니다.

3 식물의 한살이 과정을 알아보기 위해서는 ☐ 가 싹 트고 잎과 줄기가 자라는 모습, 꽃이 피고 열매가 자라는 모습 등을 꾸준하게 관찰해야 합니다.

4 화분에 씨를 심을 때는 먼저 화분 바닥에 있는 ☐ ☐☐ 구멍을 망이나 작은 돌로 막습니다.

5 씨를 심을 때, 씨 크기의 ☐☐ 배 깊이로 씨를 심고 흙을 덮습니다.

6 식물의 한살이를 관찰할 식물로 적당한 것은 ☐ ☐☐ 기간이 짧은 강낭콩, 봉숭아, 나팔꽃, 토마토, 고추, 벼 등입니다.

7 화분에 씨를 심고 나서 꽂아 둘 팻말에는 식물 이름, 씨를 심은 ☐☐, 씨를 심은 사람의 이름, 식물의 별명, 다짐의 말 등을 넣습니다.

3. 식물의 한살이

씨가 싹 트는 데 어떤 조건이 필요할까요?

(1) 씨가 싹 트는 데 물이 미치는 영향 알아보기 탐구1

① 다르게 할 조건과 같게 할 조건

다르게 할 조건	물
같게 할 조건	온도, 공기, 탈지면, 페트리 접시 등

② 실험 방법

- 크기가 같은 두 개의 페트리 접시를 준비하고, 같은 양의 탈지면을 둡니다.
- 강낭콩을 탈지면 위에 놓아둡니다.
- 한쪽 페트리 접시 탈지면만 분무기로 충분히 적십니다.
- 물을 뿌린 페트리 접시의 탈지면이 마르지 않도록 1~2일에 한 번씩 분무기로 물을 뿌립니다. ──물을 한번에 너무 많이 주지 않고 탈지면이 충분히 젖을 정도만 줍니다.
- 약 일주일 동안 페트리 접시에 있는 강낭콩의 변화를 관찰합니다.

(2) 강낭콩의 변화

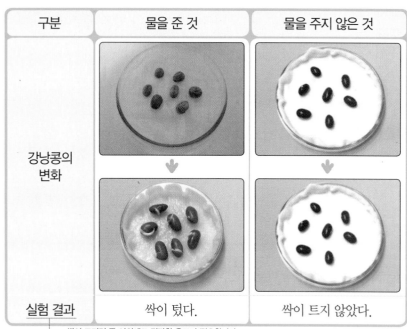

구분	물을 준 것	물을 주지 않은 것
강낭콩의 변화		
실험 결과	싹이 텄다.	싹이 트지 않았다.

└─ 싹이 트려면 물 이외에도 적당한 온도가 필요합니다.

(3) 씨가 싹 트는 데 필요한 조건 ──물을 주지 않은 강낭콩은 싹이 트지 않았고, 물을 준 강낭콩만 싹이 텄습니다.

① 적당한 양의 물이 필요합니다.

② 씨가 싹 트는 데 물이 미치는 영향을 알아보는 실험에서는 다른 조건은 모두 같게 하고, 물의 양을 다르게 해야 합니다.

③ 씨가 싹 트려면 물 이외에도 적당한 온도가 필요합니다.

탐구1 씨가 싹 트는 데 필요한 조건

① 온도: 상온에 둔 강낭콩과 냉장고에 둔 강낭콩을 3~5일 정도 놓고 비교합니다.

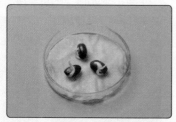

▲ 상온에 둔 강낭콩: 싹이 텄습니다.

▲ 냉장고에 둔 강낭콩: 싹이 트지 않았습니다.

② 햇빛

- 강낭콩을 알루미늄 접시로 햇빛을 가린 경우와 햇빛을 가리지 않은 경우 중 어느 곳에서 싹이 트는지 알아봅니다.
- 알루미늄 접시로 햇빛을 가릴 때에는 가장자리에 구멍을 뚫어 공기를 통하게 하여 온도가 올라가지 않게 합니다.

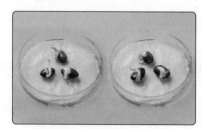

▲ 햇빛을 가린 경우와 햇빛을 받은 경우: 모두 싹이 텄습니다.

씨가 싹이 잘 트는 환경

- 씨가 싹 트게 하려면 온도는 18~25℃를 유지하며, 물은 충분히 주되 씨가 잠기지 않도록 해야 합니다.
- 씨의 종류에 따라 다르지만 적어도 씨를 심기 하루 전에는 물에 담가 두어 물을 충분히 흡수시킵니다.

여러 가지 씨가 싹 트는 모습

▲ 보리

▲ 해바라기

▲ 수세미

용어풀이

- ✷ 조건 어떤 일이 이루어지는 데 필요한 상태나 요소
- ✷ 영향 어떤 사물의 효과나 작용이 다른 것에 미치는 일
- ✷ 탈지면 불순물을 제거하고 소독한 솜
- ✷ 상온 가열하거나 냉각하지 않은 자연 그대로의 기온으로 보통 15℃를 말함.

1 씨를 심으면 ☐ 이 터서 자랍니다.

2 씨가 싹 트는 데 물이 미치는 영향을 알아보는 실험에서 다르게 할 조건은 ☐ 이고, 다른 조건은 모두 같게 합니다.

3 강낭콩에 물을 준 것과 물을 주지 않는 것 중 싹이 튼 것은 ☐ 을 준 강낭콩입니다.

4 씨가 싹 트는 데 온도가 미치는 영향을 알아볼 때, 다르게 할 조건은 ☐☐ 입니다.

5 상온에 둔 강낭콩과 냉장고에 둔 강낭콩 중 싹이 튼 것은 ☐☐ 에 둔 강낭콩입니다.

6 씨가 싹 트려면 물과 적당한 ☐☐ 가 필요합니다.

7 물, 적당한 온도, 햇빛 중 ☐☐ 은 씨가 싹 트는 데 꼭 필요한 조건은 아닙니다.

3단원

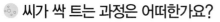
3. 식물의 한살이

씨가 싹 트는 과정은 어떠한가요?

(1) 씨가 싹 트는 과정 관찰하기

① 강낭콩의 겉모양과 속 모양 관찰하기

- 물을 주지 않은 강낭콩과 물을 주어 싹이 튼 강낭콩의 겉모양을 관찰합니다.
- 물을 주지 않은 강낭콩은 눈을 따라 칼을 이용하여 세로로 쪼개어 속 모양을 관찰합니다.
- 물을 주어 싹이 튼 강낭콩은 반으로 쪼개 속 모양을 관찰합니다.

② 물을 주지 않은 강낭콩과 물을 주어 싹이 튼 강낭콩의 겉모양과 속 모양 관찰하기 탐구1
  └─• 강낭콩 속에는 식물의 잎과 줄기, 뿌리가 될 부분이 있습니다.

구분	겉모양	속 모양
물을 주지 않은 강낭콩	둥글고 길쭉하다.	뿌리와 잎은 있으나 납작하게 붙어 있다.
물을 주어 싹이 튼 강낭콩	뿌리가 자라 밖으로 나와 있다.	잎은 싱싱하고 색깔이 노랗다.

③ 씨가 싹 트는 과정 관찰하기

- 적당한 크기의 플라스틱 컵을 준비합니다.
- 플라스틱 컵에 탈지면을 넣습니다.
- 물은 탈지면을 적시면서 아래에 살짝 고일 정도만 줍니다.
- 강낭콩은 탈지면 위에 놓습니다.

(2) 강낭콩의 싹이 터서 자라는 과정 탐구2 ─→ 씨가 싹 튼 후 식물은 줄기가 굵어지고, 식물의 키도 자라고, 잎의 수도 많아집니다.

① 먼저 뿌리가 나오고 껍질이 벗겨집니다.

② 땅 위로 두 장의 ✱떡잎이 나오고 떡잎 사이에서 ✱본잎이 나옵니다.

③ 옥수수는 싹이 틀 때 본잎이 ✱떡잎싸개에 둘러싸여 나옵니다.

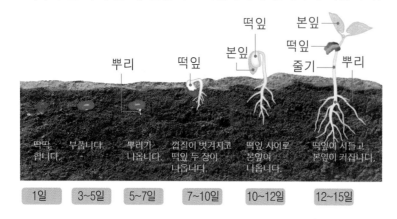

| 1일 | 3~5일 | 5~7일 | 7~10일 | 10~12일 | 12~15일 |

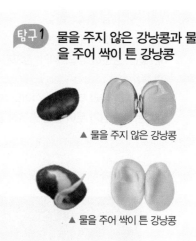

탐구1 물을 주지 않은 강낭콩과 물을 주어 싹이 튼 강낭콩

▲ 물을 주지 않은 강낭콩

▲ 물을 주어 싹이 튼 강낭콩

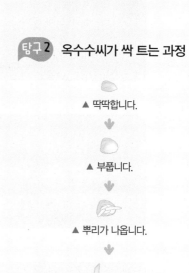

탐구2 옥수수씨가 싹 트는 과정

▲ 딱딱합니다.

▲ 부풉니다.

▲ 뿌리가 나옵니다.

▲ 떡잎싸개가 나옵니다.

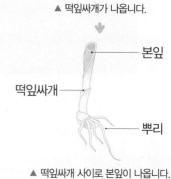

본잎

떡잎싸개

뿌리

▲ 떡잎싸개 사이로 본잎이 나옵니다.

떡잎의 역할

- 식물이 싹 트는 동안 떡잎은 양분을 제공합니다.
- 싹이 트고 본잎이 자라면서 떡잎에 있는 양분이 사용되면 떡잎은 쭈글쭈글해지고, 나중에는 시들어 떨어지게 됩니다.

▲ 떡잎의 변화

속 모양을 관찰하기 좋은 씨

- 강낭콩, 벼, 옥수수, 봉숭아, 수세미씨, 포도씨, 감씨, 수박씨 등은 쉽게 구할 수 있습니다.
- 씨의 속 모양을 관찰하기 위해서는 하루 전에 씨를 물에 불리면 관찰하기 쉽습니다.

용어풀이

- ✿ **떡잎**   씨가 싹 터서 처음 나오는 잎
- ✿ **본잎**   식물이 싹이 터서 자라면 떡잎 뒤에 나오는 보통의 잎
- ✿ **떡잎싸개**   외떡잎을 보호하기 위해 떡잎을 감싸고 나오는 아주 작고 얇은 막

개념을 확인해요

1 강낭콩 속에는 식물의 잎과 줄기, ☐ ☐ 가 될 부분이 있습니다.

2 물이 주어 싹이 튼 강낭콩의 겉모양을 관찰하면 ☐ ☐ 가 자라 밖으로 나와 있습니다.

3 물을 주어 싹이 튼 강낭콩의 속 모양을 관찰하면 싱싱하고 색깔이 노란 ☐ 이 있습니다.

4 강낭콩이 싹 터서 자라는 과정을 보면 가장 먼저 ☐ ☐ 가 나옵니다.

5 강낭콩이 싹 터서 자라는 과정을 보면 뿌리가 나온 후 껍질이 벗겨지고 땅 위로 두 장의 ☐ ☐ 이 나옵니다.

6 강낭콩이 싹 터서 자라는 과정을 보면 떡잎 사이에서 ☐ ☐ 이 나옵니다.

7 옥수수는 싹이 틀 때 본잎이 ☐ ☐ ☐ ☐ 에 둘러싸여 나옵니다.

8 씨가 싹 튼 후 식물은 줄기가 굵어지고 키도 자라며 ☐ 의 개수도 많아집니다.

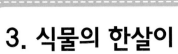

3. 식물의 한살이

식물이 자라는 데 어떤 조건이 필요할까요?

(1) 식물이 자라는 데 물이 미치는 영향 알아보기

① 다르게 할 조건과 같게 할 조건

다르게 할 조건	물
같게 할 조건	화분의 크기, 식물의 종류, 빛, 양분, 온도 등

② 실험 방법

- 비슷한 크기로 자란 강낭콩 화분 두 개를 준비합니다.
- 한 화분에만 물을 적당히 주고, 다른 화분에는 계속 물을 주지 않습니다.
- 며칠 동안 강낭콩의 변화를 관찰해 봅니다.

③ 강낭콩의 변화 관찰하기 ──▶ 열흘 정도 물을 적당히 준 화분과 그렇지 않은 화분을 관찰합니다.

구분	물을 적당히 준 것	물을 주지 않은 것
실험 조건		
실험 결과	잎이 잘 자랐다.	잎이 시들고 잘 자라지 못했다.

④ 식물이 자라는 데 필요한 조건

- 식물이 잘 자라려면 알맞은 양의 물이 필요합니다.
- 물을 주지 않은 화분의 강낭콩은 시들었고, 물을 준 화분의 강낭콩만 잘 자랐습니다.
- 물 이외에도 빛과 적당한 온도는 식물을 잘 자라게 하는 데 필요합니다. 탐구1

┌─ 식물이 자라는 데 빛이 미치는 영향을 알아볼 때 다르게 할 조건은 빛입니다.

(2) 식물이 자라는 데 온도가 미치는 영향 알아보기

다르게 할 조건	온도
같게 할 조건	화분의 크기, 식물의 종류, 빛, 양분, 온도 등

 탐구1 **식물이 자라는 데 햇빛이 미치는 영향**

- 식물 하나는 햇빛을 받게 하고 다른 하나는 햇빛 차단 장치 안에서 햇빛을 받지 않게 합니다.
- 햇빛을 받은 경우: 잎이 초록색이며 잎과 줄기가 잘 자랐습니다.

- 햇빛을 받지 않은 경우: 잎의 색깔이 연해지고, 거의 자라지 않았습니다.

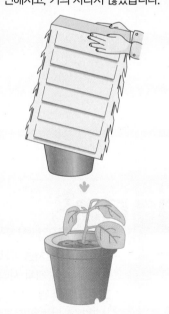

식물에게 물이 필요한 까닭

- 물은 식물이 ☆광합성을 할 때 이산화 탄소와 함께 흡수하여 ☆포도당으로 합성할 때 이용되며, 양분이나 무기질을 이동시킬 수 있는 운반 기능에도 쓰입니다.
- 물은 식물체의 형태를 유지할 수 있게 해줍니다.
- 식물에게 있어 물은 형태 유지와 양분 생산 및 이동을 가능하게 하는 중요한 성분입니다.
- 물을 주지 않으면 식물 ☆세포 내에 물이 부족해져 형태를 유지하기 힘들게 되고 결국에 시들어버립니다.

식물이 자라기 위해 물과 빛 이외에 필요한 요소

- 식물이 잘 자라기 위해서는 물과 빛 이외에도 이산화 탄소, 알맞은 온도, 양분이 필요합니다.
- 양분 속에 필요한 물질로는 10가지가 있는데 탄소, 수소, 산소, 질소, 칼슘, 포타슘, 황, 인, 마그네슘, 철 등이 있습니다.
- 식물은 이와 같은 물질을 흙이나 ☆배양액을 통하여 얻습니다.
- 식물을 기를 때 흙이나 배양액 속에 이와 같은 10가지 물질을 제공하면 식물이 잘 자랄 수 있습니다.

용어풀이

- ☆광합성 식물이 물과 이산화 탄소를 이용해 햇빛을 쬐어 포도당을 만드는 일
- ☆포도당 생물 에너지의 원료
- ☆세포 생물을 이루고 있는 것
- ☆배양액 미생물이나 동식물의 조직 따위를 기르는 데 필요한 영양소가 들어 있는 액체

개념을 확인해요

1 식물이 자라는 데 물이 미치는 영향을 알아볼 때 다르게 할 조건은 $\boxed{}$ 입니다.

2 식물이 자라는 데 물이 미치는 영향을 알아볼 때, 온도, 양분, 빛, 화분의 크기, 식물의 종류는 $\boxed{}$ 게 합니다.

3 식물이 자라는 데 물이 미치는 영향을 알아볼 때, 비슷한 크기로 자란 화분 $\boxed{}$ 개를 준비합니다.

4 물을 적당히 준 화분의 강낭콩은 $\boxed{}$ 이 잘 자랐지만, 물을 주지 않은 화분의 강낭콩은 $\boxed{}$ 이 시들었습니다.

5 물을 주지 않은 화분의 강낭콩은 시들었고 물을 준 화분의 강낭콩은 잘 자란 모습을 통해 식물이 자라는 데 $\boxed{}$ 이 필요하다는 사실을 알 수 있습니다.

6 식물이 자라는 데 온도가 미치는 영향을 알아보기 위해서 다르게 할 조건은 $\boxed{}\,\boxed{}$ 입니다.

7 식물이 자라는 데 $\boxed{}$ 이 미치는 영향을 알아볼 때 화분 하나만 빛을 받게 합니다.

8 식물이 잘 자라려면 $\boxed{}$, $\boxed{}$, 적당한 온도, 양분 등이 필요합니다.

3. 식물의 한살이

🌑 잎과 줄기는 자라면서 어떻게 변할까요?

(1) 잎과 줄기가 자란 정도 측정하기

① 강낭콩이 자라는 모습을 관찰하면서 달라지는 것

• 잎의 개수와 크기가 달라집니다.

• 줄기의 굵기와 길이, 가지의 개수와 길이가 달라집니다.

└─• 모눈종이로 본을 뜹니다.

② 잎과 줄기의 자란 정도 측정 방법 탐구1

잎이 자란 정도 측정하기	• 잎의 개수와 늘어나는 잎의 개수를 기록한다. • ✦잎자루에서부터 가장 뾰족한 곳까지 자로 재 잎의 크기를 측정한다.
줄기가 자란 정도 측정하기	• ✦새순이 난 바로 아래까지의 줄기 길이를 줄자를 사용하여 날짜별로 잰다. • 새로 난 가지의 개수를 기록한다.

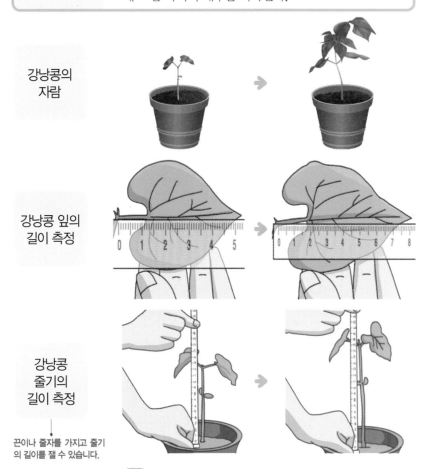

강낭콩의 자람

강낭콩 잎의 길이 측정

강낭콩 줄기의 길이 측정

끈이나 줄자를 가지고 줄기의 길이를 잴 수 있습니다.

탐구1 **줄기의 길이 측정**

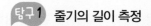
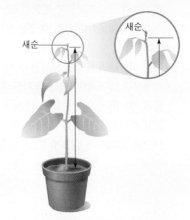

새순   새순

▲ 줄기의 길이 측정

탐구2 **잎과 줄기가 자란 정도를 알아볼 수 있는 다른 방법**

① 잎이 자란 정도 측정하기

• ✦모눈종이나 모눈 투명 종이(OHP)를 대고 그려서 칸을 세어 봅니다.

• 종이에 잎의 본을 떠서 크기를 비교할 수 있습니다.

② 줄기가 자란 정도 측정하기

• 줄기에 일정한 간격으로 선을 그어 간격의 변화를 측정합니다.

• 종이 끈을 이용하여 줄기의 길이를 잰 뒤 종이 끈을 다시 자로 잽니다.

▲ 줄기의 자란 정도 측정

(2) 잎과 줄기의 변화 탐구2

① 식물은 자라면서 줄기와 잎의 모습이 변합니다.

② 강낭콩의 잎은 점점 넓어지고, 개수도 많아집니다.

③ 강낭콩의 줄기도 점점 굵어지고 길어집니다.

강낭콩의 자람

- 강낭콩이 자라면서 줄기와 잎의 개수가 점점 많아집니다.
- 줄기가 길어지고 잎이 넓어집니다.
- 줄기의 끝부분에서 새로운 잎이 생깁니다.
- 하나의 잎자루에 세 장의 작은 잎이 있습니다.
- 줄기와 잎자루 사이에서 새 줄기가 나옵니다.

개념을 확인해요

1 식물은 자라면서 ☐ ☐ 와 ☐ 의 모습이 변합니다.

2 식물이 자라면서 ☐ 은 점점 넓어지고, 개수도 많아집니다.

3 식물은 자라면서 ☐ ☐ 가 점점 굵어지고, 길이가 길어집니다.

4 잎이 자란 정도는 잎의 ☐ ☐ 와 ☐ ☐ 를 측정하여 알아봅니다.

5 줄기가 자란 정도는 줄기의 굵기와 길이, 새로 난 가지의 ☐ ☐ 를 측정하여 알아봅니다.

6 잎의 크기는 ☐ ☐ ☐ 에서부터 가장 뾰족한 곳까지 자로 잽니다.

7 줄기의 자람을 측정할 때는 새순이 난 바로 아래까지의 줄기 길이를 ☐ ☐ 를 사용하여 날짜별로 잽니다.

8 ☐ ☐ 가 자란 정도를 측정하기 위해서는 줄기에 유성 펜을 사용하여 일정한 간격으로 선을 긋고 간격의 변화를 측정합니다.

3. 식물의 한살이

교과서 62~63쪽

꽃과 ✱열매를 관찰해 볼까요?

(1) 꽃과 열매의 변화 관찰하기 → 강낭콩 한 그루의 꽃의 개수, 꼬투리의 개수, 꼬투리 안에 들어 있는 씨의 개수를 세어 봅니다.

① 강낭콩의 꽃과 열매를 관찰해 봅니다.

② 강낭콩 한 그루에 있는 꽃과 열매의 개수를 세어 봅니다.

• 꽃과 열매의 개수를 세어 날짜별로 기록합니다.

• 날마다 또는 이틀에 한 번씩 규칙적으로 측정합니다.

③ 강낭콩의 열매가 다 자라면 → 꼬투리 속에 들어 있는 씨의 개수를 세어 봅니다.
└ 꼬투리가 떨어지지 않도록 주의합니다.

(2) 강낭콩의 꽃과 열매가 자라면서 달라지는 모습 탐구1

① 꽃의 색깔이 달라집니다.

② 꽃의 모양과 크기가 달라집니다.

③ 꼬투리의 모양이 달라집니다.

④ 꼬투리의 개수와 크기가 달라집니다.

(3) 관찰한 결과를 글이나 그림으로 나타내기 예 → 관찰한 날짜를 반드시 기록합니다.

○○월 ○○일

▲ 작은 ✱몽우리가 더 커지더니 꽃봉오리가 되었습니다.

○○월 ○○일
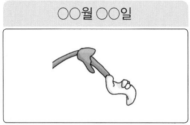
▲ 꽃이 지고 난 자리에 작은 꼬투리가 보입니다.

○○월 ○○일

▲ 꼬투리는 조금 더 커졌으며 꼬투리가 두 개 더 생겨났습니다.

○○월 ○○일

▲ 작은 꼬투리가 네 개가 되었습니다.

(4) 꽃과 열매가 자라는 과정 ┌ 꼬투리라고 합니다.

① 식물이 자라면 꽃이 피고, 꽃이 지고 나면 열매가 생깁니다.

② 열매 속에는 씨가 들어 있고, 씨에서 다시 싹이 트고 자라 열매를 맺습니다.

③ 식물이 열매를 맺는 까닭: ✱번식하기 위해서 열매를 맺어 씨를 퍼뜨립니다.

탐구1 강낭콩의 꽃과 열매의 변화

• 강낭콩은 꽃이 피고 나서 지면 꼬투리가 생깁니다.

• 꼬투리가 자라면서 꼬투리 안에 씨가 자랍니다.

• 강낭콩의 씨는 곧 열매가 됩니다.

• 강낭콩 꼬투리를 열어 보면 희고 오목하게 들어간 곳에 강낭콩씨가 자리 잡고 있습니다.

• 대개 하나의 강낭콩 꼬투리 안에는 약 4~5개의 강낭콩씨가 들어 있습니다.

꽃과 열매를 관찰할 때 주의할 점

- 꽃과 열매는 자꾸 만지면 쉽게 떨어지므로 주의합니다.
- 꼬투리의 크기 변화를 알아보기 위하여 꼬투리의 길이를 잴 때는 꼬투리가 떨어지지 않도록 주의합니다.
- 측정이 어려울 때는 사진을 찍어 수집해도 좋습니다.

꽃과 열매를 이용한 음식

- 봉숭아꽃과 잎을 사용하여 손톱을 물들입니다.
- 꽃잎비빔밥, 씨샐러드, 과일샐러드 등에 이용합니다.

▲ 꽃잎비빔밥

▲ 씨샐러드

용어풀이

- **열매** 식물의 암술과 꽃가루가 만나 암술대 밑의 통통한 주머니인 씨방이 자라서 된 것
- **꼬투리** 식물에 달리는 열매의 한 형태이며 주로 콩과의 식물 열매를 말함.
- **몽우리** 아직 피지 않은 어린 꽃봉오리
- **번식** 동물이나 식물의 수가 늘어 널리 퍼져나감.

개념을 확인해요

1 화분에 심은 강낭콩이 많이 자라면 강낭콩의 ☐ 과 열매, 씨를 관찰할 수 있습니다.

2 강낭콩은 꽃이 지고 나면 열매가 생기는데 이것을 ☐☐☐ 라고 합니다.

3 강낭콩이 자랄수록 꽃의 개수가 ☐ 아집니다.

4 강낭콩이 자랄수록 꼬투리의 개수가 ☐ 아집니다.

5 강낭콩이 자랄수록 꼬투리의 크기가 ☐ 집니다.

6 식물이 자라면 ☐ 이 피고, ☐ 이 지면 열매가 생깁니다.

7 열매 속에는 ☐ 가 들어 있고 이것을 심으면 다시 싹이 트고 자라 열매를 맺습니다.

8 식물은 ☐☐ 하기 위해 열매를 맺어 씨를 퍼뜨립니다.

3. 식물의 한살이

여러 가지 식물의 한살이는 어떻게 다를까요?

(1) 여러 가지 식물의 한살이 **탐구1**

① 한해살이 식물(벼): 벼는 봄에 싹이 터서 자라고 꽃이 피며 열매를 맺어 씨를 만들고 ★일생을 마칩니다. ── ★한 해 동안 한살이를 거치고 일생을 마치는 식물입니다.

▲ ★볍씨 →약 7일→ ▲ 싹이 틉니다. →약 40일→ ▲ 잎과 줄기가 자랍니다.
↓약 45일
▲ 열매를 맺어 씨를 만듭니다. ←약 30일← ▲ 꽃이 핍니다.

② 여러해살이 식물(감나무): 감나무는 여러 해 동안 살면서 꽃이 피고 열매를 맺는 것은 반복합니다.

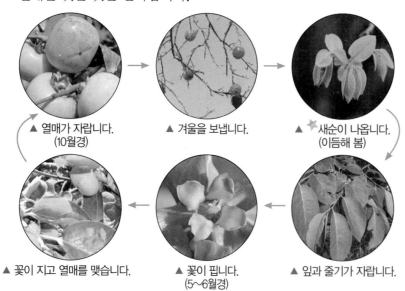

▲ 열매가 자랍니다. (10월경) → ▲ 겨울을 보냅니다. → ▲ ★새순이 나옵니다. (이듬해 봄)
▲ 꽃이 지고 열매를 맺습니다. ← ▲ 꽃이 핍니다. (5~6월경) ← ▲ 잎과 줄기가 자랍니다.

한눈에 볼 수 있는 식물의 한살이 자료 만들기 **탐구2**

① 하나의 식물을 정하고, 그 식물의 한살이를 조사합니다.

② 모둠 구성원이 할 역할을 정하고 필요한 재료를 준비합니다.

③ 식물의 한살이가 잘 드러나도록 자료를 만듭니다.

④ 만든 자료에서 고쳐야 할 것은 없는지 확인해 봅니다.

탐구1 한해살이 식물과 여러해살이 식물의 공통점과 차이점

① 공통점: 씨가 싹 터서 자라 꽃이 피고 열매를 맺어 번식합니다.

② 한해살이 식물
  • 한 해 동안 한살이를 거치고 일생을 마치는 식물입니다.
  • 강낭콩, 벼, 옥수수, 호박 등이 있습니다.

③ 여러해살이 식물
  • 여러 해 동안 죽지 않고 살아가는 식물입니다.
  • 개나리, 감나무, 사과나무, 무궁화 등이 있습니다.

탐구2 식물의 한살이 자료 예

▲ 강낭콩의 한살이 돌림책

• 같은 크기로 자른 종이 두 장을 준비한 뒤 종이 한 장에 강낭콩의 한살이 자료를 순서대로 붙입니다.

• 같은 크기로 자른 나머지 종이 한 장을 그 위에 올려놓고 아래 종이에 붙인 한살이 단계 한 개가 보일 만큼 부채꼴 모양으로 잘라냅니다.

• 종이 두 장을 겹친 뒤 가운데를 할핀으로 꽂아 고정합니다.

벼와 감나무의 한살이

① 벼의 한살이
- 볍씨에서 뿌리와 떡잎싸개가 나옵니다.
- 떡잎싸개에 싸여 본잎이 나옵니다.
- 벼꽃은 하얀색이며, 반으로 갈라진 초록색의 벼 껍질 속에 여섯 개의 수술이 나와 있습니다.
- 표면이 거칠거칠한 노란색의 열매(볍씨)가 달립니다.

② 감나무의 한살이
- 씨가 싹 터서 자랍니다.
- 잎과 줄기가 자랍니다.
- 겨울이 되면 죽지 않고 살아남아 이듬해에 나뭇가지에서 새순이 다시 나기를 여러 해 동안 반복합니다.
- 감나무가 어느 정도 자라면 꽃이 핍니다.
- 꽃이 진 자리에 감 열매가 열립니다.
- 열매가 떨어진 뒤에도 나뭇가지가 죽지 않고 살아남아 이듬해에 새순이 납니다.

용어풀이

✹ 일생 세상에 태어나서 죽을 때까지의 기간
✹ 볍씨 못자리에 뿌리는 벼의 씨
✹ 새순 새로 돋아나는 싹

개념을 확인해요

1 벼와 같이 봄에 싹이 터서 자라고 꽃이 피며 열매를 맺어 씨를 만들고 일생을 마치는 식물을 ☐☐☐☐ 식물이라고 합니다.

2 감나무처럼 여러 해 동안 죽지 않고 살아가는 식물을 ☐☐☐☐☐ 식물이라고 합니다.

3 강낭콩, 벼, 옥수수, 호박, 개나리 중 한해살이 식물이 아닌 것은 ☐☐☐ 입니다.

4 감나무, 옥수수, 사과나무, 무궁화 중 여러해살이 식물이 아닌 것은 ☐☐☐ 입니다.

5 한해살이 식물과 여러해살이 식물의 공통점은 씨가 싹 터서 자라 꽃이 피고 ☐☐를 맺어 번식하는 것입니다.

6 한해살이 식물과 여러해살이 식물의 차이점은 한해살이 식물은 열매를 맺고 죽지만, ☐☐☐ ☐☐ 식물은 열매를 맺는 것을 반복합니다.

7 식물의 한살이를 정리할 수 있는 자료를 만들 때 가장 먼저 ☐☐을 정합니다.

핵심 1

식물의 씨는 종류에 따라 씨의 색깔, 모양, 크기 등이 다양하지만 단단하고 껍질이 있는 점은 같습니다.

1 오른쪽 씨의 이름을 쓰시오.

( )

2 참외씨의 특징으로 바른 것은 무엇입니까?

( )

① 색깔은 어두운 갈색이다.
② 거칠거칠하며 딱딱하다.
③ 연한 노란색이고 길쭉하다.
④ 딱딱한 껍질 속에 큰 씨가 있다.
⑤ 두 개의 씨가 옆에 붙어 있고 날개가 달렸다.

3 여러 가지 씨의 특징으로 바른 것은 ○표, 바르지 않은 것은 ×표를 하시오.

(1) 여러 가지 씨는 공통적으로 껍질이 있고 단단합니다. ( )
(2) 여러 가지 씨는 모양, 크기, 색깔 등이 비슷합니다. ( )

4 씨의 길이를 재는 데 알맞은 도구는 무엇입니까?

( )

① 자   ② 루페
③ 저울   ④ 비커
⑤ 돋보기

핵심 2

식물의 한살이를 관찰할 때는 한살이 기간이 짧고 잎, 줄기, 꽃, 열매 등을 관찰하기 쉬운 식물을 선택하는 것이 좋습니다. 강낭콩, 봉숭아, 나팔꽃, 토마토 등의 식물은 한살이를 관찰하기에 적합합니다.

5 식물의 씨가 싹 터서 자라며 꽃이 피고 열매를 맺어 다시 씨가 만들어지는 과정을 무엇이라고 하는지 쓰시오.

( )

6 식물의 한살이 관찰 계획을 세울 때 가장 먼저 해야 할 일은 무엇입니까? ( )

① 어떤 식물을 관찰할지 정한다.
② 언제 씨를 심으면 좋을지 정한다.
③ 어디에 씨를 심으면 좋을지 정한다.
④ 식물을 기르면서 관찰할 것을 정한다.
⑤ 씨를 심는 데 필요한 준비물을 정한다.

7 식물의 씨를 심을 때 씨 크기의 몇 배로 심어야 합니까? ( )

① 씨 크기와 같은 깊이
② 씨 크기의 두세 배 깊이
③ 씨 크기의 서너 배 깊이
④ 씨 크기의 네다섯 배 깊이
⑤ 씨 크기의 대여섯 배 깊이

8 식물의 한살이를 관찰할 화분에 꽂을 팻말에 들어갈 내용으로 바르지 않은 것은 무엇입니까? ( )

① 식물 이름
② 씨의 가격
③ 식물의 별명
④ 씨를 심은 날짜
⑤ 씨를 심은 사람의 이름

핵심 3

씨가 싹 트는 데 물이 미치는 영향을 알아보는 실험에서 다른 조건은 모두 같게 하고, 물의 양을 다르게 해야 합니다. 물 이외에도 적당한 온도는 씨가 싹 트는 데 필요한 조건입니다.

9 씨가 싹 트는 데 물이 미치는 영향을 알아보는 실험에서 다르게 할 조건을 쓰시오.

(   )

10 씨가 싹 트는 데 물이 미치는 영향을 알아보는 모습으로 바른 것은 ○표, 바르지 않은 것은 ×표를 하시오.

(1) 물을 준 강낭콩과 물을 주지 않는 강낭콩으로 나누어 실험합니다. (   )

(2) 물을 준 강낭콩과 물을 주지 않은 강낭콩을 서로 다른 곳에 두고 관찰합니다. (   )

11 다음은 강낭콩이 싹 트는 데 물이 미치는 영향을 알아본 실험 결과입니다. 물은 준 강낭콩은 어느 것인지 기호를 쓰시오.

㉠   ㉡

(   )

12 강낭콩이 들어 있는 페트리 접시 한 개는 냉동실에 두고, 다른 페트리 접시는 방 안에 두었습니다. 이 실험으로 알 수 있는 씨가 싹 트는 데 필요한 조건은 무엇입니까? (   )

① 빛   ② 물
③ 습도   ④ 양분
⑤ 적당한 온도

핵심 4

강낭콩이 싹 터서 자라는 과정에서 먼저 뿌리가 나오고 껍질이 벗겨집니다. 그리고 땅 위로 두 장의 떡잎이 나오고 떡잎 사이에서 본잎이 나옵니다.

13 다음 강낭콩 중 물을 주어 싹이 튼 강낭콩의 겉모양과 속 모양을 모두 골라 기호로 쓰시오.

㉠   ㉡   ㉢   ㉣

(   )

3
단원

14 오른쪽은 강낭콩이 싹 터서 자라는 모습입니다. ㉠ 부분은 무엇인지 쓰시오.

(   )

15 다음은 강낭콩이 싹 터서 자라는 과정입니다. ㉠에 들어갈 과정은 무엇인지 쓰시오.

> 딱딱하다. → 부푼다. → (㉠   ) → 껍질이 벗겨지고 떡잎 두 장이 나온다. → 떡잎 사이로 본잎이 나온다. → 떡잎이 시들고 본잎이 커진다.

16 다음은 옥수수의 싹이 트는 과정입니다. ( ) 안에 알맞은 말을 쓰시오.

> 옥수수는 싹이 틀 때 본잎이 (   )에 둘러싸여 나온다.

(   )

핵심 5

식물이 잘 자라려면 알맞은 양의 물이 필요합니다. 식물이 자라는 데 물이 미치는 영향을 알아보는 실험에서 다른 조건은 모두 같게 하고, 화분에 주는 물의 양을 다르게 해야 합니다.

17 식물이 자라는 데 물이 미치는 영향을 알아보는 실험을 할 때 다르게 할 조건은 무엇입니까? (   )

① 물   ② 햇빛
③ 온도   ④ 양분
⑤ 공기

18 비슷한 크기로 자란 강낭콩 화분 두 개 중에 한 화분은 물을 적당히 주고, 다른 화분은 물을 주지 않았을 때 잘 자란 화분은 어느 것인지 기호를 쓰시오.

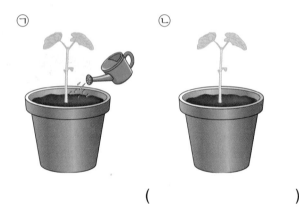

ㄱ   ㄴ

(   )

19 식물이 자라는 데 온도가 미치는 영향을 알아볼 때 다르게 할 조건은 무엇입니까? (   )

① 물   ② 햇빛
③ 온도   ④ 양분
⑤ 습도

20 (   ) 안에 들어갈 말을 차례대로 쓰시오.

식물이 잘 자라려면 알맞은 양의 (   )과 빛, 적당한 (   )가 필요하다.

(   )

핵심 6

식물은 자라면서 줄기와 잎의 모습이 변합니다. 강낭콩의 잎은 점점 넓어지고 개수도 많아지며, 강낭콩의 줄기는 점점 굵어지고 길어집니다.

21 강낭콩의 잎과 줄기의 변화를 측정하기 위해 필요한 준비물이 <u>아닌</u> 것은 무엇입니까? (   )

① 줄자   ② 돋보기
③ 사진기   ④ 유성 펜
⑤ 모눈종이

[22~23] 강낭콩의 잎과 줄기가 자란 정도를 측정하는 모습입니다.

ㄱ 잎자루에서부터 가장 뾰족한 곳까지 자로 잰다.
ㄴ 모눈종이나 모눈 투명 종이(OHP)를 대고 그려서 칸을 세어 보거나, 종이에 잎의 본을 떠서 비교한다.
ㄷ 줄자를 사용하여 새순이 난 바로 아래까지의 길이를 날짜별로 잰다.

22 강낭콩 줄기가 자란 정도를 측정하는 모습은 어느 것인지 기호를 쓰시오.

(   )

23 강낭콩의 잎이 자란 정도를 측정하는 모습을 기호로 쓰시오.

(   )

24 식물이 자라면서 잎과 줄기가 어떻게 변하는지 쓰시오.

_____

_____

핵심 7

식물이 자라면 꽃이 피고, 꽃이 지면 열매가 생깁니다. 그리고 열매 속에는 씨가 들어 있습니다. 씨에서 다시 싹이 트고 자라 열매를 맺습니다.

25 강낭콩의 꽃과 열매가 자람에 따라 달라지는 것이 아닌 것은 무엇입니까? (   )

① 꽃의 크기
② 꽃의 모양
③ 꽃의 종류
④ 꼬투리의 개수
⑤ 꼬투리의 크기

26 (   ) 안에 알맞은 말을 쓰시오.

> 강낭콩의 꽃이 지고 나면 열매가 생기는데 이것을 (   )라고 한다.

(   )

27 강낭콩의 꽃과 열매의 자람을 순서대로 기호를 쓰시오.

> ㉠ 꽃이 지고 열매가 생긴다.
> ㉡ 열매의 크기가 점점 커진다.
> ㉢ 꽃이 피기 시작한다.
> ㉣ 꽃봉오리의 개수가 많아진다.

(   )

28 강낭콩이 자라면서 꼬투리의 변화에 대한 설명입니다. (   ) 안의 알맞은 말에 ○표 하시오.

> 강낭콩의 꼬투리는 시간이 지남에 따라 점점 (커진다. 작아진다.) 또한 강낭콩의 자람에 따라 꼬투리의 개수는 (많아진다. 적어진다.)

핵심 8

한해살이 식물은 한 해 동안 한살이를 거치고 일생을 마치는 식물이고, 여러해살이 식물은 여러 해 동안 죽지 않고 살아가는 식물입니다.

29 봄에 싹이 터서 자라고 꽃이 피며 열매를 맺어 씨를 만들고 일생을 마치는 식물을 무엇이라고 하는지 쓰시오.

(   )

30 한해살이 식물끼리 짝지어진 것은 무엇입니까?

(   )

① 벼, 개나리
② 호박, 감나무
③ 강낭콩, 옥수수
④ 옥수수, 사과나무
⑤ 사과나무, 무궁화

31 다음 중 여러 해 동안 죽지 않고 살아가는 식물은 어느 것입니까? (   )

① 벼
② 호박
③ 옥수수
④ 강낭콩
⑤ 사과나무

32 한해살이 식물과 여러해살이 식물의 공통점을 한 가지 쓰시오.

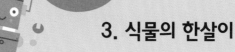

1 여러 가지 씨와 식물을 바르게 선으로 연결하시오.

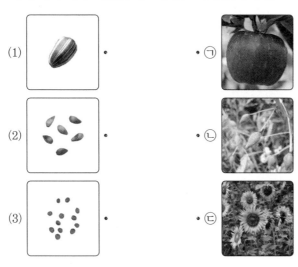

(1) ·   · ㉠

(2) ·   · ㉡

(3) ·   · ㉢

2 다음과 같은 방법으로 관찰하여 알 수 있는 씨의 특징은 무엇입니까? (   )

① 씨의 모양
② 씨의 크기
③ 씨의 색깔
④ 씨의 종류
⑤ 씨의 무게

3 크기가 매우 작아 돋보기를 이용하여 관찰하면 좋은 씨는 무엇입니까? (   )

① 호두
② 호박씨
③ 분꽃씨
④ 채송화씨
⑤ 강낭콩

4 씨를 심는 방법에 대한 설명이 바르지 <u>않은</u> 친구는 누구인지 쓰시오.

- 윤우: 화분 바닥에 있는 물 빠짐 구멍을 망이나 작은 돌로 막아야 해.
- 정아: 화분에 거름흙을 $\frac{3}{4}$ 정도 넣은 후, 씨 크기의 서너 배 깊이로 씨를 심어.
- 서연: 물뿌리개로 물을 충분히 준 뒤 팻말을 꽂아 햇빛이 비치는 곳에 두면 돼.

(   )

중요

5 식물의 한살이 과정을 관찰하기에 적합한 식물은 어느 것입니까? (   )

① 강낭콩
② 감나무
③ 소나무
④ 사과나무
⑤ 은행나무

서술형

6 다음 세 가지 낱말을 이용하여 '식물의 한살이'에 대해 쓰시오.

> 씨, 꽃, 열매

_____

_____

7 씨가 싹 트는 데 필요한 조건 중 다음 실험을 통해 알 수 있는 것은 무엇인지 쓰시오.

> 페트리 접시 두 개에 탈지면을 깔고 강낭콩을 올려놓은 다음, 한쪽 페트리 접시에만 물을 준다.

(   )

8 다음 중 물을 준 강낭콩이 변화한 모습은 어느 것인지 기호를 쓰시오.

㉠

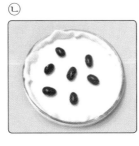
㉡

( )

9 강낭콩이 싹 터서 자라는 과정에 대한 설명으로 바른 것은 무엇입니까? ( )

① 뿌리는 떡잎이 나온 후에 나온다.
② 본잎이 떡잎싸개에 둘러싸여 나온다.
③ 싹이 튼 후 씨의 크기가 더 작아졌다.
④ 껍질이 벗겨지고 두 장의 떡잎이 나온다.
⑤ 싹이 튼 강낭콩의 껍질은 벗겨지지 않는다.

10 강낭콩이 싹 터서 자라는 과정 중 가장 먼저 볼 수 있는 모습은 무엇입니까? ( )

① 본잎   ② 떡잎
③ 줄기   ④ 뿌리
⑤ 떡잎싸개

11 식물이 자라는 데 물이 미치는 영향을 알아보는 실험에서 다르게 할 조건은 무엇입니까? ( )

① 물   ② 온도
③ 공기   ④ 양분
⑤ 화분의 크기

12 다음과 같은 식물의 모습을 볼 수 있는 경우는 어느 것인지 기호를 쓰시오.

㉠ 물을 준 것
㉡ 물을 주지 않은 것

( )

13 식물을 기르면서 관찰해야 할 것이 아닌 것은 무엇입니까? ( )

① 잎의 맛   ② 잎의 넓이
③ 잎의 개수   ④ 줄기의 굵기
⑤ 꽃의 개수

14 강낭콩 잎이 자란 정도를 측정하는 데 필요한 준비물을 모두 고르시오. (,)

① 자   ② 동전
③ 비커   ④ 돋보기
⑤ 모눈 투명 종이(OHP)

15 강낭콩의 잎과 줄기가 자란 정도를 나타낸 것입니다. 나중에 볼 수 있는 식물의 모습은 어느 것인지 기호를 쓰시오.

㉠

㉡

( )

16 ㉠에 들어갈 모습으로, 강낭콩의 꽃이 지고 나면 생기는 것은 무엇인지 쓰시오.

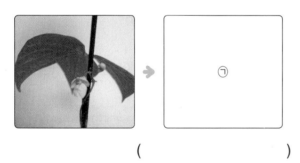

( )

17 꽃과 열매가 자라는 모습에 대한 설명입니다. ( ) 안에 공통으로 들어갈 말을 쓰시오.

> 식물이 자라면 꽃이 피고, 꽃이 지면 열매가 생긴다. 그리고 열매 속에는 ( )가 들어 있다. ( )에서 다시 싹이 트고 자라 열매를 맺는다.

( )

18 다음 식물과 같이 한 해 동안 한살이를 거치고 일생을 마치는 식물이 <u>아닌</u> 것은 무엇입니까? ( )

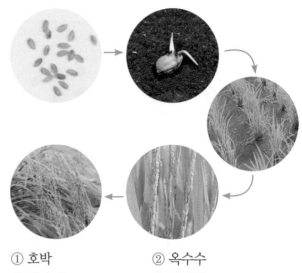

① 호박   ② 옥수수
③ 개나리   ④ 강낭콩
⑤ 채송화

서술형

19 다음 식물의 한살이에 대해 쓰시오.

▲ 무궁화   ▲ 감나무

주의

20 오른쪽과 같이 식물의 한살이 자료를 만들 때 가장 중요한 것은 무엇입니까?
( )

① 입체적으로 만든다.
② 밑그림을 잘 그린다.
③ 색칠을 꼼꼼하게 한다.
④ 창의적인 모양으로 만든다.
⑤ 식물의 한살이가 잘 드러나도록 한다.

1 여러 가지 식물의 씨를 관찰하는 방법으로 바르지 <u>않</u>은 것은 무엇입니까? (   )

① 손으로 촉감을 느낀다.
② 눈으로 색깔을 관찰한다.
③ 여러 가지 씨의 맛을 본다.
④ 자를 이용하여 길이를 재 본다.
⑤ 동전을 이용하여 크기를 비교한다.

[2~3] 여러 가지 씨의 특징입니다.

구분	모양	색깔	㉠
호두	동그랗고 주름이 있다.	연한 갈색	가로 3 cm 세로 3 cm
은행나무 씨	달걀 모양과 비슷하다.	연한 노란색	가로 1.6 cm 세로 1 cm
분꽃 씨	둥글고 주름이 많으며 거칠거칠하다.	검은색, 어두운 갈색	가로 0.8 cm 세로 0.6 cm

2 위의 표에서 ㉠에 들어갈 특징은 무엇인지 쓰시오.

(   )

3 위의 표를 보고 알 수 있는 씨의 특징은 무엇입니까?

(   )

① 씨의 모양은 같다.
② 씨의 색깔은 같다.
③ 씨의 크기는 같다.
④ 씨가 자라는 곳은 같다.
⑤ 씨는 색깔, 모양, 크기가 다양하다.

4 씨를 심는 방법을 순서대로 기호를 쓰시오.

㉠
▲ 팻말을 꽂아 햇빛이 비치는 곳에 놓아둡니다.

㉡
▲ 화분에 거름흙을 $\frac{3}{4}$ 정도 넣습니다.

㉢
▲ 물뿌리개로 충분히 물을 줍니다.

㉣
▲ 화분 바닥에 있는 물 빠짐 구멍을 망이나 작은 돌로 막습니다.

㉤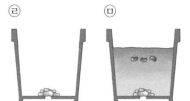
▲ 씨 크기의 두세 배 깊이로 씨를 심고, 흙을 덮습니다.

(   )

5 식물의 씨를 심고 나서 팻말을 꽂을 때 들어갈 내용으로 바른 것을 모두 고르시오. (,   )

① 씨의 색깔
② 식물 이름
③ 씨의 크기
④ 씨의 가격
⑤ 씨를 심은 날짜

서술형

6 한살이를 관찰하기에 적합한 식물의 특징을 한 가지 쓰시오.

_____

중요

7 씨가 싹 트는 데 필요한 조건을 알아보는 준비물로 바르지 <u>않</u>은 것은 무엇입니까? (   )

① 돋보기
② 탈지면
③ 강낭콩
④ 페트리 접시 두 개
⑤ 물이 담긴 분무기

중요

8 씨가 싹 트는 데 필요한 조건을 알아보는 것입니다. ( ) 안에 들어갈 말을 쓰시오.

> 씨가 싹 트려면 적당한 양의 물이 필요하다. 씨가 싹 트는 데 물이 미치는 영향을 알아보는 실험에서는 다른 조건은 모두 같게 하고, ( )의 양을 다르게 해야 한다.

( )

서술형

9 다음과 같이 크기가 같은 두 개의 페트리 접시에 탈지면을 깔고 강낭콩을 올려놓았습니다. 한쪽 페트리 접시에만 물을 주었을 때, 강낭콩의 변화를 쓰시오.

▲ 물을 준 것　　　▲ 물을 주지 않은 것

_____

_____

10 씨가 싹 트는 데 미치는 영향에 대한 설명으로 바른 것은 ○표, 바르지 <u>않은</u> 것은 ×표 하시오.

(1) 씨가 싹 트기 위해서는 적당한 온도가 필요합니다. ( )

(2) 씨가 싹 트기 위해서는 햇빛이 꼭 필요합니다. ( )

11 다음은 물을 주지 않은 강낭콩을 자른 속 모양입니다. 특징으로 바른 것은 무엇입니까? ( )

① 잎이 없다.
② 뿌리가 없다.
③ 잎은 싱싱하고 색깔이 노랗다.
④ 잎은 싱싱하고 색깔이 초록색이다.
⑤ 뿌리와 잎은 있으나 납작하게 붙어 있다.

12 다음은 강낭콩이 싹 터서 자라는 과정입니다. ( ) 안에 공통으로 알맞은 말을 쓰시오.

> 딱딱하다. → 부푼다. → 뿌리가 나온다. → 껍질이 벗겨지고 두 장의 ( )이 나온다. → ( ) 사이로 본잎이 나온다. → 떡잎이 시들고 본잎이 커진다.

( )

응용

13 강낭콩과 옥수수의 싹이 터서 자라는 과정을 비교했을 때, 옥수수의 싹이 터서 자라는 과정에서만 볼 수 있는 것은 무엇입니까? ( )

① 떡잎　　　　② 본잎
③ 뿌리　　　　④ 줄기
⑤ 떡잎싸개

서술형

14 다음은 식물이 자라는 데 물이 미치는 영향을 알아보는 실험입니다. 실험 방법 중 바르지 않은 것을 골라 기호를 쓰고⁽¹⁾, 바르게 고치시오.⁽²⁾

> ㉠ 비슷한 크기로 자란 강낭콩 화분 두 개를 준비한다.
> ㉡ 두 화분에 모두 물을 많이 준다.
> ㉢ 화분을 햇빛이 잘 드는 창가에 둔다.

(1) 바르지 않은 부분의 기호: (   )

(2) _____

_____

15 다음 중 식물이 자라는 데 온도가 미치는 영향을 알아보는 실험으로 바른 것을 골라 기호를 쓰시오.

> ㉠ 한 개의 화분은 추운 곳에 두고, 다른 한 개의 화분은 창가에 둔다.
> ㉡ 한 개의 화분은 햇빛 차단 장치에 넣어 두고, 다른 한 개의 화분은 창가에 둔다.
> ㉢ 한 개의 화분은 양분을 주고, 다른 한 개의 화분에는 아무것도 주지 않는다.

(   )

16 식물의 잎과 줄기가 자라는 모습으로 바른 것은 무엇입니까? (   )

① 줄기가 굵어진다.
② 줄기가 끊어진다.
③ 잎의 개수가 줄어든다.
④ 잎의 크기가 작아진다.
⑤ 줄기의 길이는 그대로이다.

서술형

17 강낭콩 줄기의 자람을 나타낸 그래프를 보고 식물이 자라면서 줄기의 길이는 어떻게 변하는지 쓰시오.

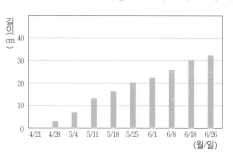

_____

응용

18 강낭콩의 꽃과 열매가 자라는 모습으로 바르지 않은 것은 무엇입니까? (   )

① 꼬투리의 크기가 커진다.
② 꼬투리가 지고 꽃이 핀다.
③ 꼬투리의 개수가 늘어난다.
④ 꽃이 지고 나면 작은 꼬투리가 보인다.
⑤ 작은 몽우리가 더 커져 꽃봉오리가 된다.

19 식물이 열매를 맺는 까닭은 무엇입니까? (   )

① 번식하기 위해서
② 키가 자라기 위해서
③ 꽃을 피우기 위해서
④ 줄기가 굵어지기 위해서
⑤ 잎의 크기가 커지기 위해서

서술형

20 한해살이 식물과 여러해살이 식물의 공통점을 한 가지 쓰시오.

_____

_____

1 다음은 씨를 관찰하는 모습입니다. ( ) 안에 알맞은 말을 차례대로 쓰시오.

> 자를 이용하여 씨의 (   )를(을) 측정하고, 동전을 이용하여 씨의 (   )를(을) 비교한다.

(   )

2 다음에서 설명하는 씨는 무엇인지 기호를 쓰시오.

> 두 개의 씨가 옆에 붙어 있고 날개가 달려 있으며, 딱딱하고 작다.

ⓐ   ⓑ   ⓒ

(   )

3 여러 가지 씨에 대한 설명으로 바르지 <u>않은</u> 것은 무엇입니까? (   )

① 호두는 크기가 매우 작다.
② 채송화씨는 동그랗고 검은색이다.
③ 강낭콩은 사과씨보다 크기가 크다.
④ 봉숭아씨는 강낭콩보다 크기가 작다.
⑤ 참외씨는 연한 노란색이고 길쭉하다.

4 화분에 씨를 심는 방법을 바르게 설명한 친구는 누구인지 쓰시오.

> • 채린: 물이 잘 빠질 수 있도록 화분 바닥에 있는 구멍은 막지 않는다.
> • 영민: 화분에 거름흙을 $\frac{1}{2}$ 정도 넣는다.
> • 지호: 씨 크기의 두세 배 깊이로 씨를 심고, 흙을 덮는다.

(   )

5 식물의 씨를 심고 나서 팻말을 꽂아둘 때, 팻말에 들어갈 내용에 대한 설명으로 바르지 <u>않은</u> 것은 무엇입니까? (   )

① 식물 이름을 쓴다.
② 씨를 심은 날짜를 쓴다.
③ 씨를 심은 사람의 이름을 쓴다.
④ 식물을 키우는 다짐의 말을 쓴다.
⑤ 식물의 특징을 자세하게 되도록 많이 쓴다.

6 식물의 한살이를 관찰하기에 적합한 식물은 무엇입니까? (   )

① 크기가 매우 큰 식물
② 한살이 기간이 비교적 긴 식물
③ 줄기, 잎, 열매의 구분이 어려운 식물
④ 우리 주변에서 쉽게 구할 수 없는 식물
⑤ 옥수수, 해바라기, 토마토, 고추 등의 식물

7 씨가 싹 트는 데 필요한 조건을 보기 에서 모두 골라 쓰시오.

> 보기
>
> 물, 빛, 양분, 적당한 온도

(   )

8 다음 실험을 통해 씨가 싹 트는 데 영향을 주는 조건으로 알 수 있는 것은 어느 것입니까? (　　　　)

> 강낭콩을 올려놓은 페트리 접시 한 개는 집 안에 두고, 다른 페트리 접시는 냉장고에 넣어 둔다.

① 물　　　　　　② 온도
③ 빛　　　　　　④ 양분
⑤ 공기

9 오른쪽은 강낭콩이 자라는 모습입니다. ㉠과 ㉡ 부분의 이름을 쓰시오.

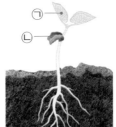

㉠: (　　　　　　　　　)
㉡: (　　　　　　　　　)

10 강낭콩과 옥수수의 싹이 터서 자라는 과정을 비교하였을 때, 옥수수의 싹이 터서 자라는 과정에서만 볼 수 있는 것은 무엇인지 쓰시오.

(　　　　　　　　　)

11 식물이 자라는 데 물이 미치는 영향을 알아보는 모습으로 바르지 <u>않은</u> 것은 무엇입니까? (　　　　)

① 한 화분에만 물을 준다.
② 두 화분은 같은 장소에 둔다.
③ 다른 크기로 자란 화분 두 개를 준비한다.
④ 열흘 정도 지난 다음 강낭콩의 변화를 관찰한다.
⑤ 한 화분에 물을 주는 양이 너무 많지 않도록 한다.

서술형

12 다음은 강낭콩이 자라는 데 물이 미치는 영향을 알아본 실험의 결과입니다. 강낭콩이 자라는 데 물이 미치는 영향을 쓰시오.

▲ 물을 준 것　　　　▲ 물을 주지 않은 것

13 다음은 강낭콩의 어느 부분이 자란 정도를 관찰하는 모습인지 쓰시오.

(　　　　　　　　　)

14 다음은 강낭콩의 자람을 관찰한 결과입니다. 측정을 잘못한 날짜는 언제인지 쓰시오.

측정한 날짜	잎의 개수	줄기의 길이	잎의 길이	줄기의 굵기
5월 5일	4개	4 cm	1 cm	0.5 cm
5월 10일	7개	8 cm	1.8 cm	0.5 cm
5월 15일	10개	7 cm	2.5 cm	0.4 cm
5월 20일	13개	23 cm	2.9 cm	0.6 cm

(　　　　　　　　　)

15 식물이 자란 정도를 측정할 때 관찰하기 어려운 것은 무엇입니까? (　　　　)

① 잎의 길이 변화
② 잎의 개수 변화
③ 줄기의 길이 변화
④ 줄기의 굵기 변화
⑤ 뿌리의 길이 변화

16 강낭콩이 자란 정도를 그래프로 나타낼 수 있는 것이 아닌 것은 무엇입니까? (　　　　)

① 잎의 개수　　② 잎의 길이
③ 떡잎의 개수　　④ 줄기의 길이
⑤ 줄기의 굵기

17 강낭콩의 꽃과 열매가 자라는 모습을 순서대로 기호를 쓰시오.

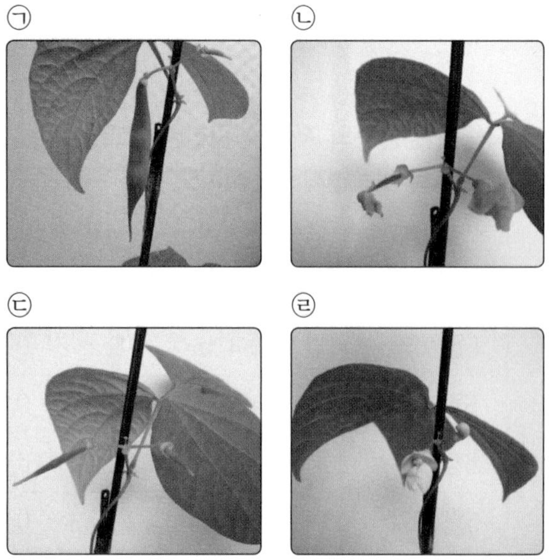
㉠
㉡
㉢
㉣

(　　　　　　　　　　)

18 다음과 같이 여러 해 동안 죽지 않고 살아가는 식물을 무엇이라고 하는지 쓰시오.

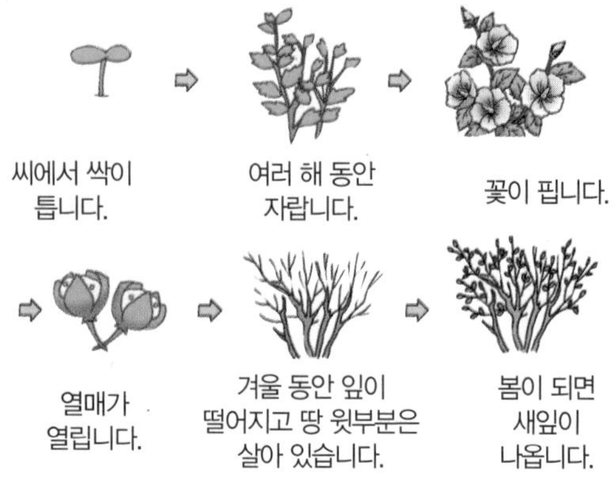
씨에서 싹이 틉니다.
여러 해 동안 자랍니다.
꽃이 핍니다.
열매가 열립니다.
겨울 동안 잎이 떨어지고 땅 윗부분은 살아 있습니다.
봄이 되면 새잎이 나옵니다.

(　　　　　　　　　　)

19 한해살이 식물과 여러해살이 식물에 대한 설명으로 바른 것은 무엇입니까? (　　　　)

① 개나리는 한해살이 식물이다.
② 모든 풀은 여러해살이 식물이다.
③ 모든 나무는 한해살이 식물이다.
④ 옥수수, 봉숭아는 한해살이 식물이다.
⑤ 여러해살이 식물은 열매를 맺고 죽는다.

20 다음과 같은 한살이를 거치는 식물은 무엇입니까? (　　　　)

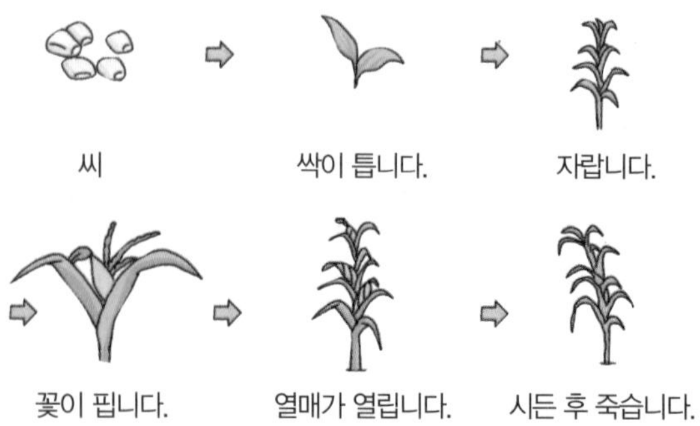
씨
싹이 틉니다.
자랍니다.
꽃이 핍니다.
열매가 열립니다.
시든 후 죽습니다.

① 옥수수　　② 개나리
③ 감나무　　④ 사과나무
⑤ 무궁화

1 다음에서 관찰하는 여러 가지 씨의 특징이 바르게 짝지어진 것은 무엇입니까? (   )

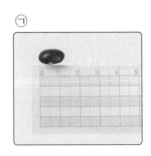   

① ㉠ – 씨의 무게
② ㉠ – 씨의 색깔
③ ㉠ – 씨의 길이
④ ㉡ – 씨의 두께
⑤ ㉡ – 씨의 모양

2 다음 여러 가지 씨의 공통점을 모두 고르시오.
(,   )

① 단단하다.
② 모양이 같다.
③ 크기가 작다.
④ 껍질이 있다.
⑤ 촉감이 비슷하다.

3 봉숭아씨의 특징으로 바른 것은 무엇입니까?
(   )

① 둥글다.
② 붉은색이다.
③ 호두보다 크기가 크다.
④ 크기가 10원짜리 동전보다 크다.
⑤ 둥글고 주름이 많으며 거칠거칠하다.

4 씨를 심는 방법으로 바르지 않은 것은 무엇입니까?
(   )

① 화분에 거름흙을 $\frac{3}{4}$ 정도 넣는다.
② 씨를 심은 후에는 물을 충분히 준다.
③ 씨 크기의 두세 배 깊이로 씨를 심는다.
④ 물 빠짐 구멍을 망이나 작은 돌로 막는다.
⑤ 화분에 팻말을 꽂아 검은 상자로 덮어 둔다.

5 강낭콩의 한살이를 관찰할 때 볼 수 있는 모습이 아닌 것은? (   )

① 꽃이 피는 모습
② 씨가 커지는 모습
③ 씨가 싹 트는 모습
④ 열매가 자라는 모습
⑤ 잎과 줄기가 자라는 모습

6 다음은 씨가 싹 트는 데 필요한 조건을 알아본 실험 결과입니다. 씨가 싹 트는 데 필요한 조건은 무엇인지 쓰시오.

> 물을 준 강낭콩은 싹이 텄고, 물을 주지 않은 강낭콩은 싹이 트지 않았다.

(   )

7 씨가 싹 트는 데 필요한 조건 중 다음 실험을 통해 알 수 있는 것은 무엇인지 쓰시오.

> 교실 창가에 둔 강낭콩과 냉장고에 넣어 둔 강낭콩을 비교한다.

(   )

8 다음은 강낭콩의 겉모양과 속 모양입니다. ㉠과 ㉡에 대한 설명으로 바르지 <u>않은</u> 것은 무엇입니까?

( )

① ㉠은 잎이 싱싱하다.
② ㉡은 물을 주지 않은 강낭콩이다.
③ ㉠은 물을 주어 싹이 튼 강낭콩이다.
④ ㉡은 뿌리가 자라 밖으로 나와 있다.
⑤ ㉠, ㉡ 강낭콩 모두 겉모양은 둥글고 길쭉하다.

9 다음과 같이 플라스틱 컵에 탈지면을 넣고 물을 충분히 적신 뒤, 탈지면 위에 강낭콩을 놓습니다. 이때 관찰하려는 것은 무엇인지 쓰시오.

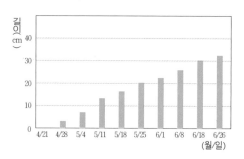

( )

10 다음은 강낭콩이 싹 트는 과정입니다. ㉠과 ㉡에 들어갈 말을 쓰시오.

> • 딱딱한 씨가 부푼다.
> • 가장 먼저 씨에서 (㉠)가 나온다.
> • 껍질이 벗겨지고 두 장의 (㉡) 사이로 본잎이 나온다.

㉠: ( )
㉡: ( )

11 식물이 자라는 데 필요한 조건 중 다음 실험에서 알 수 있는 것은 무엇입니까? ( )

> 비슷한 크기로 자란 강낭콩 화분 두 개 중에 한 화분은 물을 적당히 주고 다른 화분은 물을 주지 않았다.

① 물　　　　　　② 빛
③ 온도　　　　　④ 바람
⑤ 양분

12 강낭콩의 잎이 자란 정도를 측정하는 모습은 어느 것인지 기호를 쓰시오.

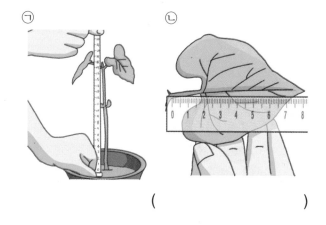

( )

13 다음은 강낭콩 줄기가 자란 정도를 그래프로 나타낸 것입니다. 그래프에 대한 설명으로 바른 것은 무엇입니까? ( )

① 한 달 동안 관찰한 결과이다.
② 처음 관찰한 날 강낭콩 줄기는 20cm이다.
③ 강낭콩의 줄기가 점점 자라고 있음을 알 수 있다.
④ 강낭콩의 잎의 개수가 점점 많아짐을 알 수 있다.
⑤ 강낭콩의 잎의 넓이가 점점 넓어지고 있음을 알 수 있다.

14 강낭콩의 꽃과 열매 중 먼저 볼 수 있는 것은 무엇인지 쓰시오.

 ㉠

 ㉡

( )

15 강낭콩의 꼬투리에 대한 설명으로 바른 것은 무엇입니까? ( )

① 꽃의 종류이다.
② 꼬투리 안은 비어 있다.
③ 강낭콩의 잎보다 먼저 생긴다.
④ 꼬투리의 길이는 변화가 없다.
⑤ 강낭콩의 꽃이 진 자리에 생기는 열매이다.

서술형

16 식물이 열매를 맺는 까닭은 무엇인지 쓰시오.

_____

17 다음과 같이 식물을 구분했을 때의 기준은 무엇입니까? ( )

강낭콩, 벼 옥수수	개나리, 감나무, 사과나무

① 크기가 큰 것과 작은 것
② 모양이 길쭉한 것과 둥근 것
③ 식물의 잎이 있는 것과 없는 것
④ 색깔이 노란색인 것과 갈색인 것
⑤ 한해살이 식물인 것과 여러해살이 식물인 것

18 감나무의 한살이 과정으로 바르지 <u>않은</u> 것은 무엇입니까? ( )

① 잎과 줄기가 자란다.
② 씨가 싹 터서 자란다.
③ 여러 해 동안 한살이 과정을 반복한다.
④ 한 해 안에 한살이를 거치고 일생을 마친다.
⑤ 감나무가 자라면 꽃이 피고 꽃이 진 자리에 열매가 열린다.

19 다음은 벼의 한살이 과정 중 한 단계입니다. 그림의 모습 다음에 볼 수 있는 것은 무엇입니까? ( )

① 잎   ② 뿌리
③ 줄기   ④ 떡잎
⑤ 열매

20 다음과 같은 강낭콩의 한살이 자료를 만들 때 중요하게 표현해야 하는 것에 대한 설명입니다. ( ) 안에 알맞은 말을 쓰시오.

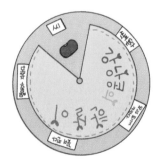

씨가 싹 터서 자라고, 꽃이 피며, 열매를 맺어 다시 씨가 만들어지는 ( ) 과정이 잘 드러나야 한다.

( )

1 여러 가지 씨의 특징을 각각 쓰고, 공통점을 쓰시오.

▲ 봉숭아씨   ▲ 호두   ▲ 사과씨

(1) 위 세 가지 씨의 특징을 쓰시오.

• 봉숭아씨: _____

• 호두: _____

• 사과씨: _____

(2) 위 여러 가지 씨의 공통점을 한 가지 쓰시오.

_____

여러 가지 씨를 관찰하는 방법

• 눈으로 색깔을 관찰합니다.
• 씨 관찰 도움판으로 색깔을 관찰합니다.
• 작은 씨의 경우 돋보기를 사용하여 관찰합니다.
• 손으로 촉감을 느낍니다.
• 자나 동전을 이용하여 길이와 크기를 재어 봅니다.

2 다음은 강낭콩이 자라는 과정을 그림으로 나타낸 것입니다. 이 과정을 글로 쓰시오.

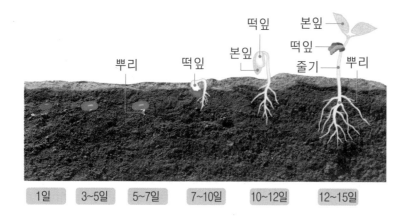

| 뿌리 | 떡잎 | 본잎
떡잎 | 본잎
떡잎
줄기 뿌리 |

| 1일 | 3~5일 | 5~7일 | 7~10일 | 10~12일 | 12~15일 |

_____

_____

물을 주어 싹이 튼 강낭콩

• 뿌리가 자라 밖으로 나와 있습니다.
• 잎은 싱싱하고 노란색입니다.
• 씨가 싹 튼 후에 식물의 줄기가 굵어지고 길어지며 잎의 개수도 많아지고 넓어집니다.

3 겨울이 되면 다음과 같은 온실에서 식물을 기르는 경우를 많이 볼 수 있습니다. 그 까닭은 무엇인지 쓰시오.

---

4 한해살이 식물과 여러해살이 식물의 특징과 공통점을 각각 쓰시오.

구분	식물의 특징
한해살이 식물	
여러해살이 식물	
한해살이 식물과 여러해살이 식물의 공통점	

식물이 잘 자라는 데 필요한 조건

• 물이 필요합니다.
• 빛이 필요합니다.
• 적당한 온도가 필요합니다.
• 양분이 있어야 합니다.

한해살이 식물과 여러해살이 식물

① 한해살이 식물
  • 강낭콩, 벼, 옥수수, 호박 등이 있습니다.
  • 한 해 동안 한살이를 거치고 일생을 마칩니다.
② 여러해살이 식물
  • 개나리, 감나무, 사과나무, 무궁화 등이 있습니다.
  • 여러 해 동안 죽지 않고 살아가는 식물입니다.

4. 물체의 무게

🌑 무거운 상자를 들고 있는 사람 찾기

(1) 무거운 상자를 들고 있는 사람의 표정이나 몸동작 예상하기 실험 1

① 얼굴이 빨개질 것 같습니다.

② 팔 근육이 잘 드러날 것 같습니다. ──→ 어깨에 힘을 많이 주었습니다.

③ 얼굴을 찌푸리거나 인상을 쓸 것 같습니다.

(2) 무거운 상자를 들고 있는 사람 알아맞히기 놀이를 하고 난 다음 ★물체의 무게와 관련해 궁금한 점 ⑩: 물체의 무게가 의미하는 것, 물체의 무게는 어떤 원리를 이용해 측정하는지가 궁금합니다.

🌑 저울로 물체의 무게를 ★측정하는 까닭은 무엇일까요?

(1) 여러 가지 물체를 손으로 들어 보고 무거운 순서 정하기 실험 2

① 내가 쓴 물체의 무거운 순서와 친구들이 쓴 물체의 무거운 순서 비교하기 ⑩

구분	가장 무거운 것	두 번째로 무거운 것	세 번째로 무거운 것	가장 가벼운 것
지유	필통	휴대 전화	가위	연필
윤후	휴대 전화	가위	필통	연필

② 내가 쓴 물체의 무거운 순서와 친구들이 쓴 물체의 무거운 순서가 다릅니다.

③ 무거운 순서가 서로 다른 까닭: 사람마다 느끼는 물체의 무게가 다를 수 있기 때문입니다.

④ 물체의 무게를 정확하게 측정하지 않을 때 일어날 수 있는 문제
  • 물건을 파는 사람이 ★신뢰를 잃을 수 있습니다.
  • 같은 상품이라도 품질이나 맛이 다를 수 있습니다.
  • 몸무게 차이가 많이 나는 사람끼리 태권도나 유도 등의 경기를 하게 되어 결과를 쉽게 예상할 수 있습니다.

⑤ 물체의 무게를 정확하게 측정하는 방법: ★저울을 이용해 물체의 무게를 측정합니다.
  ──→ 물체를 들어 보고 물체의 무게를 짐작할 수 있지만 정확하지 않아 저울을 사용합니다.

(2) 우리 생활에서 저울을 사용해 무게를 측정하는 경우

① 정해진 무게의 재료를 사용해 상품을 만들 때 측정합니다.

② 상품의 무게에 따라 가격을 다르게 정할 때 측정합니다.

③ 젤리 가게에서 젤리의 무게에 따라 가격을 정할 때 측정합니다.

④ 태권도나 유도 등과 같은 운동 경기에서 선수들의 몸무게에 따라 체급을 나눌 때 측정합니다.

실험 1 무거운 상자를 들고 있는 사람 알아맞히기 놀이

준비물: 속이 보이지 않고 똑같은 상자 세 개, 책 여러 권

놀이 과정
• 모둠에서 사회자 한 명과 상자를 들고 연기할 사람들을 정합니다. 상자를 들고 연기할 사람들 중에서 한 사람의 상자에만 여러 권의 책을 넣습니다.
• 사회자의 지시에 따라 연기하는 사람들은 가장 무거운 상자를 들고 있는 것처럼 표정이나 몸동작을 나타냅니다.
• 다른 모둠 사람들은 무거운 상자를 들고 있는 사람을 찾는 데 필요한 행동을 사회자에게 요구합니다. 그런 다음 다른 모둠 사람들은 연기하는 사람들의 표정이나 몸동작을 보고, 누가 무거운 상자를 들고 있는지 찾습니다.

실험 2 여러 가지 물체를 손으로 들어 보고 무거운 순서 정하기

준비물: 바구니, 여러 가지 물체(가위, 필통, 연필, 휴대 전화 등)

실험 방법
• 모둠 구성원이 각자 가지고 있는 물체를 한 가지씩 준비해 바구니에 넣습니다.
• 각자 바구니에 넣은 물체를 손으로 들어 보고, 물체를 무거운 순서대로 나열해 봅니다.

실험 결과: 사람마다 느끼는 물체의 무게가 다릅니다.

손으로 물체를 들어 물체의 무게 어림하기

- 손으로 물체를 들어 보는 것은 간단하게 물체의 무게를 어림할 때 이용하는 방법입니다.
- 두 물체를 동시에 들어서 비교하면 더 정확한 결과를 얻을 수 있습니다.

물체의 부피가 크면 무거울까요?

- 물체는 크기뿐만 아니라 그 물체가 이루고 있는 물질이 있기 때문에 크기가 큰 물체가 모두 무거운 것은 아닙니다.
- 물체의 크기와 물체를 이루는 물질의 종류 등에 따라 물체의 무게가 결정됩니다.

용어풀이

- ☀물체 물질로 이루어져 있고, 구체적인 형태를 가지고 있는 것
- ☀측정 일정한 양을 기준으로 하여 같은 종류의 다른 양의 크기를 잼.
- ☀신뢰 굳게 믿고 의지함.
- ☀저울 물체의 무게를 측정하는 도구

개념을 확인해요

1 무거운 상자를 들고 있는 사람 알아맞히기 놀이에서 친구들의 얼굴 ☐☐ 과 몸동작으로 무거운 상자를 들고 있는 사람을 찾습니다.

2 가장 무거운 수박을 손으로 들어 보고 고를 때 사람마다 다른 수박을 고르는 까닭은 사람마다 느끼는 ☐☐ 가 다르기 때문입니다.

3 내가 쓴 물체의 무거운 순서와 친구들이 쓴 물체의 무거운 순서가 다른 까닭은 사람마다 느끼는 물체의 ☐☐ 가 다르기 때문입니다.

4 ☐☐ 을 사용하면 물체의 무게를 정확하게 측정할 수 있습니다.

5 우리 주변의 많은 상품들은 상품의 ☐☐ 에 따라 가격을 다르게 정하기도 하고, 정해진 ☐ 의 재료를 사용해 상품을 만들기도 합니다.

6 태권도나 유도 등과 같은 운동 경기에서는 선수들의 ☐☐☐ 에 따라 체급을 나눕니다.

7 젤리 가게에서 젤리의 ☐☐ 에 따라 가격을 정합니다.

4. 물체의 무게

✦ 용수철에 물체를 걸어 놓으면 어떻게 될까요?

(1) 용수철의 성질
- 용수철은 손으로 잡아당기면 길이가 늘어납니다.
- 용수철을 잡았던 손을 놓으면 원래의 길이로 되돌아갑니다.

(2) ✦ 추의 무게 때문에 나타나는 용수철의 길이 변화 비교하기 실험 1

① 실험 방법
- 같은 용수철 두 개를 각각 스탠드에 걸어 고정합니다.
- 한 용수철 끝의 고리에 가장 가벼운 추를 걸어 놓습니다.
- 가장 가벼운 추를 걸어 놓았을 ┌→ 자를 이용하여 측정합니다.
  때 늘어난 용수철의 길이를 눈으 ┌→ 늘어나지 않은 용수철을
  로 확인합니다. ┕→ 기준으로 얼마나 늘어났
  는지 확인합니다.
- 늘어난 용수철의 길이만큼 옆에 있는 용수철을 손으로 잡아당겨 무거운 정도를 느껴 봅니다.
- 무게가 다른 나머지 두 개의 추를 걸어 놓고 늘어난 용수철의 길이만큼 옆에 있는 용수철을 손으로 잡아당겨 무거운 정도를 느껴 봅니다.

② 실험 결과: 가장 무거운 추를 걸어 놓았을 때 용수철의 길이가 가장 많이 늘어납니다.

(3) 물체의 무게
① 용수철에 추를 걸어 놓으면 용수철의 길이가 늘어납니다.
② 용수철에 걸어 놓은 추의 무게가 무거울수록 용수철은 많이 늘어납니다.
③ 물체의 무게는 지구가 물체를 끌어당기는 힘의 크기입니다.
④ 물체의 무게를 나타내는 ✦단위: 'g중(그램중)', 'kg중(킬로그램중)', 'N(뉴턴)' 등을 사용해 나타냅니다. ─→ 우리 생활에서 사람들은 g중, kg중을 g, kg으로 줄여서 사용하기도 합니다.

(4) 늘어난 용수철의 길이와 무게와의 관계
① 용수철에 추를 걸면 용수철의 길이가 늘어나는 까닭: 지구가 추를 끌어당기는 힘 때문입니다.
② 지구가 추를 끌어당기는 힘의 크기
- 지구가 물체를 끌어당기는 힘의 크기가 크면 용수철은 많이 늘어납니다. ┌→ 추의 무게에 따라 늘어난 용수철의 길이가 다른 까닭
- 용수철에 걸어 놓은 물체가 무거울수록 지구가 물체를 끌어당기는 힘의 크기가 커지기 때문에 용수철의 길이도 많이 늘어납니다.

실험 1 **추의 무게 때문에 나타나는 용수철의 길이 변화**

준비물: 스탠드, 용수철 두 개, 무게가 다른 추 세 개

실험 방법

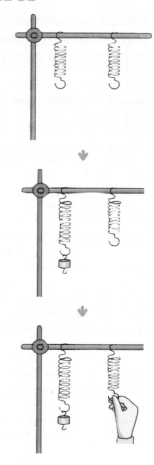

▲ 늘어난 용수철의 길이 눈으로 관찰하기

실험 결과
- 가장 무거운 추를 걸었을 때 용수철의 길이가 가장 많이 늘어납니다.
- 가장 무거운 추를 건 경우 늘어난 용수철의 길이만큼 손으로 잡아당기기 가장 어렵습니다.
- 가장 무거운 추를 건 경우 늘어난 용수철의 길이만큼 잡아당기려면 가장 세게 잡아당겨야 합니다.

추의 무게에 따른 용수철의 길이 변화

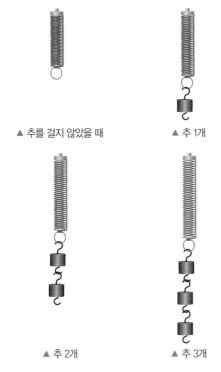

▲ 추를 걸지 않았을 때　　　▲ 추 1개

▲ 추 2개　　　▲ 추 3개

- 추의 무게가 무거울수록 용수철이 많이 늘어납니다.
- 물체의 무게가 무거울수록 늘어난 용수철의 길이가 길고, 손으로 잡아당기기도 어렵습니다.

용수철과 ＊탄성력

- 힘은 물체의 모양을 변화시킵니다.
- 탄성은 힘이 작용하면 물체의 모양이 변하고 작용하는 힘이 없으면 원래의 모양으로 되돌아오는 물체의 성질입니다.
- 용수철은 탄성이 좋은 강철로 된 물체로 탄성체입니다.

용어풀이

- ＊용수철　철사를 나사처럼 감아서 만든 것
- ＊추　저울대 한쪽에 걸거나 저울판에 올려놓는 일정한 무게의 쇠
- ＊단위　길이와 양을 잴 때 기초가 되는 일정한 기준
- ＊탄성　원래의 모양으로 되돌아가는 것

개념을 확인해요

1 ▢▢▢ 을 손으로 잡아당기면 길이가 늘어나고, 용수철을 잡았던 손을 놓으면 원래의 길이로 되돌아가는 성질이 있습니다.

2 용수철에 추를 걸면 용수철의 ▢▢ 가 늘어납니다.

3 가벼운 추와 무거운 추 중에서 ▢▢▢ 추를 걸었을 때 늘어난 용수철의 길이만큼 옆에 있는 용수철을 손으로 잡아당길 때 잡아당기기 어렵습니다.

4 용수철에 추를 걸 때 용수철의 길이가 늘어나는 까닭은 ▢▢ 가 물체를 끌어당기는 힘 때문입니다.

5 물체의 ▢▢ 는 지구가 물체를 끌어당기는 힘의 크기입니다.

6 지구가 물체를 끌어당기는 힘이 클수록 물체의 무게가 ▢▢ 습니다.

7 ▢▢ 의 단위는 'g중', 'kg중', 'N' 등을 사용해 나타냅니다.

8 무게의 단위 중 'N'은 ▢▢ 이라고 읽습니다.

4. 물체의 무게

 사고

🌑 물체의 무게와 늘어난 용수철의 길이는 어떤 ⭐관계가 있을까요?

(1) 추의 무게와 늘어난 용수철의 길이 사이의 관계 알아보기 실험1

① 늘어난 용수철의 길이를 측정할 수 있는 ⭐장치 만들기

- 용수철을 ⭐스탠드에 걸어 고정합니다.
- 용수철 끝의 고리에 20 g중 추 한 개를 걸어 놓습니다.
- 종이 자의 눈금 '0'을 용수철 끝에 맞춥니다.
- 셀로판테이프로 종이 자를 스탠드에 고정합니다.

② 늘어난 용수철의 길이를 측정하기

- 20 g중 추 한 개를 더 걸고, 늘어난 용수철의 길이를 종이 자로 측정해 봅니다.
- 추의 개수를 한 개씩 늘려 가면서 늘어난 용수철의 길이를 종이 자로 측정해 봅니다.

③ 추의 무게에 따라 늘어난 용수철의 길이 예: 추의 개수가 한 개씩 늘어날 때마다 늘어난 용수철의 길이는 거의 일정합니다.

└→ 용수철에 매단 추의 무게가 무거울수록 용수철의 길이가 많이 늘어납니다.

추의 무게(g중)	0	20	40	60	80	100
늘어난 용수철의 길이(cm)	0	3	6	9	12	15

3 cm 3 cm 3 cm 3 cm 3 cm
└→ 추 한 개당 늘어난 용수철의 길이

④ 용수철에 걸어 놓은 추의 무게와 늘어난 용수철의 길이 사이의 관계: 용수철에 걸어 놓은 추의 무게가 일정하게 늘어나면 용수철의 길이도 일정하게 늘어납니다.

(2) 용수철의 ⭐성질을 이용한 저울

① 물체의 무게에 따라 용수철이 일정하게 늘어나거나 줄어드는 성질을 이용한 것입니다. └→ 물체의 무게가 무거울수록 용수철이 더 많이 늘어납니다.

② 늘어난 용수철의 길이: 용수철에 걸어 놓은 물체의 무게입니다.

③ 용수철의 성질을 이용한 저울: 용수철저울, 가정용 저울, 체중계 등이 있습니다.

▲ 용수철저울   ▲ 가정용 저울   ▲ 체중계

실험1 추의 무게와 늘어난 용수철의 길이 사이의 관계

준비물: 스탠드, 용수철, 20 g중 추 여섯 개, 종이 자, 셀로판테이프

실험 방법

▲ 처음에는 용수철이 잘 늘어나지 않기 때문에 추 하나를 먼저 걸어 놓고 실험을 시작합니다.

실험 결과

- 본문의 표를 보면 20 g중 추의 개수가 한 개씩 늘어날 때마다 용수철의 길이는 3 cm씩 늘어났습니다.
- 본문의 표에서 용수철에 걸어 놓은 추의 무게가 70 g중일 때 늘어난 용수철의 길이는 10.5 cm입니다.
- 본문의 표에서 용수철에 걸어 놓은 추의 무게가 120 g중일 때 늘어난 용수철의 길이는 18 cm일 것입니다.

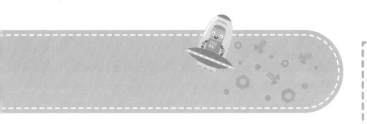

추의 무게와 늘어난 용수철의 길이 사이의 관계를 알아보기 위한 실험 장치에 추를 한 개 걸어 놓고 시작하는 까닭

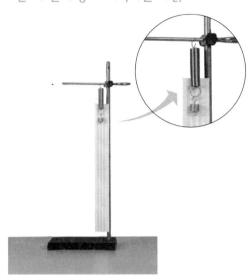

• 처음에는 용수철이 잘 늘어나지 않기 때문에 추 하나를 먼저 걸어 놓고 시작합니다.
• 용수철을 이용한 저울인 용수철저울, 가정용 저울, 체중계 등은 이미 추를 한 개 걸어 놓은 효과를 낼 수 있는 고리나 접시 등이 저울에 매달려 있거나 놓여 있는 것입니다.

1 추의 무게가 무거울수록 용수철의 □□가 많이 늘어납니다.

2 늘어난 용수철의 길이는 용수철에 걸어 놓은 물체의 □□입니다.

3 용수철에 걸어 놓은 추의 개수를 한 개씩 늘리면 용수철의 □□는 일정하게 늘어납니다.

4 추의 무게가 20 g중일 때 늘어난 용수철의 길이가 3 cm라면, 추의 무게가 60 g중일 때 늘어난 용수철의 길이는 □ cm입니다.

5 용수철에 걸어 놓은 추의 □□가 일정하게 늘어나면 용수철의 길이도 일정하게 늘어납니다.

6 □□□ 저울은 물체의 무게에 따라 용수철이 일정하게 늘어나거나 줄어드는 성질을 이용하여 만든 것입니다.

7 요리에 필요한 가정용 저울은 □□□의 성질을 이용한 저울입니다.

8 체중계 내부에는 □□□이 들어 있어 무게를 측정합니다.

4
단원

용어풀이

☀ 관계   둘 이상의 사람, 사물, 현상이 서로 관련을 맺거나 관련이 있음.
☀ 장치   어떤 목적에 따라 기능하도록 기계, 도구 따위를 그 장소에 세우는 것
☀ 스탠드 물건을 세우는 대
☀ 성질   사물이나 현상이 가지고 있는 고유의 특성

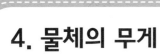

4. 물체의 무게

교과서 82~83쪽

용수철저울로 물체의 무게를 어떻게 측정할까요?

(1) 용수철저울 각 부분의 이름과 사용 방법

① 손잡이: 용수철저울을 사용하기 위해 용수철 저울을 잡거나 스탠드에 거는 부분입니다.

② 고리: 용수철저울에서 추나 물체를 거는 부분입니다.

③ 표시 자: 용수철저울에 물체를 걸었을 때 물체의 무게를 가리키는 부분입니다.

④ 영점 조절 나사: 용수철저울로 물체의 무게를 측정하기 전에 표시 자를 눈금 '0'의 위치에 오도록 ★조절하는 부분입니다.

⑤ 눈금: 용수철저울에 물체를 걸었을 때 표시 자가 가리키는 부분으로 물체의 무게를 나타내는 것입니다. 탐구1

- 손잡이
- 영점 조절 나사
- 용수철
- 표시 자
- 눈금
- 고리

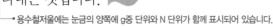
→ 용수철저울에는 눈금의 양쪽에 g중 단위와 N 단위가 함께 표시되어 있습니다.

(2) 용수철저울로 물체의 무게 측정하기

① 스탠드에 용수철저울을 겁니다.

② 영점 조절 나사를 돌려 표시 자를 눈금 '0'에 맞춥니다.

③ 용수철저울의 고리에 물체를 걸고 무게를 측정합니다. 탐구2

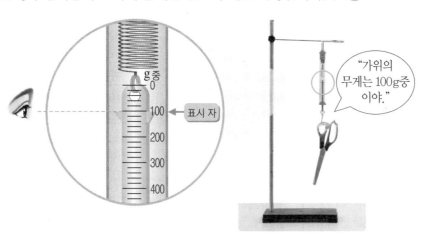

"가위의 무게는 100g중 이야."

▲ 눈금을 읽을 때에는 표시 자와 눈높이를 맞추어 표시 자가 가리키는 눈금의 숫자를 단위와 같이 읽습니다.

(3) 용수철저울로 물체의 무게 측정하기

① 물체의 무게를 측정하기 전에 용수철저울의 표시 자를 눈금의 '0'에 맞추어 놓습니다. → 저울의 영점을 조절하지 않으면 정확한 물체의 무게를 측정할 수 없습니다.

② 용수철저울의 고리에 물체를 걸어 놓은 다음, 표시 자가 가리키는 눈금의 숫자를 단위와 같이 읽습니다.

 탐구1 용수철저울의 눈금과 단위 표시

g중
0
100
200
300
400
500

 탐구2 용수철저울의 고리에 걸 수 없는 물체의 무게 측정하기

- 펀치로 구멍을 뚫은 지퍼 백을 고리에 걸고 영점을 맞춥니다.
- 지퍼 백에 물체를 넣고 무게를 측정합니다.

용수철저울로 무게를 잴 때 주의할 점

- 용수철저울은 종류에 따라 잴 수 있는 무게의 ★범위가 정해져 있습니다.
- 너무 가벼운 물체를 매달면 용수철의 길이 변화를 확인하기 어렵습니다.
- 너무 무거운 물체를 매달면 저울의 눈금을 벗어나 무게를 잴 수 없고, 저울이 고장날 수 있습니다.

가정용 저울의 작동 원리

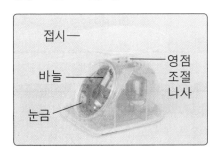

접시—
바늘—
눈금—
영점 조절 나사

- 가정용 저울 속에는 용수철이 들어 있습니다. 물체의 무게를 재기 위하여 가정용 저울의 접시에 물체를 올려놓으면 접시가 내려오면서 올라와 있던 쇠막대를 아래로 누릅니다. 이 쇠막대는 용수철과 연결되어 있기 때문에 용수철도 함께 아래로 늘어납니다.
- 용수철은 다시 눈금을 가리키는 바늘과 연결되어 있어서 늘어남과 동시에 저울의 바늘이 돌아갑니다. 접시에 놓인 물체를 내리면 접시가 위로 올라가면서 쇠막대와 용수철, 저울의 바늘이 모두 제자리로 돌아옵니다.

용어풀이

★조절 균형이 맞게 바로 잡음.
★범위 일정하게 한정된 영역

개념을 확인해요

1 용수철저울의 부분 중 잡거나 스탠드에 거는 부분을 ☐☐☐ 라고 합니다.

2 용수철저울의 부분 중 추나 물체를 거는 부분을 ☐☐ 라고 합니다.

3 용수철저울의 부분 중 물체를 걸었을 때 물체의 무게를 가리키는 부분은 ☐☐☐ 입니다.

4 용수철저울의 부분 중 물체를 걸었을 때 표시 자가 가리키는 부분으로 물체의 무게를 나타내는 것은 ☐☐ 입니다.

5 용수철저울의 부분 중 물체의 무게를 측정하기 전에 표시 자를 눈금 '0'의 위치에 오도록 조절하는 부분은 ☐☐☐☐☐☐ 입니다.

6 물체의 무게를 측정할 때에 가장 먼저 용수철저울의 표시 자를 눈금 ☐ 에 맞춥니다.

7 저울의 영점을 조절하지 않으면 물체의 정확한 ☐☐ 를 측정할 수 없습니다.

8 용수철저울의 눈금을 읽을 때에는 ☐☐ 와 눈높이를 맞추어 읽습니다.

4. 물체의 무게

● **물체의 무게를 ＊비교하려면 어떻게 해야 할까요?**

(1) 무게가 같은 나무토막으로 ＊수평 잡기 실험1

① 나무판자가 수평이 되도록 ＊받침대에 올려놓습니다.

② 무게가 같은 나무토막을 나무판자의 어느 곳에 올려놓아야 나무판자가 수평을 잡을 수 있는지 예상합니다.

③ 받침대의 왼쪽 나무판자 ①번(②,③,④,⑤번)에 나무토막 한 개를 올려놓았을 때 받침대의 오른쪽 나무판자 몇 번에 나무토막을 올려놓아야 나무판자가 수평을 잡을 수 있는지 알아봅니다.

④ 무게가 같은 나무토막으로 수평 잡기: 나무토막을 받침점으로부터 같은 거리에 놓아야 수평을 잡을 수 있습니다.

받침대 왼쪽의 나무토막 위치	①	②	③	④	⑤
받침대 오른쪽의 나무토막 위치	①	②	③	④	⑤

(2) 무게가 다른 나무토막으로 수평 잡기

① 나무판자가 수평이 되도록 받침대에 올려놓습니다.

② 무게가 다른 나무토막을 나무판자의 어느 곳에 올려놓아야 나무판자가 수평을 잡을 수 있는지 예상합니다.

③ 받침대의 왼쪽 나무판자 ①번(②, ③, ④, ⑤번)에 나무토막 1개를 올려놓았을 때 받침대의 오른쪽 나무판자 몇 번에 나무토막 두 개를 올려놓아야 나무판자가 수평을 잡을 수 있는지 알아봅니다.

④ 무게가 다른 나무토막으로 수평 잡기: 무거운 물체를 가벼운 물체보다 받침점에 더 가까이 놓아야 수평을 잡을 수 있습니다.
└→ 가벼운 물체를 무거운 물체보다 받침점으로부터 더 멀리 놓습니다.

받침대 왼쪽의 나무토막 위치(나무토막 한 개)	①	②	③	④	⑤
받침대 오른쪽의 나무토막 위치(나무토막 두 개)	⓪과 ① 중간	①	①과 ② 중간	②	②와 ③ 중간

(3) 수평 잡기의 ＊원리를 이용하여 물체의 무게를 비교하는 방법

① 각각의 물체를 받침점으로부터 같은 거리에 놓아야 합니다.

② 두 물체의 무게가 같으면 수평이 되고, 두 물체의 무게가 다르면 나무판자는 무거운 물체 쪽으로 기울어집니다.└→ 기울어진 쪽의 물체가 더 무겁습니다.

③ 두 물체가 수평을 잡았을 때 나무판자의 받침점으로부터 가까이 있는 물체가 더 무겁습니다.└→ 가벼운 물체는 무거운 물체보다 받침점으로부터 더 멀리 놓아야 수평이 됩니다.

④ 수평 잡기의 원리는 시소를 탈 때에도 확인할 수 있습니다.

실험1 **수평 잡기의 원리 알아보기**

준비물: 숫자가 표시된 나무판자, 받침대, 무게가 같은 나무토막 세 개

실험 방법

▲ 무게가 같은 나무토막으로 수평 잡기

▲ 무게가 다른 나무토막으로 수평 잡기

실험 결과

• 나무판자를 사용해 두 물체의 무게를 비교하기 위해서는 각각의 물체를 받침점으로부터 같은 거리에 놓아야 합니다.

• 두 물체의 무게가 같으면 나무판자는 수평이 됩니다.

• 두 물체의 무게가 다르면 나무판자는 무거운 물체 쪽으로 기울어집니다.

수평 잡기의 원리 – 시소

- 몸무게가 비슷할 때 수평을 잡은 모습: 시소의 받침점으로부터 같은 거리에 앉으면 됩니다.

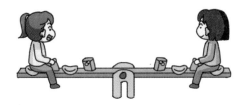

- 몸무게가 다를 때 수평을 잡은 모습: 무거운 사람이 시소의 받침점으로부터 가까운 쪽에 앉거나, 가벼운 사람이 시소의 받침점에서 먼 쪽에 앉으면 수평을 잡을 수 있습니다.

개념을 확인해요

1. 수평 잡기의 원리로 물체의 무게를 비교하기 위해서는 나무판자가 수평이 되도록 ☐☐☐ 에 올려놓습니다.

2. 수평대를 사용하여 두 물체의 ☐☐ 를 비교할 수 있습니다.

3. 두 물체를 나무판자의 받침점으로부터 각각 같은 거리에 놓았을 때 기울어진 쪽에 있는 물체가 더 ☐☐ 습니다.

4. 받침점을 가운데 놓고, 무게가 같은 물체로 수평을 잡으려면 각각의 물체를 받침점으로부터 ☐☐ 거리에 놓습니다.

5. 받침점을 가운데 놓고, 무게가 다른 물체로 수평을 잡으려면 ☐☐☐ 물체를 받침점에 더 가까이 놓습니다.

6. 시소를 탈 때 무거운 사람이 ☐☐☐ 에 가까이 앉습니다.

7. 몸무게가 가벼운 사람이 무거운 사람보다 받침점으로부터 ☐☐ 앉아야 수평을 잡을 수 있습니다.

4 단원

4. 물체의 무게

교과서
86~87쪽

🔬 **양팔저울로 여러 가지 물체의 무게를 비교하려면 어떻게 해야 할까요?**
　•─수평 잡기의 원리를 이용하여 만든 저울입니다.

(1) 양팔저울의 각 부분의 이름 [탐구1]

　① 저울접시: 양팔저울에서 측정하고자 하는 물체를 올려놓는 부분입니다.

　② 저울대: 양팔저울에서 양쪽에 저울접시를 거는 부분으로, 수평대의 나무판자와 같은 역할을 합니다.

　③ 받침대: 양팔저울의 저울대 가운데가 받침점 역할을 할 수 있도록 걸어놓은 세로 부분입니다.

　④ 받침점: 양팔저울의 받침대와 저울대가 만나는 부분입니다.

　⑤ 수평 조절 장치: 저울대가 수평을 잡을 수 있게 조절하는 장치입니다.

(2) 양팔저울의 사용 방법

　① 먼저 평평한 곳에 받침대를 세웁니다.

　② 저울대의 ✹중심을 받침대와 연결합니다.

　③ 저울대의 중심에서 같은 거리에 각각의 저울접시를 걸어 놓습니다.

　④ 수평 조절 장치로 저울대의 수평을 맞추고, 한쪽에는 무게를 측정하고자 하는 물체를 놓고, 다른 한쪽에는 클립을 올려놓습니다.

　⑤ 저울대가 수평을 잡을 때까지 클립을 올려놓습니다.

　⑥ 저울대가 수평을 잡으면 클립의 총개수를 세어 봅니다.
　　　•─물체의 무게를 어림하여 처음에는 클립 여러 개를, 나중에는 한 개씩 올려 수평을 맞춥니다.

(3) 양팔저울로 여러 가지 물체의 무게를 비교하는 방법 [실험1]

　① 양팔저울의 받침점으로부터 같은 거리에 있는 저울접시에 물체를 각각 올려놓고, 어느 쪽으로 기울어졌는지 확인하는 방법이 있습니다.

　② 양팔저울의 받침점으로부터 같은 거리에 있는 저울접시의 한쪽에 물체를 놓고, 다른 한쪽에는 무게가 일정한 물체를 올려놓고, 그 물체의 개수를 세어 비교합니다.

(4) 클립과 같은 역할을 하는 물체

　① 장구 핀, 같은 금액의 동전 등과 같이 무게가 일정한 물체를 올려놓고 물체의 무게를 비교할 수 있습니다.

　② ✹기준 물체로 ✹적합한 것과 적합하지 않은 것

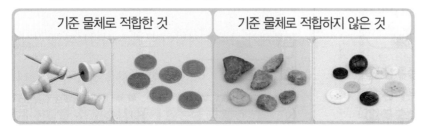

기준 물체로 적합한 것	기준 물체로 적합하지 않은 것

[탐구1] **양팔저울 각 부분의 이름**

▲ 양팔저울

[실험1] **양팔저울로 여러 가지 물체의 무게 비교하기**

▲ 클립을 이용해 물체의 무게 측정

▲ 무게가 일정한 물체를 사용하지 않고 세 가지 물체의 무게를 비교하는 방법: 풀〉가위〉지우개

기준 물체의 조건

- 각각의 기준 물체는 무게가 일정해야 합니다. 여러 크기의 돌멩이의 경우, 돌멩이 한 개, 돌멩이 두 개와 같은 방식으로는 다른 사람에게 정확한 무게에 대한 정보를 줄 수 없습니다.
- 기준 물체 한 개의 무게가 적당히 작아야 합니다. 무게가 일정하더라도 10 kg짜리 쇳덩이로는 신발이나 가방과 같은 물체의 무게를 나타낼 수 없습니다.
- 크기가 적당해야 합니다. 저울접시에 올려놓을 수 없을 만큼 큰 물체는 기준 물체로 적합하지 않습니다.

지구의 무게

- 무게는 ★중력에 의해 물체가 끌어당기는 힘의 크기를 말합니다. 따라서 지구의 무게란 지구가 끌어당기는 힘의 크기를 의미합니다.
- 지구의 무게를 이야기하기 위해서는 지구를 끌어당기고 있는 어떤 물체가 있다고 생각하고, 그 물체에 의해 지구가 끌어당겨지고 있는 힘의 크기를 구해야 합니다.
- 예를 들어, 몸무게가 50 kg인 사람이 있다면 지구의 무게는 그 사람에 의해서 끌여겨지는 힘의 크기이므로 500 N이 됩니다. 다시 말해서 지구가 끌어당기는 힘의 크기는 사람의 몸무게와 같습니다.

용어풀이

- ★중심 사물의 한 가운데
- ★기준 가장 밑바탕이 되는 본보기
- ★적합 일이나 조건 등이 꼭 알맞음.
- ★중력 지구 위의 물체가 지구 중심으로부터 받는 힘

개념을 확인해요

1 양팔저울의 부분 중 측정하고자 하는 물체를 올려놓는 부분은 ☐☐☐☐ 입니다.

2 양팔저울의 부분 중 양쪽에 저울접시를 거는 부분은 ☐☐☐ 입니다.

3 양팔저울의 부분 중 저울대 가운데가 받침점 역할을 할 수 있도록 걸어 놓은 세로 부분은 ☐☐☐ 입니다.

4 양팔저울의 부분 중 저울대가 수평을 잡을 수 있게 조절하는 장치는 ☐☐☐☐☐ ☐ 입니다.

5 양팔저울은 ☐☐☐☐ 의 원리를 이용하여 만든 저울입니다.

6 양팔저울로 물체의 무게를 비교하기 위해서 받침점으로부터 ☐☐ 거리에 각각의 저울접시를 겁니다.

7 양팔저울의 한쪽 저울접시에 물체를 올려놓고, 다른 한쪽 저울접시에 ☐☐ 가 일정한 물체를 올려놓고, 그 물체의 개수를 세어 비교합니다.

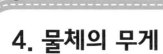

4. 물체의 무게

교과서
88~91쪽

우리 생활에는 어떤 저울이 사용될까요?

(1) 저울의 이름과 *쓰임새 *조사하기 탐구1

① 체육관: 체중계로 몸무게를 측정합니다.

② 주방: 집에서 요리를 할 때 필요한 재료의 무게를 가정용 저울로 측정합니다.

③ 정육점: 전자저울로 고기의 무게를 측정합니다.

(2) 우리 주변에 있는 저울 분류하기

① 용수철의 성질을 이용한 저울

▲ 용수철저울   ▲ 가정용 저울   ▲ 체중계

② 수평 잡기의 원리를 이용한 저울 ③ 전자저울 ─ 화면에 숫자로 물체의 무게를 표시하는 저울

▲ 양팔저울   ▲ 무거운 *철근의 무게를 측정하는 전자저울   ▲ 주방에서 사용하는 가정용 전자저울

간단한 저울 만들기

① 모둠별로 세 가지 물체의 무게를 비교하는 방법, 저울의 성질이나 원리, 이용할 물건들을 이용해 저울을 만듭니다.
  └→ 용수철의 성질, 수평 잡기의 원리

② 저울의 원리와 재료 생각하기

• 무게에 따라 용수철이 일정하게 늘어나는 성질을 이용한다면 용수철이 필요합니다.

• 수평 잡기의 원리를 이용한다면 용수철은 필요 없고, 받침대와 나무판자 역할을 할 수 있는 물건이 필요합니다.

③ 바지걸이를 사용하여 저울 만들기 실험1

• 바지걸이를 준비해 바지걸이 양 끝에 지퍼 백을 매답니다.

• 지퍼 백을 매단 바지걸이를 걸고리에 걸어 수평이 되게 합니다.

• 무게가 같은 클립을 이용해 물체의 무게를 *비교합니다.

탐구1 저울이 사용되고 있는 곳

▲ 금은방에서 무게를 측정하는 전자저울

▲ 마트의 전자저울

실험1 우리가 만든 저울로 물체의 무게 비교하기

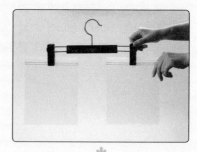

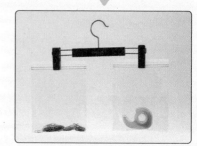

저울의 원리에 따른 특징

구분	용수철의 성질	수평 잡기의 원리
예	용수철저울, 가정용 저울, 체중계	양팔저울
무게 측정	○	○
무게 직접 비교	×	○
그 밖의 특징	측정된 값으로 무게 비교가 가능하다.	무게를 측정할 때 기준 물체가 필요하다.

용어풀이

✦ 쓰임새 어떤 물건의 쓰이는 데와 그 기능
✦ 조사 사물의 내용을 명확히 알기 위해 자세히 살펴봄.
✦ 철근 콘크리트 속에 묻어서 콘크리트를 보강하기 위하여 쓰는 막대 모양의 철재
✦ 비교 둘 이상의 사물이나 현상을 견주어 공통점이나 차이점을 알아보는 것

개념을 확인해요

1 체육관에서는 체중계로 ☐☐☐ 를 측정합니다.

2 화면에 숫자로 물체의 무게를 표시하는 저울을 ☐ ☐ 저울이라고 합니다.

3 용수철저울은 ☐☐☐ 의 성질을 이용한 저울입니다.

4 체중계는 ☐☐☐ 의 성질을 이용한 저울입니다.

5 가정용 저울은 ☐☐☐ 의 성질을 이용한 저울입니다.

6 양팔저울은 ☐☐☐☐ 의 원리를 이용한 저울입니다.

7 바지걸이를 사용하여 만든 저울은 ☐☐ ☐☐ 의 원리를 이용하여 만든 것입니다.

8 용수철과 일회용 접시를 이용하여 만든 저울은 ☐ ☐☐ 의 성질을 이용한 것입니다.

핵심 1

물체를 들어 보면 어느 물체가 더 무거운지 짐작할 수 있습니다. 그러나 사람마다 느끼는 물체의 무게는 다를 수 있기 때문에 일상생활에서 저울을 사용하여 무게를 측정합니다.

1 여러 개의 수박 중에서 가장 무거운 수박을 고를 때 누구나 같은 수박을 고르지 않는 까닭은 무엇인지 기호를 쓰시오.

> ㉠ 수박의 생산지가 다르기 때문에
> ㉡ 사람마다 느끼는 수박의 무게가 같기 때문에
> ㉢ 사람마다 느끼는 수박의 무게가 다르기 때문에

( )

2 축구공과 배구공을 손으로 들어서 무게를 비교한 것으로 바른 것은 무엇입니까? ( )

① 현아: 무게를 정확히 비교할 수 있어.
② 지원: 두 공은 손으로 들 수 없을 만큼 무거워.
③ 민수: 배구공은 무게를 정확하게 맞출 수 있어.
④ 소현: 축구공은 무게를 정확하게 맞출 수 있어.
⑤ 창민: 축구공과 배구공의 무게를 손으로 비교할 수는 있지만 사람마다 느끼는 무게가 달라.

3 ( ) 안에 공통으로 들어갈 말을 쓰시오.

> • 상품의 ( )에 따라 가격을 다르게 정한다.
> • 정해진 ( )의 재료를 사용해 식빵을 만든다.

( )

4 일상생활에서 물체의 무게를 정확하게 측정하는 경우를 한 가지 쓰시오.

_____

핵심 2

물체의 무게는 지구가 물체를 끌어당기는 힘의 크기입니다. 무게의 단위는 'g중', 'kg중', 'N' 등을 사용해 나타내고, 읽을 때에는 '그램중', '킬로그램중', '뉴턴'이라고 읽습니다.

5 ( ) 안에 알맞은 말을 쓰시오.

> 용수철에 걸어 놓은 추가 무거울수록 ( )가 추를 끌어당기는 힘의 크기가 크기 때문에 용수철이 많이 늘어난다.

( )

6 다음 단위가 나타내는 것은 무엇인지 쓰시오.

> g중, kg중, N

( )

7 다음 단위를 어떻게 읽는지 쓰시오.

(1) kg중: ( )
(2) N: ( )

8 다음 중 지구가 추를 끌어당기는 힘이 가장 큰 것은 어느 것입니까? ( )

① 용수철 10 g중 추를 걸었을 때
② 용수철 20 g중 추를 걸었을 때
③ 용수철 50 g중 추를 걸었을 때
④ 용수철 10 g중 추 2개를 걸었을 때
⑤ 용수철 20 g중 추 2개를 걸었을 때

핵심 3

용수철에 걸어 놓은 추의 무게가 무거울수록 용수철의 길이가 많이 늘어납니다. 용수철에 걸어 놓은 추의 무게가 일정하게 늘어나면 용수철의 길이도 일정하게 늘어납니다.

[9~11] 추의 무게에 따라 늘어난 용수철의 길이를 표로 나타낸 것입니다.

추의 무게 (g중)	20	40	60	80
늘어난 용수철의 길이(cm)	4	8	12	㉠

9 위 표에서 20 g중 추 한 개당 늘어나는 용수철의 길이는 얼마인지 쓰시오.

( )

10 추의 무게가 80 g중일 때 ㉠의 늘어난 용수철의 길이는 얼마입니까? ( )

① 13 cm   ② 14 cm
③ 15 cm   ④ 16 cm
⑤ 17 cm

11 추의 무게가 30 g중일 때 늘어난 용수철의 길이는 얼마입니까? ( )

① 5 cm   ② 6 cm
③ 7 cm   ④ 8 cm
⑤ 9 cm

12 다음은 추의 무게에 따라 늘어난 용수철의 길이를 나타낸 표입니다. ㉠에 들어갈 알맞은 수를 쓰시오.

추의 무게 (g중)	0	20	40	60
늘어난 용수철의 길이(cm)	0	3	㉠	9

( )

핵심 4

용수철저울은 물체의 무게에 따라 용수철이 일정하게 늘어나거나 줄어드는 용수철의 성질을 이용해 만든 저울입니다. 용수철의 성질을 이용한 저울에는 용수철저울, 가정용 저울, 체중계 등이 있습니다.

[13~16] 물체의 무게를 측정하는 저울입니다.

13 위 저울의 이름은 무엇인지 쓰시오.

( )

14 위 저울의 각 부분의 이름을 쓰시오.

㉠: ( )
㉡: ( )
㉢: ( )

15 위 저울에 물체를 걸었을 때 물체의 무게를 가리키는 부분은 어디인지 기호를 쓰시오.

( )

16 위 저울로 물체의 무게를 측정하기 전에 표시 자를 눈금의 '0'의 위치에 오도록 조절하는 부분은 어디인지 기호를 쓰시오.

( )

핵심 5

수평대를 사용해 수평을 잡으려면 무게가 같은 물체는 받침점으로부터 같은 거리에 놓고, 무게가 다른 물체는 무거운 물체를 가벼운 물체보다 받침점에 더 가까이 놓습니다.

17 ㈎와 ㈏의 무게를 비교하여 <, =, >로 표시하시오.

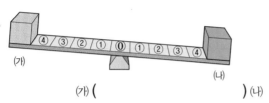

㈎ ( ) ㈏

18 무게가 같은 나무토막으로 수평을 잡을 수 있는 방법은 어느 것인지 기호를 쓰시오.

> ㉠ 나무토막을 받침점으로부터 각각 같은 거리에 올려놓는다.
> ㉡ 나무토막을 받침점으로부터 각각 다른 거리에 올려놓는다.

( )

19 ( ) 안에 알맞은 말에 ○표 하시오.

> 물체의 무게가 다를 때 나무판자 위의 두 물체가 수평을 잡기 위해서는 무거운 물체를 가벼운 물체보다 받침점에 더 (가까이, 멀리) 놓아야 한다.

20 다음과 같이 시소가 수평이 되었을 때, 몸무게가 무거운 사람의 이름을 쓰시오.

( )

핵심 6

양팔저울은 수평 잡기의 원리를 이용해 만든 저울입니다. 양팔저울로 물체의 무게를 비교할 때는 양팔저울의 받침점으로부터 같은 거리에 있는 저울접시에 물체를 각각 올려놓고 어느 쪽으로 기울어졌는지 확인합니다.

21 ( ) 안에 알맞은 말을 쓰시오.

> 양팔저울은 ( )의 원리를 이용하여 만든 저울이다.

( )

22 양팔저울의 각 부분 중 양쪽에 저울접시를 거는 부분은 어디인지 쓰시오.

( )

23 양팔저울의 부분 중 받침대에 대한 설명으로 바른 것은 무엇입니까? ( )

① 눈금을 읽는 곳이다.
② 영점을 조절하는 곳이다.
③ 물체를 올려놓는 곳이다.
④ 양쪽에 저울접시를 거는 부분이다.
⑤ 저울대 가운데가 받침점 역할을 할 수 있도록 걸어 놓는 세로 부분이다.

24 양팔저울로 필통과 지우개의 무게를 측정한 것입니다. 더 무거운 것은 어느 것인지 쓰시오.

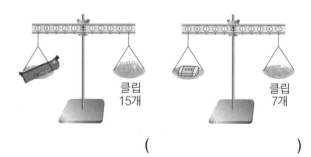

( )

우리 주변에는 용수철의 성질을 이용한 용수철저울, 가정용 저울, 체중계 등이 있고, 수평 잡기의 원리를 이용한 양팔저울, 화면에 숫자로 물체의 무게를 표시하는 전자저울이 있습니다.

25 수평 잡기의 원리를 이용한 저울은 어느 것입니까?
( )

① 체중계　　　　② 양팔저울
③ 전자저울　　　　④ 용수철저울
⑤ 가정용 저울

26 용수철의 성질을 이용한 저울을 모두 고르시오.
(, ,)

① 체중계　　　　② 양팔저울
③ 전자저울　　　　④ 용수철저울
⑤ 가정용 저울

27 다음 중 화면에 숫자로 물체의 무게를 표시하는 저울은 어느 것입니까? ( )

① 체중계　　　　② 양팔저울
③ 전자저울　　　　④ 용수철저울
⑤ 가정용 저울

28 다음 중 두 물체의 무게를 직접 비교할 수 있는 저울은 무엇입니까? ( )

① 체중계　　　　② 양팔저울
③ 전자저울　　　　④ 용수철저울
⑤ 가정용 저울

용수철의 성질을 이용하거나 수평 잡기의 원리를 이용하여 간단한 저울을 만들 수 있습니다.

[29~31] 다음은 바지걸이를 사용하여 만든 저울입니다.

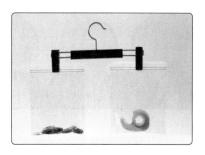

29 위 저울에 이용된 원리는 무엇인지 쓰시오.
( )

30 위 저울을 만들 때 필요한 재료를 모두 고르시오.
(,)

① 종이컵　　　　② 용수철
③ 온도계　　　　④ 지퍼 백
⑤ 바지걸이

31 바지걸이를 사용한 저울에서 클립과 같은 역할을 하여 물체의 무게를 비교할 수 있는 물체로 알맞지 않은 것은 어느 것입니까? ( )

① 추　　　　② 볼트
③ 책가방　　　　④ 바둑돌
⑤ 같은 금액의 동전

32 다음 저울에서 이용한 성질은 무엇인지 쓰시오.

( )의 성질

서술형

1 여러 개의 수박 중에서 손으로 들어 보고 가장 무거운 수박을 고를 때 누구나 같은 수박을 고르지 못하는 까닭을 쓰시오.

중요

2 일상생활에서 물체의 무게를 측정하는 경우가 <u>아닌</u> 것은 어느 것입니까? (   )

① 염전에서 소금을 만들 때
② 정육점에서 고기를 살 때
③ 목욕탕에서 몸무게를 잴 때
④ 우체국에서 택배를 보낼 때
⑤ 비슷한 몸무게를 가진 사람끼리 유도 경기를 할 때

3 ( ) 안에 알맞은 말에 ○표 하시오.

용수철에 걸어 놓은 추가 (무거울수록, 가벼울수록) 지구가 추를 끌어당기는 힘의 크기가 크기 때문에 용수철이 더 많이 늘어난다.

4 다음에서 설명하는 것은 무엇인지 쓰시오.

• 지구가 물체를 끌어당기는 힘의 크기이다.
• g중, kg중, N 등을 사용해 나타낸다.

(   )

[5~7] 다음은 용수철에 걸어 놓은 추의 무게에 따라 늘어난 용수철의 길이 변화를 표로 나타낸 것입니다.

추의 무게 (g중)	0	20	40	60
늘어난 용수철의 길이(cm)	0	3	6	㉠

5 추의 무게가 60 g중일 때 ㉠의 늘어난 용수철의 길이는 얼마입니까? (   )

① 7 cm
② 8 cm
③ 9 cm
④ 10 cm
⑤ 11 cm

6 추의 무게가 10 g중일 때 늘어난 용수철의 길이는 얼마입니까? (   )

① 0.5 cm
② 1 cm
③ 1.5 cm
④ 2 cm
⑤ 2.5 cm

응용

7 추의 무게가 30 g중일 때 늘어난 용수철의 길이는 얼마인지 쓰시오.

(   ) cm

8 용수철저울의 각 부분 중 용수철저울에 물체를 걸었을 때 물체의 무게를 가리키는 부분은 어디인지 쓰시오.

(   )

9 다음은 용수철저울의 사용 방법입니다. ㉠에 들어갈 알맞은 말을 쓰시오.

> • 스탠드에 용수철저울을 건다.
> • (㉠   )를 돌려 표시 자를 눈금 '0'에 맞춘다.
> • 용수철저울의 고리에 물체를 걸고 무게를 측정한다.

(   )

서술형

10 용수철저울에서 이용한 용수철의 성질은 무엇인지 쓰시오.

_____

_____

11 다음을 읽고 ( ) 안에 알맞은 말에 ○표 하시오.

> 수평대에 받침점을 가운데 놓고, 무게가 같은 물체로 수평을 잡으려면 각각의 물체를 받침점으로부터 (같은, 다른) 거리에 놓아야 한다.

12 받침점을 가운데 놓고 무게가 같은 나무토막으로 수평을 잡기 위해서는 오른쪽 나무판자 어느 곳에 나무토막을 올려놓아야 하는지 쓰시오.

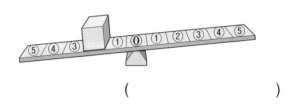

(   )

주의

13 민수와 민지의 몸무게가 다를 때 수평을 잡은 모습입니다. 민수와 민지의 몸무게를 <, =, >로 표시하시오.

민지의 몸무게 (   ) 민수의 몸무게

14 다음 저울의 이름은 무엇인지 쓰시오.

(   )

4 단원

15 양팔저울로 지우개와 연필의 무게를 비교하였습니다. 두 물체 중 가벼운 물체의 이름을 쓰시오.

지우개   연필

(   )

16 다음은 양팔저울로 필통의 무게를 측정한 것입니다. 무게는 얼마인지 쓰시오. (단, 클립 1개의 무게는 5 g 중입니다.)

클립 11개

(   )

중요

17 용수철의 성질을 이용한 저울을 골라 기호를 쓰시오.

㉠   ㉡

(   )

응용

18 수평 잡기의 원리를 이용한 저울을 골라 기호를 쓰시오.

> ㉠ 체중계
> ㉡ 양팔저울
> ㉢ 가정용 저울
> ㉣ 전자저울

(   )

19 다음과 같이 화면에 숫자로 물체의 무게를 표시하는 저울은 무엇인지 쓰시오.

(   )

20 다음과 같이 만든 저울에서 이용한 원리는 무엇인지 쓰시오.

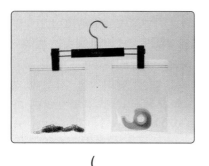

(   )

서술형

1 다음은 유원이와 승현이가 같은 물체를 손으로 들어 보고, 무거운 순서대로 물체의 이름을 쓴 표입니다. 물체의 무거운 순서가 서로 다른 까닭을 쓰시오.

구분	가장 무거운 것	두 번째로 무거운 것	가장 가벼운 것
유원	연필	볼펜	사인펜
승현	볼펜	사인펜	연필

주의

2 일상생활에서 물체의 무게를 측정하는 경우를 모두 골라 기호로 쓰시오.

> ㉠ 정해진 무게의 재료를 사용해 상품을 만든다.
> ㉡ 마트에서 상품의 무게에 따라 가격을 다르게 정한다.
> ㉢ 축구 경기에서 축구 선수를 몸무게에 따라 체급을 정한다.
> ㉣ 문구점에서 장난감을 살 때 무게를 측정하여 가격을 정한다.
> ㉤ 젤리 가게에서 젤리의 무게에 따라 가격을 정한다.

(   )

3 (   ) 안에 공통으로 들어갈 말을 쓰시오.

> • 물체의 (   )는 지구가 물체를 끌어당기는 힘의 크기이다.
> • (   )의 단위는 'g중', 'kg중', 'N' 등을 사용해 나타낸다.

(   )

4 용수철에 걸어 놓은 추의 무게에 따라 늘어난 용수철의 길이가 다른 까닭은 무엇인지 기호를 쓰시오.

> ㉠ 추가 무거울수록 지구가 추를 끌어당기는 힘의 크기가 크기 때문이다.
> ㉡ 추가 무거울수록 지구가 추를 끌어당기는 힘의 크기가 작기 때문이다.

(   )

5 용수철에 걸어 놓은 추의 무게에 따른 늘어난 용수철의 길이를 측정한 결과로 바른 것은 무엇인지 기호를 쓰시오.

구분	추의 무게(g중)	0	20	40	60	80
㉠	늘어난 용수철의 길이(cm)	4	8	2	3	5
㉡		0	2	3	5	8
㉢		0	3	6	9	12

(   )

6 다음 중 용수철저울에 추를 걸었을 때 늘어난 용수철의 길이가 가장 큰 추는 어느 것입니까? (   )

① 10 g중　　　　② 20 g중
③ 50 g중　　　　④ 80 g중
⑤ 1 kg중

7 용수철에 걸어 놓은 추의 무게에 따라 늘어난 용수철의 길이를 나타낸 표입니다. 추가 40g중일 때 ㉠의 늘어난 용수철의 길이는 얼마입니까? (   )

추의 무게(g중)	0	20	40	60	80
늘어난 용수철의 길이(cm)	0	4	㉠	12	16

① 8 cm　　　　② 9 cm
③ 10 cm　　　　④ 11 cm
⑤ 11.5 cm

8 다음에서 설명하는 것은 무엇입니까? (　　　　)

> • 물체의 무게에 따라 일정하게 늘어나고 줄어드는 성질이 있다.
> • 가정용 저울, 체중계의 내부에 있다.

① 추   ② 자
③ 종이   ④ 용수철
⑤ 수평 잡기

9 용수철저울의 각 부분이 바르게 짝지어진 것이 <u>아닌</u> 것은 무엇입니까?

(　　　　)

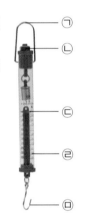

① ㉠ – 손잡이
② ㉡ – 표시 자
③ ㉢ – 표시 자
④ ㉣ – 눈금
⑤ ㉤ – 고리

10 용수철저울로 물체의 무게를 측정한 것입니다. 물체의 무게가 가장 무거운 것은 어느 것인지 기호를 쓰시오.

(　　　　　　　)

11 수평 잡기의 원리를 이용한 놀이 기구는 무엇입니까?

(　　　　)

① 시소   ② 그네
③ 철봉   ④ 정글짐
⑤ 미끄럼틀

12 다음과 같이 나무판자에 받침점을 가운데 놓고 무게가 같은 나무토막으로 수평을 잡으려면 나무토막은 어느 곳에 놓아야 합니까? (　　　　)

① 왼쪽 ②번   ② 왼쪽 ③번
③ 왼쪽 ⑤번   ④ 오른쪽 ②번
⑤ 오른쪽 ⑤번

13 다음과 같이 나무판자에 받침점을 가운데 놓고 무게가 다른 나무토막으로 수평을 잡으려면 오른쪽 나무판자의 어느 곳에 나무토막 두 개를 놓아야 하는지 쓰시오.

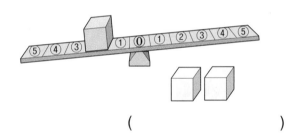

(　　　　　　　　)

서술형

14 승현이와 도연이가 시소의 수평을 잡기 위해 어떻게 해야 하는지 쓰시오. (단, 받침점을 기준으로 설명하시오.)

15 양팔저울로 두 가지 물체의 무게를 비교하였습니다. 무거운 물체의 기호를 쓰시오.

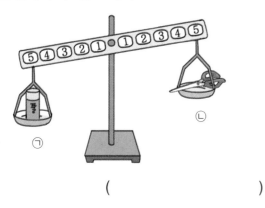

( )

16 양팔저울에 대한 설명으로 바른 것은 어느 것입니까?
( )

① 물체를 올려놓는 부분은 저울대이다.
② 두 물체의 무게를 서로 비교할 수 없다.
③ 수평 잡기의 원리를 이용한 저울이다.
④ 측정할 수 있는 무게의 범위는 정해져 있지 않다.
⑤ 수평을 이루지 않아도 물체의 무게를 정확히 측정할 수 있다.

17 저울의 원리에 알맞게 저울을 분류하여 쓰시오.

체중계, 양팔저울, 전자저울, 가정용 저울

(1) 용수철의 성질	
(2) 수평 잡기의 원리	
(3) 화면에 숫자로 물체의 무게를 표시하는 저울	

18 다음 저울의 공통점으로 바른 것은 어느 것입니까?
( )

① 무거운 물체의 무게만 측정한다.
② 가벼운 물체의 무게만 측정한다.
③ 용수철의 성질을 이용한 저울이다.
④ 수평 잡기의 원리를 이용한 저울이다.
⑤ 화면에 숫자로 물체의 무게를 표시하는 저울이다.

19 오른쪽과 같이 만든 저울과 원리가 같은 저울은 어느 것입니까? ( )

① 양팔저울
② 전자저울
③ 윗접시저울
④ 용수철저울
⑤ 가정용 전자저울

20 위 **19**번의 저울을 만드는 데 이용된 원리는 무엇인지 쓰시오.

_____

_____

4 단원

1 다음과 같이 물체를 손으로 들어 보고 무게를 정확하게 비교할 수 없는 까닭은 무엇입니까? (   )

① 물체의 모양이 달라지기 때문에
② 물체의 색깔이 달라지기 때문에
③ 물체의 쓰임새가 달라지기 때문에
④ 사람마다 느끼는 무게가 같기 때문에
⑤ 사람마다 느끼는 무게가 다르기 때문에

2 ( ) 안에 공통으로 들어갈 말을 쓰시오.

┌─────────────────────────────────┐
│ • 정해진 (   )의 재료를 사용해 식빵을 │
│   만든다.   │
│ • 마트에서 (   )에 따라 상품의 가격을 │
│   다르게 정한다.   │
│ • 젤리 가게에서 젤리의 (   )에 따라   │
│   가격을 정한다.   │
└─────────────────────────────────┘

(   )

3 늘어난 용수철의 길이만큼 옆에 있는 용수철을 손으로 잡아당길 때 가장 세게 잡아당겨야 하는 것은 어느 것인지 기호를 쓰시오.

┌─────────────────────────────────┐
│ ㉠ 20 g중 추 한 개를 용수철에 걸어 놓았을 때 │
│   늘어난 용수철의 길이   │
│ ㉡ 20 g중 추 두 개를 용수철에 걸어 놓았을 때 │
│   늘어난 용수철의 길이   │
└─────────────────────────────────┘

(   )

4 ( ) 안에 공통으로 들어갈 말을 쓰시오.

┌─────────────────────────────────┐
│ 늘어난 용수철의 길이는 물체의 (   ) │
│ 와 관련이 있다. 따라서 용수철에 걸어 놓은 물체 │
│ 의 (   )가 무거울수록 용수철의 길이는 많 │
│ 이 늘어난다.   │
└─────────────────────────────────┘

(   )

5 물체의 무게에 대한 설명으로 바르지 않은 것은 무엇입니까? (   )

① 지구가 물체를 끌어당기는 힘의 크기이다.
② 용수철에 걸어 놓은 물체의 무게와 용수철의 길이는 관계 없다.
③ 늘어난 용수철의 길이만큼 손으로 잡아당겨 보면 물체의 무게를 느낄 수 있다.
④ 용수철에 걸어 놓은 물체의 무게가 무거울수록 용수철의 길이가 많이 늘어난다.
⑤ 용수철의 길이가 늘어나는 것은 지구가 용수철에 걸어 놓은 추를 끌어당기는 힘 때문이다.

서술형

6 다음은 용수철에 걸어 놓은 추의 무게와 늘어난 용수철의 길이 사이의 관계를 나타낸 실험 결과입니다. 이 실험 결과를 통해 실험에 사용된 용수철저울을 사용하면 안 되는 까닭을 쓰시오.

추의 무게(g중)	0	20	40	60	80
늘어난 용수철의 길이(cm)	0	1	3	6	7

_____

_____

7 다음 표를 보고 추의 무게가 100 g중일 때 늘어난 용수철의 길이는 얼마인지 쓰시오.

추의 무게(g중)	20	40	60	80
늘어난 용수철의 길이(cm)	0	4	8	12

( )

8 용수철저울을 이용하는 방법으로 바르지 <u>않은</u> 것은 무엇입니까? ( )

① 표시 자의 눈금이 움직이지 않고 멈추면 눈금을 읽는다.
② 용수철저울의 고리에 무게를 측정하고자 하는 물체를 건다.
③ 용수철저울의 눈금을 읽을 때는 표시 자와 눈높이를 맞추어 읽는다.
④ 용수철저울로 물체의 무게를 재기 전에 영점이 맞추어져 있는지 확인한다.
⑤ 용수철저울은 물체의 무게와 상관없이 여러 물체의 무게를 편리하게 잴 수 있다.

9 ( ) 안에 알맞은 말을 쓰시오.

용수철저울로 물체의 무게를 측정할 때 물체의 무게는 표시 자와 관찰자의 눈이 ( ) 이 되는 위치에서 측정한다.

( )

10 용수철저울로 무게를 측정하였을 때 저울의 눈금과 표시 자의 모습입니다. 물체의 무게는 몇 g중인지 쓰시오.

( )g중

11 다음 용수철저울로 측정할 수 있는 최소 눈금은 얼마입니까? ( )

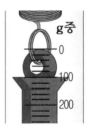

① 20g중 ② 40g중
③ 80g중 ④ 200g중
⑤ 2000g중

12 다음과 같이 나무판자와 받침대를 이용해 만든 수평대의 원리는 무엇인지 쓰시오.

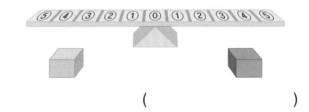

( )

서술형

13 다음과 같이 시소가 수평이 되었을 때 몸무게가 가벼운 친구의 이름을 쓰고 그렇게 생각하는 까닭을 쓰시오.

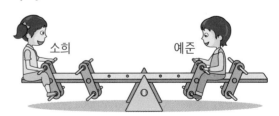

(1) 몸무게가 가벼운 친구:
( )

(2) 그렇게 생각하는 까닭:

14 무게가 다른 나무토막을 이용하여 수평을 잡을 때 수평을 이루는 경우는 어느 것입니까? (   )

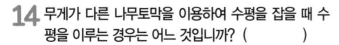

① 나무토막 한 개는 왼쪽 나무판자 ①번, 나무토막 두 개는 오른쪽 나무판자 ②번에 놓는다.
② 나무토막 한 개는 왼쪽 나무판자 ②번, 나무토막 두 개는 오른쪽 나무판자 ③번에 놓는다.
③ 나무토막 한 개는 왼쪽 나무판자 ①번, 나무토막 두 개는 오른쪽 나무판자 ③번에 놓는다.
④ 나무토막 한 개는 왼쪽 나무판자 ②번, 나무토막 두 개는 오른쪽 나무판자 ①번에 놓는다.
⑤ 나무토막 한 개는 왼쪽 나무판자 ③번, 나무토막 두 개는 오른쪽 나무판자 ③번에 놓는다.

15 양팔저울의 각 부분 중 위 **14**번의 나무판자와 같은 역할을 하는 것은 어느 것인지 기호를 쓰시오.

> ㉠ 저울대   ㉡ 받침대
> ㉢ 받침점   ㉣ 저울접시

(   )

서술형

16 양팔저울로 물체의 무게를 측정할 때 가장 먼저 해야 할 일은 무엇인지 쓰시오.

_____

17 양팔저울로 물체의 무게를 측정할 때 이용할 수 없는 것은 어느 것입니까? (   )

① 클립   ② 장구 핀
③ 바둑돌   ④ 같은 금액의 동전
⑤ 여러 가지 돌멩이

18 다음 저울의 공통점을 바르게 말한 친구는 누구입니까? (   )

> 용수철저울, 가정용 저울, 체중계

① 정국: 용수철의 성질을 이용한 저울이다.
② 찬호: 크기가 큰 물체의 무게만 측정한다.
③ 태형: 크기가 작은 물체의 무게만 측정한다.
④ 남준: 수평 잡기의 원리를 이용한 저울이다.
⑤ 윤기: 화면에 숫자로 물체의 무게를 표시하는 저울이다.

19 여러 가지 저울에 이용된 원리에 대한 설명으로 바르지 않은 것은 무엇입니까? (   )

① 전자저울은 화면에 숫자로 물체의 무게를 표시한다.
② 양팔저울은 두 물체의 무게를 직접 비교할 수 있다.
③ 용수철저울은 두 물체의 무게를 직접 비교할 수 있다.
④ 용수철저울은 너무 무거운 물체의 무게는 측정할 수 없다.
⑤ 양팔저울은 물체의 무게를 측정할 때 기준 물체가 필요하다.

20 오른쪽과 같이 수평 잡기의 원리를 이용한 저울을 만들 때 필요한 재료를 모두 고르시오. (,   )

① 종이컵
② 용수철
③ 온도계
④ 지퍼 백
⑤ 바지걸이

1 다음은 동완이와 영빈이가 여러 가지 물체를 손으로 들어 보고 무거운 순서를 정한 것입니다. 알 수 있는 사실은 무엇입니까? (   )

구분	가장 무거운 것	두 번째로 무거운 것	가장 가벼운 것
동완	가위	연필	필통
영빈	필통	가위	연필

① 물체의 무게는 모두 같다.
② 물체의 무게는 모두 다르다.
③ 사람마다 느끼는 물체의 무게가 같다.
④ 사람마다 느끼는 물체의 무게가 다르다.
⑤ 손으로 물체의 무게를 정확하게 비교할 수 있다.

2 일상생활에서 저울을 사용해 물체의 무게를 측정하는 경우는 어느 것입니까? (   )

① 마트에서 과자를 살 때
② 옷가게에서 옷을 살 때
③ 운동 경기를 관람할 때
④ 친구와 놀이터에서 놀 때
⑤ 편의점에서 택배를 보낼 때

3 다음은 추의 무게에 따른 용수철의 길이 변화를 나타낸 것입니다. 늘어난 용수철의 길이만큼 손으로 잡아당겼을 때 힘의 크기가 가장 작은 것은 어느 것인지 기호를 쓰시오.

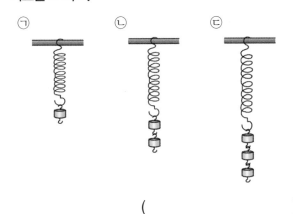

(   )

4 다음 중 무게의 단위를 모두 골라 기호를 쓰시오.

㉠ g중	㉡ m	㉢ mL
㉣ km	㉤ kg중	㉥ N

(   )

5 용수철이 늘어난 길이와 지구가 추를 끌어당기는 힘의 크기와의 관계를 바르게 선으로 연결하시오.

(1) 지구가 추를 끌어당기는 힘이 크다. • | • ㉠ 용수철이 적게 늘어난다.

(2) 지구가 추를 끌어당기는 힘이 작다. • | • ㉡ 용수철이 많이 늘어난다.

6 다음은 추의 무게에 따라 늘어난 용수철의 길이입니다. 추의 무게가 50g중과 120g중일 때 늘어난 용수철의 길이를 각각 쓰시오.

추의 무게 (g중)	0	20	40	60	80	100
늘어난 용수철의 길이(cm)	0	3	6	9	12	15

(1) 50g중: (   )
(2) 120g중: (   )

7 다음 저울에 이용한 공통적인 성질을 쓰시오.

(   )

[8~9] 다음은 용수철저울의 각 부분을 이야기한 것입니다.

> 유원: 용수철저울에는 추나 물체를 거는 부분이 있어.
> 승현: 맞아. 그리고 용수철저울을 사용하기 위해서는 용수철저울을 잡거나 스탠드에 거는 손잡이가 필요해.
> 창민: 용수철저울로 물체의 무게를 재기 전에 영점 조절 나사를 돌려 (㉠)의 눈금을 '0'의 위치에 오도록 해야 해.

8 유원이가 설명하는 용수철저울의 부분은 어디인지 이름을 쓰시오.

( )

9 ㉠에 들어갈 용수철저울 부분의 이름을 쓰시오.

( )

10 다음은 용수철저울로 풀의 무게를 측정한 것입니다. 무게가 얼마인지 쓰시오.

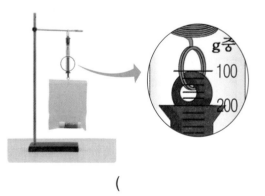

( )

11 몸무게가 무거운 진우와 몸무게가 가벼운 지우가 시소의 수평을 잡기 위한 방법으로 바른 것은 무엇입니까? ( )

① 받침점을 두 개 놓는다.
② 진우가 받침점에서 먼 곳에 앉는다.
③ 진우가 받침점에서 가까운 곳에 앉는다.
④ 지우가 받침점에서 가까운 곳에 앉는다.
⑤ 지우와 진우는 받침점으로부터 같은 거리에 앉는다.

서술형

12 무게가 같은 나무토막 두 개를 받침대의 왼쪽 나무판 자 ②번에 놓았을 때 다른 두 개의 나무토막을 어느 곳에 놓아야 수평을 잡을 수 있는지 쓰시오.

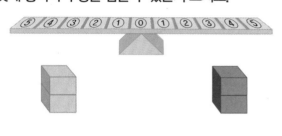

13 다음 중 무게가 더 무거운 물체는 어느 것인지 쓰시오.

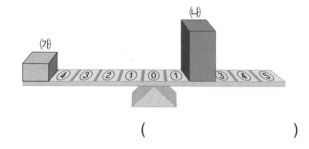

( )

14 양팔저울의 모습입니다. 양팔저울의 각 부분이 바르게 짝지어진 것은 어느 것입니까? ( )

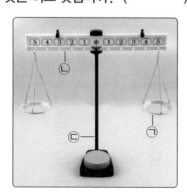

① ㉠ – 받침점　　② ㉡ – 받침대
③ ㉢ – 저울대　　④ ㉠ – 저울접시
⑤ ㉡ – 저울접시

15 양팔저울의 사용 방법으로 바르지 <u>않은</u> 것은 무엇입니까? ( )

① 바닥이 기울어진 곳에 세운다.
② 저울대가 수평을 이루는지 확인한다.
③ 저울대의 가운데를 받침대와 연결한다.
④ 저울대의 가운데에서 같은 거리에 각각의 저울접시를 건다.
⑤ 한쪽에는 물체를 놓고 다른 한쪽에는 저울대가 수평을 잡을 때까지 클립을 올려 무게를 측정한다.

16 양팔저울로 여러 가지 물체의 무게를 비교한 표입니다. 무게가 무거운 것부터 순서대로 이름을 쓰시오.

물체	추의 무게
지우개	클립 7개
가위	클립 20개
풀	클립 14개
필통	클립 25개

( )

서술형
17 다음 저울의 특징을 한 가지 쓰시오.

18 여러 가지 저울과 저울에 이용된 원리를 바르게 선으로 연결하시오.

(1) 가정용 저울 •

(2) 양팔 저울 •

(3) 전자 저울 •

• ㉠ 수평 잡기의 원리를 이용한 저울

• ㉡ 용수철의 성질을 이용한 저울

• ㉢ 화면에 숫자로 물체의 무게를 표시하는 저울

19 우리가 만든 저울을 평가하는 기준으로 바른 것을 모두 고르시오. (,)

① 무게를 비교하거나 측정하기에 예쁜가?
② 무게를 비교하거나 측정하기에 튼튼한가?
③ 무게를 비교하거나 측정하기에 어려운가?
④ 무게를 비교하거나 측정하기에 크기가 큰 가?
⑤ 무게를 비교하거나 정확하게 측정할 수 있는가?

20 수평 잡기의 원리를 이용한 저울을 만들 때 필요한 준비물이 <u>아닌</u> 것은 무엇입니까? ( )

① 옷걸이
② 용수철
③ 지퍼 백
④ 바지걸이
⑤ 클립 여러 개

탐구 서술형 평가   4. 물체의 무게

 다음은 나무판자를 받침대에 올려놓은 모습입니다.

⑤ ④ ③ ② ① ⓪ ① ② ③ ④ ⑤

(1) 무게가 같은 두 물체로 수평을 잡으려면 물체를 받침점으로부터 어떻게 놓아야 하는지 쓰시오.

_____

(2) 무게가 다른 두 물체로 수평을 잡으려면 물체를 받침점으로부터 어떻게 놓아야 하는지 쓰시오.

_____

_____

수평 잡기의 원리

• 무게가 같은 나무토막으로 수평을 잡으려면 각각의 물체를 받침점으로부터 같은 거리에 놓습니다.

• 무게가 다른 물체로 수평을 잡으려면 무거운 물체를 가벼운 물체보다 받침점에 더 가까이 놓습니다.

② 다음은 양팔저울로 물체의 무게를 재는 모습입니다.

ㄱ   ㄴ

(1) 양팔저울에서 이용한 원리는 무엇인지 쓰시오.

(   )

(2) 위 ㉠과 ㉡의 양팔저울로 물체의 무게를 비교하는 방법을 각각 쓰시오.

㉠: _____

㉡: _____

양팔저울

• 양팔저울은 수평 잡기의 원리를 이용한 저울입니다.

• 양팔저울은 저울접시, 저울대, 받침대, 받침점, 수평 조절 장치로 구성되어 있습니다.

3 다음 여러 가지 저울에 이용한 원리를 알맞게 기호로 쓰시오.

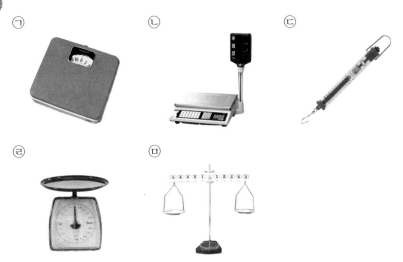

ㄱ ㄴ ㄷ ㄹ ㅁ

저울에 이용한 원리	저울 기호
⑴ 용수철의 성질을 이용한 저울	
⑵ 수평 잡기의 원리를 이용한 저울	
⑶ 화면에 숫자로 물체의 무게를 표시하는 저울	

여러 종류의 저울

• 저울은 용수철의 성질 이용, 수평 잡기의 원리 이용, 전자저울로 분류할 수 있습니다.

• 우리 주변에는 무거운 철근의 무게를 측정하는 전자저울, 주방에서 사용되는 가정용 전자저울, 간단한 물체의 무게를 측정하는 전자저울, 화학 약품의 무게를 측정하는 전자저울, 택배의 무게를 측정하는 전자저울 등이 있습니다.

4
단원

4 바지걸이와 지퍼 백 두 장을 사용하여 저울을 만들고 기준 물체를 정하여 무게를 비교하려고 합니다. 다음과 같은 단추가 기준 물체로 알맞지 않은 까닭을 쓰시오.

기준 물체

• 기준 물체는 클립, 바둑돌, 동전 등과 같이 무게가 일정해야 합니다.

• 한 개의 무게가 적당히 작아야 하며 크기가 적당해야 합니다.

5. 혼합물의 분리

🌑 반짝반짝 소금물 그림 그리기

(1) 소금물로 그림 그리기 _{실험1}

① 검은색 종이에 크레파스를 사용하여 그림을 그립니다.

② 진한 소금물을 만들어 여러 가지 색깔의 물감을 탑니다.

③ 물감을 탄 진한 소금물로 색칠을 합니다.

④ 머리 말리개로 그림을 말립니다.
  └─→ 햇빛이 없는 응달에 말려도 됩니다.

(2) 소금물로 그린 그림의 특징

① 소금물로 그린 그림은 다른 그림과 큰 ⭐차이점은 없지만, 그림 표면이 울퉁불퉁합니다.

② 그림 표면에 작은 알갱이가 있습니다.
  └─→ 소금 알갱이입니다.

🌑 혼합물이란 무엇일까요?

(1) 여러 가지 재료로 ⭐간식 만들기

① 시리얼, 초콜릿, 말린 과일 등의 모양과 색깔을 관찰하고 맛을 봅니다.

② 준비한 재료 중 두세 가지를 선택한 뒤 섞어서 간식을 만들어 봅니다.

③ ⭐눈가리개로 눈을 가리고 다른 모둠이 만든 간식을 한 숟가락 먹어 본 뒤에 간식의 재료를 알아맞혀 봅니다.

④ ③에서 간식의 재료를 알아맞힐 수 있었던 까닭을 이야기해 봅니다.
  └─→ 말린 바나나: 납작한 원 모양이고 노란색이며, 맛이 답니다.

(2) 시리얼, 초콜릿, 말린 과일 등의 모양, 색깔, 맛의 특징

구분	모양	색깔	맛
시리얼	원 모양이고, ⭐주름이 많다.	황토색	고소하다.
초콜릿	둥글다.	빨간색, 파란색, 노란색 등	달다.
건포도 (말린 과일)	둥글고 주름이 많다.	검은색 또는 진한 보라색	달다.

(3) 간식의 재료를 알아맞힐 수 있는 까닭: 여러 가지 재료를 섞어 간식을 만들어도 각 재료의 맛은 변하지 않기 때문입니다.

(4) 혼합물: 두 가지 _{여섯 가지 이상의 재료가 섞여 있습니다.} 이상의 물질이 성질이 변하지 않은 채 서로 섞여 있는 것입니다. 예 김밥, 팥빙수, 여러 가지 재료로 만든 간식 등
  └─→ 세 가지 이상의 재료가 섞여 있습니다.

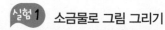

실험1 소금물로 그림 그리기

준비물: 소금, 물, 투명한 플라스틱 컵 여러 개, 숟가락, 붓, 머리 말리개, 크레파스, 수성 물감, 검은색 종이

활동 모습

🪐 **생활 속 혼합물**

- 김밥: 김, 밥, 단무지, 달걀, 당근, 시금치 등 여러 가 지 재료로 만듭니다.

단무지
김
밥 달걀 당근 시금치

- 팥빙수: 여름철에 많이 먹는 팥빙수는 과일, 팥, 얼 음 등 여러 가지 재료를 섞어 만듭니다.

팥
얼음
과일

용어풀이

- ✚ 차이점 서로 같지 않고 다른 점
- ✚ 간식 아침밥과 점심밥 사이, 점심밥과 저녁밥 사이에 음식을 먹는 것 또는 먹는 음식
- ✚ 눈가리개 두 눈을 가리는 천 또는 물체
- ✚ 주름 피부에 생긴 잔줄, 옷에 생긴 줄, 옷이나 물 체가 구겨진 것

개념을 확인해요

1 소금물로 그림을 그리고 머리 말리개로 그림을 말리 면 그림 표면에 ☐☐ 알갱이가 생깁니다.

2 두 가지 이상의 물질이 성질이 변하지 않은 채 서로 섞여 있는 것을 ☐☐☐ 이라고 합니다.

3 혼합물은 물질의 ☐☐ 이 변하지 않은 채 서 로 섞여 있습니다.

4 시리얼, 초콜릿, 건포도를 섞어 간식을 만들 때 둥글 면서 주름이 있고 맛이 단 것은 ☐☐☐ 입니다.

5 단무지, 달걀, 당근, 시금치 등이 들어간 김밥은 ☐☐☐ 입니다.

6 과일, 팥, 얼음 등 세 가지 이상이 들어가 만들어진 팥 빙수는 ☐☐☐ 입니다.

7 미숫가루 물, 나박김치는 여러 재료를 섞어 만든 음식 으로 ☐☐☐ 입니다.

8 물, 팥빙수, 김밥, 바닷물 중 ☐ 은 혼합물이 아닙 니다.

5. 혼합물의 분리

혼합물을 분리하면 좋은 점은 무엇일까요?

(1) 구슬로 나만의 팔찌 만들기 탐구1 ┌• 별 모양, 공 모양, 상자 모양, 세모 모양, 하트 모양의 구멍이 뚫리지 않은 것과 구멍이 뚫린 플라스틱 구슬이 있습니다.

① 큰 그릇에 담겨 있는 <u>다양한 종류의 구슬</u>을 관찰합니다.

② 만들고 싶은 팔찌를 디자인합니다.

③ 팔찌를 만드는 데 필요한 구슬을 큰 그릇에서 골라 종류별로 ✦페트리 접시에 담습니다.

④ 자신이 ✦디자인한 팔찌의 길이보다 5 cm 정도 길게 실을 자릅니다.

⑤ 디자인한 대로 구슬을 실에 꿰어 팔찌를 만듭니다.

(2) 생활 속에서 사용하는 설탕을 얻는 방법

▲ 사탕수수 ▲ 설탕 ▲ 사탕
┌• 물과 설탕 등의 물질을 포함하고 있는 혼합물입니다.

① 사탕수수에서 얻을 수 있습니다.

② <u>사탕수수의</u> ✦즙을 활용하여 얻을 수 있습니다.
┌• 사탕수수 즙에서 물을 제거하여 설탕을 얻을 수 있습니다.

(3) 설탕이 사용된 혼합물

① 사탕수수에서 분리한 설탕을 다른 물질과 섞으면 생활에 필요한 다양한 물질을 만들 수 있습니다.
┌• 혼합물

② 별 사탕, 막대 사탕, 솜사탕 등이 있습니다.

(4) 혼합물을 분리하면 좋은 점

① 사탕수수에서 설탕을 얻듯이 혼합물을 ✦분리하면 원하는 물질을 얻을 수 있습니다.

② 설탕으로 사탕을 만들듯 분리한 물질을 다른 물질과 섞어 생활에 필요한 물질(혼합물)을 만들 수 있습니다.

③ 혼합물을 분리하면 원하는 물질을 얻을 수 있고, 이를 우리 생활의 필요한 곳에 이용할 수 있습니다.

(5) 큰 그릇에 담겨 있는 다양한 종류의 구슬 혼합물을 사탕수수라고 한다면, 구멍 뚫린 플라스틱 구슬과 팔찌가 나타내는 것

구슬 혼합물	구멍 뚫린 플라스틱 구슬	팔찌
사탕수수	설탕	설탕과 다른 물질을 섞어 만든 사탕

탐구1 구슬로 나만의 팔찌 만들기

준비물: 모양과 크기가 다양한 구슬의 혼합물, 실, 가위, 페트리 접시 여러 개

▲ 모양과 크기가 다양한 구슬

▲ 나만의 팔찌

탐구 결과: 팔찌 만들기에 필요한 구슬을 골라(분리하여) 나만의 팔찌(새로운 종류, 필요한 종류)를 만들 수 있습니다.

우유와 유제품

- 우유는 단백질, 지방 등 다양한 물질이 섞여 있는 혼합물입니다.
- 저지방과 무지방 우유: 우유를 원심 분리기에 넣고 돌리면 지방이 위로 뜨는데 그 지방을 제거하는 정도에 따라 만듭니다.
- 생크림과 버터: 우유에서 지방을 따로 분리하여 만듭니다.
- 치즈: 우유에서 단백질만 분리하여 만듭니다.

생활 속에서 혼합물을 분리하는 예

구리	철
▲ 구리 광석	▲ 철광석
⬇	⬇
▲ 순수한 구리	▲ 순수한 철
⬇	⬇
▲ 다른 금속을 섞어 만든 그릇	▲ 다른 금속을 섞어 만든 자동차

용어풀이

- ✦ 디자인 의상, 물건, 건축 등의 설계나 도안
- ✦ 페트리 접시 얇은 유리나 플라스틱으로 만든 원형의 얕은 접시와 그것에 맞는 하나의 뚜껑으로 된 쌍
- ✦ 즙 물기가 들어 있는 물체에서 짜낸 액체
- ✦ 분리 서로 나누어 떨어지게 하는 것으로, 혼합물을 각 성분 물질로 나누는 일

개념을 확인해요

1 사탕수수는 두 가지 이상이 물질이 섞인 ☐ ☐☐ 입니다.

2 설탕은 ☐☐☐☐ 에서 얻을 수 있습니다.

3 별 사탕과 솜사탕은 사탕수수에서 얻은 ☐ ☐ 을 다른 물질과 섞어서 만든 물질입니다.

4 사탕수수에서 설탕을 얻듯이 혼합물을 ☐ ☐ 하면 원하는 물질을 얻을 수 있습니다.

5 ☐☐☐ 을 분리하면 원하는 물질을 얻을 수 있고, 이를 우리 생활의 필요한 곳에 이용할 수 있습니다.

6 큰 그릇에 담겨 있는 다양한 종류의 구슬 혼합물이 사탕수수라면 구멍 뚫린 플라스틱 구슬은 ☐☐ 을 나타냅니다.

7 큰 그릇에 담겨 있는 다양한 종류의 구슬 혼합물이 사탕수수라면 ☐☐ 는 설탕과 다른 물질을 섞어 만든 사탕을 나타냅니다.

8 우유에서 지방을 ☐☐ 하여 생크림과 버터를 만들 수 있습니다.

5. 혼합물의 분리

콩, 팥, 좁쌀의 혼합물은 어떻게 분리할까요?

(1) 콩, 팥, 좁쌀의 혼합물 분리하기 실험 1

① 콩, 팥, 좁쌀의 모양, 색깔, 크기 관찰하기

 콩>팥>좁쌀

구분	모양	색깔	크기
콩	둥글다.	노란색	가장 크다.
팥	둥글다.	붉은색, 자주색	중간 크기이다.
좁쌀	둥글다.	노란색	가장 작다.

② 혼합물을 분리하는 방법 예

• 색깔이 노란색, 붉은색으로 서로 다르므로 손으로 직접 분리합니다.

• 콩, 팥, 좁쌀은 서로 크기가 다르므로 크기 차이를 이용하여 체와 같은 도구로 분리합니다.

 눈의 크기가 다른 체 두 개를 사용하여 분리합니다.

(2) 콩, 팥, 좁쌀의 혼합물을 손으로 분리하는 방법과 체로 분리하는 방법 비교

① 손으로 분리하면 시간이 오래 걸리고 크기가 작은 좁쌀은 손으로 집기도 어렵습니다.

② 체와 같은 도구를 사용하면 빠른 시간 내에 원하는 물질을 효과적으로 분리할 수 있습니다.

(3) 알갱이의 크기가 다른 고체 혼합물의 분리 방법: 콩, 팥, 좁쌀의 혼합물은 알갱이의 크기가 각각 다른 점을 이용하여 체를 사용하여 분리합니다.

(4) 생활 속에서 알갱이의 크기 차이를 이용하여 혼합물을 분리하는 예

① 해변 쓰레기 수거 장비는 체를 사용해서 체의 눈 크기보다 작은 모래와 체의 눈 크기보다 큰 철 조각, 플라스틱 조각, 동전, 조개껍데기 등을 분리하여 쓰레기를 수거합니다.

② 어민들이 섬진강 하구에서 모래와 진흙 속에 사는 재첩을 체를 사용하여 잡습니다.

③ 건물을 짓는 공사장에서 모래와 자갈을 분리할 때 체를 사용합니다.

▲ 해변 쓰레기 수거 장비

▲ 공사장에서 모래와 자갈을 분리

실험 1 **콩, 팥, 좁쌀의 혼합물을 체로 분리하기** 예

▲ 콩

▲ 팥

▲ 좁쌀

실험 과정

• 먼저 눈의 크기가 팥보다 크고 콩보다 작은 체를 사용합니다.

• 다음은 눈의 크기가 좁쌀보다 크고 팥보다 작은 체를 사용합니다.

실험 결과

눈의 크기가 팥보다 크고 콩보다 작은 체를 사용할 경우 콩이 가장 먼저 분리되고, 팥, 좁쌀 순서대로 분리됩니다.

📡 콩, 팥, 좁쌀의 혼합물을 분리할 때 필요한 체

- 눈의 크기가 다른 체 두 개를 준비합니다.
- 체 한 개는 눈의 크기가 콩보다 작고 팥보다는 큰 체를 준비합니다.
- 다른 한 개는 눈의 크기가 팥보다는 작고 좁쌀보다는 큰 체를 준비합니다.

📡 방울토마토를 크기별로 분리하는 기계

용어풀이

✦체 곡물·모래 등의 알갱이를 큰 것과 작은 것으로 골라 내거나, 가루를 곱게 치거나 액체를 받거나 거르는 데 쓰는 기구
✦해변 바닷가
✦하구 강에서 바다로 흘러들어가는 어귀
✦재첩 강에서 나는 조개를 말함.

개념을 확인해요

1 콩, 팥, 좁쌀 중에서 알갱이의 크기가 가장 큰 것은 ☐ 입니다.

2 콩, 팥, 좁쌀의 혼합물은 색깔 차이를 이용하여 ☐ 으로 분리할 수 있습니다.

3 콩, 팥, 좁쌀의 혼합물을 알갱이의 크기 차이를 이용하여 ☐ 로 분리할 수 있습니다.

4 콩, 팥, 좁쌀의 혼합물을 분리할 때 눈의 크기가 다른 체 ☐ 개가 필요합니다.

5 콩, 팥, 좁쌀의 혼합물을 ☐ 으로 분리하는 것보다 ☐ 로 분리하는 것이 더 쉽습니다.

6 콩, 팥, 좁쌀의 혼합물을 눈의 크기가 팥보다 크고 콩보다 작은 체를 먼저 사용하면 ☐ 이 가장 먼저 분리됩니다.

7 어민들이 섬진강 하구에서 모래와 진흙 속에 사는 재첩을 잡기 위해 ☐ 를 사용합니다.

8 건물을 짓는 공사장에서 모래와 자갈을 분리할 때 ☐ 를 사용합니다.

5. 혼합물의 분리

🔵 플라스틱 구슬과 철 구슬을 분리하려면 어떻게 해야 할까요?

(1) 플라스틱 구슬과 철 구슬의 혼합물 분리하기

① 플라스틱 구슬과 철 구슬의 특징

구분	모양	색깔	크기	자석에 붙는 성질
플라스틱 구슬	둥글다.	노란색	철 구슬과 비슷하다.	없다.
철 구슬	둥글다.	회색	플라스틱 구슬과 비슷하다.	있다.

② 플라스틱 구슬과 철 구슬의 성질을 이용하여 혼합물 분리하기
  • 철이 자석에 붙는 성질을 이용하여 분리합니다.
  • 철 구슬이 자석에 붙는 성질이 있으므로 플라스틱 구슬과 철 구슬의 혼합물은 자석을 사용하여 분리합니다.

(2) 생활 속에서 자석을 사용하여 혼합물을 쉽게 분리하는 예
  ① 자석을 사용한 *자동 분리기로 철 캔과 *알루미늄 캔을 분리하기
    • 캔은 알루미늄으로 된 것과 철로 된 것이 있습니다.
    • 캔을 자동 분리기에 넣으면 이동판에 실려 옮겨질 때, 자석이 들어 있는 위쪽 이동판에 철 캔만 달라붙어 분리됩니다.

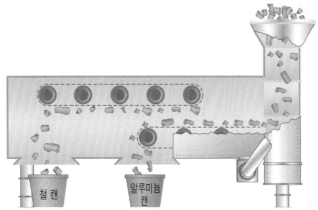

▲ 자석을 사용한 자동 분리기로 철 캔과 알루미늄 캔 분리하기

  ② *폐건전지를 가루로 만든 뒤 자석을 사용하여 철을 분리합니다.
  ③ 식품 속에 섞여 있는 철 가루를 자석을 사용하여 분리하기
    • 말린 고추를 기계를 사용하여 고춧가루로 만들 때 기계가 마모되어 작은 철 가루들이 떨어져 나오는 경우가 있습니다.
    • 이때 고춧가루에 섞여 있는 철 가루를 자석 봉을 사용하여 분리합니다.──도정을 마친 뒤 마지막 단계에서 자석 봉을 통과시키면 자석 봉에 철 가루가 붙어 깨끗한 쌀을 얻을 수 있습니다.

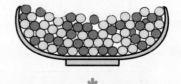

실험 1 **플라스틱 구슬과 철 구슬의 혼합물 분리하기**

준비물: 플라스틱 구슬과 철 구슬의 혼합물, 자석, 접시 등

실험 모습

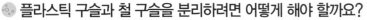

철 구슬

플라스틱 구슬

실험 결과: 플라스틱 구슬과 철 구슬의 혼합물에서 철이 자석에 붙는 성질을 이용하여 철 구슬을 분리할 수 있습니다.

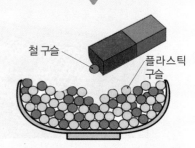

탐구 1 **서랍 속에 다른 물체들과 섞여 있는 납작못을 분리하는 방법**
  • 납작못은 철로 만들어졌기 때문에 자석을 사용하면 쉽게 분리할 수 있습니다.
  • 자석을 비닐봉지나 지퍼 백에 넣고 납작못에 가까이 가져가면 납작못이 자석에 붙게 됩니다.
  • 그런 뒤 비닐봉지나 지퍼 백에서 자석을 빼면 납작못을 쉽게 분리할 수 있습니다.

🪐 쌀, 철 구슬 플라스틱 구슬의 혼합물 분리하기

① 자석을 먼저 사용하기

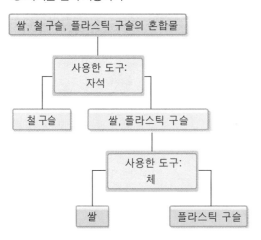

② 체를 먼저 사용하기

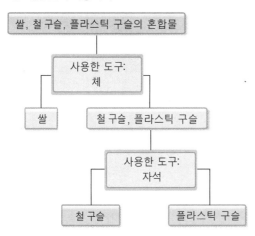

개념을 확인해요

1 플라스틱 구슬과 철 구슬은 ⬚⬚에 붙거나 자석에 붙지 않는 성질을 이용하여 혼합물을 분리할 수 있습니다.

2 플라스틱 구슬과 철 구슬의 혼합물에서 자석에 붙는 것은 ⬚⬚⬚ 입니다.

3 음료수 캔은 알루미늄으로 된 것과 자석에 붙는 ⬚로 된 것이 있습니다.

4 알루미늄 캔과 철 캔은 ⬚⬚을 사용한 자동 분리기로 분리할 수 있습니다.

5 캔을 자동 분리기에 넣으면 자석이 들어 있는 위쪽 이동판에 ⬚ 캔만 달라붙습니다.

6 자석을 사용한 자동 분리기는 ⬚만 자석에 붙는 성질을 이용하여 분리합니다.

7 서랍 속에 다른 물체들과 섞여 있는 납작못은 ⬚을 사용하여 분리합니다.

8 말린 고추를 기계를 사용하여 고춧가루로 만들 때 생기는 철 가루는 ⬚⬚봉을 이용하여 분리합니다.

5. 혼합물의 분리

소금과 모래를 분리하려면 어떻게 해야 할까요?

(1) 소금과 모래 분리하기 〈실험1〉 ─── 소금은 물에 잘 녹고, 모래는 물에 녹지 않습니다.

① 물에 녹인 소금과 모래 혼합물을 ★거름 장치로 분리하기

- 고깔 모양으로 접은 거름종이를 깔때기 안에 넣고 물을 묻힙니다.
- 깔때기 끝의 긴 부분을 비커의 옆면에 닿게 설치합니다.
- 거르고자 하는 액체 혼합물이 유리 막대를 타고 천천히 흐르도록 붓습니다.

② 거름종이에 남아 있는 물질과 거름종이를 빠져나간 물질

- 거름종이에 남아 있는 물질: 모래
- 거름종이를 빠져나간 물질: 소금물

③ 걸러진 물질을 ★증발 접시에 붓고 알코올 램프로 가열하기 〈실험2〉
거름종이를 빠져나간 물질

- 평평한 곳에 삼발이를 놓고 증발 접시를 그 위에 올려놓습니다.
- 증발 접시 아래에 알코올램프를 놓습니다.
- 비커에 담긴 걸러진 물질을 증발 접시의 $\frac{1}{3}$ 정도 붓습니다.
- 알코올램프 뚜껑을 열고 ★점화기를 사용하여 불을 붙입니다.
- 물이 거의 증발하고 소금이 튀면 알코올램프의 불을 끕니다.

(2) 생활 속에서 거름과 증발을 이용한 예(전통 장 만들기)

① 메주를 소금물에 섞은 혼합물을 천으로 거르면 물에 녹은 물질은 천을 빠져나가고 물에 녹지 않은 물질은 천에 남게 됩니다.

② 천에 남아 있는 건더기는 된장을 만들고, 천을 빠져나간 액체는 끓여서 간장을 만듭니다.

거름

된장 재료
(천에 남아 있는 건더기)

천

간장 재료
(천을 빠져나간 액체)

증발

혼합물의 분리를 이용하여 재생 종이 만들기

★폐지를 잘게 찢어 물에 넣고 네다섯 시간 불린 뒤 믹서로 갑니다.

(1) 폐지로 재생 종이 만들기

① 종이 죽과 물을 수조에 넣고 식용 색소를 넣은 뒤 잘 섞습니다.

② 종이 만들기 틀을 수조에 넣고 원하는 두께가 되도록 종이뜨기를 합니다.

③ 물기가 빠진 종이를 틀에서 분리하여 천 위에 놓습니다.

④ 종이를 말립니다.

 실험1 소금과 모래의 혼합물을 거름 장치로 분리하기

실험 과정

▲ 물에 녹인 소금과 모래 혼합물을 거름 장치로 분리하기

실험 결과: 거름종이에 남아 있는 물질은 모래이고, 거름종이를 빠져나간 물질은 소금물입니다.

▲ 거름종이에 남아 있는 물질: 모래 ▲ 거름종이를 빠져나간 물질: 소금물

 실험2 걸러진 물질을 증발 장치로 분리하기

실험 과정

▲ 소금물을 증발 장치로 분리하기

실험 결과: 소금물에서 물이 증발하여 증발 접시에 하얀색 고체인 소금만 남습니다.

▲ 증발 접시에 들어 있는 소금물 ▲ 하얀색 알갱이가 생긴 모습

거름 장치로 혼합물을 분리하는 방법

▲ 거름종이에 물 묻히기

▲ 깔때기 끝의 긴 부분을 비커 옆면에 닿게 설치하기

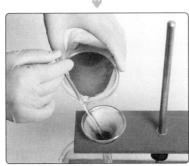

▲ 깔때기에 혼합물 붓기

용어풀이

★ 거름   찌꺼기나 건더기가 있는 액체를 체나 거름종이에 받쳐서 액체만 받아내는 것
★ 증발   어떤 물질이 액체 상태에서 기체 상태로 변하는 것으로 물이 온도가 높아지면 공기 중으로 날아가는 현상
★ 점화기   기체에 불을 붙이기 위해 전기 불꽃을 내는 기구

1 소금과 모래 중 ☐☐ 은 물에 잘 녹고, ☐ 는 물에 녹지 않습니다.

2 물에 녹인 소금과 모래 혼합물을 먼저 ☐☐ ☐☐ 로 걸러 줍니다.

3 거름 장치의 ☐☐☐☐ 는 물에 녹는 물질과 물에 녹지 않는 물질을 걸러 주는 중요한 역할을 합니다.

4 소금과 모래 혼합물을 물에 녹인 후 거름종이로 거르면 거름종이에 남아 있는 물질은 ☐☐ 입니다.

5 소금과 모래 혼합물을 물에 녹인 후 거름종이로 거르면 거름종이를 빠져나간 물질은 ☐☐ ☐ 입니다.

6 거름 장치로 거른 소금물을 ☐☐ 접시에 넣고 가열하면 소금을 얻을 수 있습니다.

7 메주를 소금물에 섞은 혼합물을 천으로 거르면 천에 남아 있는 건더기는 ☐☐☐ 을 만들고, 천을 빠져나간 액체는 끓여서 ☐☐ 을 만듭니다.

핵심 1

두 가지 이상의 물질이 성질이 변하지 않은 채 서로 섞여 있는 것을 혼합물이라고합니다. 김밥, 팥빙수, 여러 가지 재료로 만든 간식 등은 모두 두 가지 이상의 재료가 섞여 있습니다.

1 두 가지 이상의 물질이 섞여 있는 것이 <u>아닌</u> 것은 어느 것입니까? (   )

① 소금　　　　　② 김밥
③ 바닷물　　　　④ 잡곡밥
⑤ 미숫가루 물

2 혼합물이 <u>아닌</u> 것은 어느 것입니까? (   )

① 쌀
② 김밥
③ 팥빙수
④ 나박김치
⑤ 재활용품이 섞여 있는 쓰레기

3 김밥, 팥빙수와 같은 혼합물의 공통점은 무엇입니까?
(   )

① 물에 뜬다.
② 같은 색깔이다.
③ 각 재료의 맛이 달라진다.
④ 두 가지 이상의 물질이 섞여 있다.
⑤ 한 가지 순수한 물질로 이루어져 있다.

4 (   ) 안에 들어갈 알맞은 말을 쓰시오.

> 미숫가루 물, 나박김치 등은 두 가지 이상의 재료가 섞여서 각각의 재료의 맛이 변하지 않은 채 섞여 있는 (   )이다.

(   )

핵심 2

사탕수수에서 분리한 설탕을 다른 물질과 섞으면 다양한 종류의 사탕을 만들 수 있습니다. 혼합물을 분리하면 원하는 물질을 얻을 수 있고, 우리 생활의 필요한 곳에 이용할 수 있습니다.

5 사탕수수에서 설탕을 분리하면 좋은 점을 한 가지 쓰시오.

_____

_____

6 사탕수수에서 분리한 설탕을 다른 물질과 섞어 만든 물질은 무엇입니까? (   )

① 우유　　　　　② 김밥
③ 구슬　　　　　④ 치즈
⑤ 솜사탕

7 팔찌를 만드는 데 사용된 다양한 종류의 구슬 혼합물을 사탕수수라고 한다면 구멍 뚫린 플라스틱 구슬이 나타내는 것은 무엇인지 쓰시오.

(   )

8 혼합물은 분리하면 좋은 점을 한 가지 쓰시오.

_____

_____

콩, 팥, 좁쌀의 혼합물은 알갱이의 크기가 다르기 때문에 체를 사용하여 분리할 수 있습니다. 체를 사용하면 크기가 다른 고체 혼합물을 쉽게 분리할 수 있습니다.

[9~10] 콩, 팥, 좁쌀의 혼합물입니다.

9 위 혼합물을 분리하는 데 이용되는 물질의 성질은 무엇입니까? (　　　)

① 맛　　　　　　　　② 촉감
③ 가격　　　　　　　④ 무게
⑤ 알갱이의 크기

10 위 혼합물을 분리하는 데 필요한 도구는 무엇입니까?
(　　　)

① 자　　　　　　　　② 추
③ 체　　　　　　　　④ 자석
⑤ 용수철저울

11 위의 혼합물을 눈의 크기가 팥보다 크고 콩보다 작은 체를 사용하여 분리하였을 때 가장 먼저 분리가 되는 것은 무엇인지 쓰시오.

(　　　　　　　　　)

12 생활 속에서 알갱이의 크기 차이를 이용하여 혼합물을 분리하는 예를 한 가지 쓰시오.

_____

_____

철은 자석에 붙는 성질이 있습니다. 플라스틱 구슬과 철 구슬은 철 구슬이 자석에 붙는 성질을 이용하여 분리할 수 있습니다.

[13~14] 플라스틱 구슬과 철 구슬의 혼합물입니다.

13 위 혼합물을 분리할 수 있는 물질의 성질은 무엇입니까? (　　　)

① 맛　　　　　　　　② 색깔
③ 모양　　　　　　　④ 알갱이의 크기
⑤ 자석에 붙는 성질

14 위 혼합물을 분리하는 데 필요한 도구는 무엇인지 쓰시오.

(　　　　　　　　　)

15 다음 중 자석을 사용하여 분리할 수 있는 혼합물이 아닌 것은 무엇입니까? (　　　)

① 소금과 쌀의 혼합물
② 소금과 철 가루의 혼합물
③ 철 가루와 설탕의 혼합물
④ 납작못과 플라스틱 구슬의 혼합물
⑤ 철 구슬과 플라스틱 구슬의 혼합물

16 알루미늄 캔과 철 캔을 분리할 때 필요한 것은 무엇입니까? (　　　)

① 물　　　　　　　　② 체
③ 저울　　　　　　　④ 자석
⑤ 철 구슬

핵심 5

소금과 모래의 혼합물을 물에 녹인 뒤 거름 장치를 사용하여 걸러 보면 거름종이에 모래가 남고, 소금물은 거름종이를 빠져나갑니다.

17 소금과 모래의 혼합물을 거름 장치를 사용하여 분리하려고 할 때 필요한 준비물을 모두 찾아 기호로 쓰시오.

> ㉠ 삼발이　　㉡ 깔때기　　㉢ 증발 접시
> ㉣ 거름종이　　㉤ 유리 막대　　㉥ 알코올램프

(　　　　　　　　　)

18 거름 장치에서 깔때기를 비커에 바르게 설치한 것은 어느 것인지 기호를 쓰시오.

㉠

㉡

(　　　　　　　　　)

19 소금과 모래의 혼합물을 거름 장치를 사용하여 분리하였을 때, 거름종이에 남는 물질은 무엇인지 쓰시오.

(　　　　　　　　　)

20 소금과 모래의 혼합물을 거름 장치를 사용하여 분리하는 데 이용된 물질의 성질은 무엇입니까?
(　　　)

① 물에 녹는 성질　　② 물에 뜨는 성질
③ 자석에 붙는 성질　　④ 물에 분리되는 성질
⑤ 열을 가하면 녹는 성질

핵심 6

소금과 모래의 혼합물을 물에 녹여 거름 장치로 거르고, 걸러진 소금물을 증발 접시에 넣고 가열하면 소금을 얻을 수 있습니다. 즉, 소금물은 증발 장치를 사용하여 소금을 분리할 수 있습니다.

21 증발 장치를 꾸밀 때 필요한 실험 도구가 <u>아닌</u> 것은 무엇입니까? (　　　)

① 삼발이　　　　　② 깔때기
③ 점화기　　　　　④ 증발 접시
⑤ 알코올램프

22 모래와 소금의 혼합물을 물에 녹여 거름 장치에 걸러 낸 후 걸러진 물질을 알코올램프로 가열했을 때 나타나는 현상을 모두 고르시오. (　　 , 　　)

① 물의 양이 늘어난다.
② 하얀색 알갱이가 튄다.
③ 소금물이 그대로 남아 있다.
④ 증발 접시에 아무 것도 남지 않는다.
⑤ 물이 점점 줄어들면서 하얀색 물질이 생긴다.

23 모래와 소금의 혼합물을 물에 녹여 거름 장치로 거르고, 걸러진 물질을 증발 접시에 넣고 알코올램프로 가열하였을 때, 증발 접시에 남는 물질을 쓰시오.

(　　　　　　　　　)

24 우리 조상은 가마솥에 바닷물을 넣고 끓여서 소금을 얻었습니다. 이때, 가마솥과 가마솥을 달구는 장작불과 같은 역할을 하는 증발 장치의 실험 기구를 쓰시오.

> 증발 접시, 알코올램프

(1) 가마솥: (　　　　　　　　)
(2) 장작불: (　　　　　　　　)

알갱이의 크기, 자석에 붙는 성질을 이용하여 고체 혼합물을 분리할 수 있고, 거름 장치를 꾸며 물에 녹는 물질과 물에 녹지 않는 물질의 혼합물을 분리할 수 있습니다. 또한 물을 증발시켜 물에 녹아 있는 고체 물질을 분리할 수 있습니다.

25 강가에서 흙과 재첩을 분리하는 것과 같이 혼합물을 분리하는 경우는 어느 것입니까? (　　　　)

① 물과 기름의 혼합물
② 모래와 쓰레기 혼합물
③ 소금과 설탕의 혼합물
④ 철 가루와 소금의 혼합물
⑤ 철 가루와 설탕의 혼합물

26 고춧가루에 섞여 있는 철 가루를 분리하기 위해 필요한 도구를 쓰시오.

> 말린 고추를 기계를 사용하여 고춧가루로 만들 때 기계가 마모되어 작은 철 가루들이 떨어져 나오는 경우가 있다.

(　　　　　　　　　)

27 일상생활에서 증발 현상을 이용한 경우를 한 가지 쓰시오.

_____

_____

28 다음을 읽고 ㉠과 ㉡에 들어갈 말을 쓰시오.

> 메주와 소금물의 혼합물을 천으로 걸렀을 때 천에 남는 것은 (　㉠　)을 만들고, 천을 빠져나간 액체는 끓여서 (　㉡　)을 만든다.

㉠: (　　　　　　　　)
㉡: (　　　　　　　　)

거름과 증발의 원리를 이용하여 폐지를 재생 종이로 만들 수 있습니다.

29 재생 종이를 만들 때 이용되는 원리는 무엇입니까? (　　　　)

① 물에 뜨는 성질
② 자석에 붙는 성질
③ 물에 가라앉는 성질
④ 거름과 증발의 원리
⑤ 알갱이의 크기가 큰 성질

30 재생 종이를 만드는 데 사용되는 폐지를 한 가지 쓰시오.

(　　　　　　　　　)

31 재생 종이를 만들 때 종이 죽과 물을 분리하는 데 필요한 도구는 무엇입니까? (　　　　)

① 신문지 　　　　　② 수조
③ 식용 색소 　　　　④ 나무 막대
⑤ 종이 만들기 틀

32 재생 종이를 만들 때 이용되는 혼합물의 분리 원리를 각각 쓰시오.

> ㉠ 수조에서 종이 죽과 물을 섞고, 종이 만들기 틀을 수조에 넣어 원하는 두께가 되도록 종이뜨기를 한다.
> ㉡ 물기가 빠진 종이를 틀에서 분리하여 종이를 말린다.

㉠: (　　　　　　　　)
㉡: (　　　　　　　　)

5
단원

1 다음은 소금물로 그린 그림입니다. 그림 표면에 울퉁 불퉁한 것은 무엇입니까? (   )

① 물감　　　　　② 소금
③ 설탕　　　　　④ 먼지
⑤ 종이찌꺼기

2 다음은 유원이가 먹은 간식입니다. 유원이는 눈가리개 로 눈을 가리고 간식을 먹은 후 다음과 같이 표현했는 데, 유원이가 먹은 간식의 재료는 무엇입니까?

(   )

"둥글면서 주름이 많고 맛이 달아."

① 호두　　　　　② 땅콩
③ 초콜릿　　　　④ 건포도
⑤ 아몬드

중요

3 보기 에서 혼합물인 것을 모두 골라 쓰시오.

보기

찹쌀, 물, 미숫가루 물, 팥빙수

(   )

서술형

4 김밥이 혼합물인 까닭을 쓰시오.

_____

_____

5 큰 그릇에 담겨 있는 여러 가지 구슬 혼합물과 실을 이용하여 나만의 팔찌를 만들려고 할 때 알맞은 구슬 은 어느 것입니까? (   )

① 구멍 뚫린 하트 구슬
② 구멍이 뚫리지 않은 별 구슬
③ 구멍이 뚫리지 않은 공 구슬
④ 구멍이 뚫리지 않은 하트 구슬
⑤ 구멍이 뚫리지 않은 세모 구슬

6 다음에서 설명하는 이것은 무엇입니까? (   )

이것에서 설탕을 얻을 수 있다.

① 벼　　　　　　② 보리
③ 대나무　　　　④ 소나무
⑤ 사탕수수

주의

7 자연에서 얻은 혼합물을 분리하여 이용하는 경우가 아닌 것은 무엇입니까? (   )

① 철광석에서 철을 분리한다.
② 원유에서 휘발유를 분리한다.
③ 바닷물의 물을 증발시켜 소금을 얻는다.
④ 책상 서랍 속에 떨어진 클립을 분리한다.
⑤ 구리 광석에서 순수한 구리를 분리하여 이용한다.

8 오른쪽 콩, 팥, 좁쌀의 특징으로 바르지 <u>않은</u> 것은 어느 것입니까?

( )

① 팥은 붉은색이다.
② 콩은 노란색이다.
③ 모두 크기가 같다.
④ 좁쌀은 노란색이다.
⑤ 모두 둥근 모양이다.

9 콩, 팥, 좁쌀의 크기를 <, =, >로 ( ) 안에 차례대로 표시하시오.

> 콩 ( ) 팥 ( ) 좁쌀

( )

10 콩, 팥, 좁쌀의 혼합물을 분리할 때 필요한 체의 개수를 쓰시오.

( )

 응용

11 해변 쓰레기 수거 장비에서 모래와 쓰레기를 분리할 때 사용한 도구는 무엇입니까? ( )

① 체
② 자석
③ 접시
④ 알코올램프
⑤ 용수철저울

[12~13] 철 캔과 알루미늄 캔을 분리하는 자동 분리기입니다.

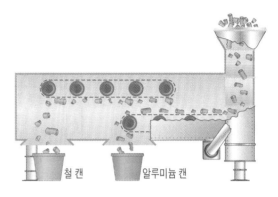

철 캔   알루미늄 캔

12 위 자동 분리기의 위쪽 이동판에 자석이 들어 있습니다. 알루미늄 캔과 철 캔을 넣었을 때, 위쪽에 달라붙는 것은 무엇인지 쓰시오.

( )

서술형

13 위 12번 정답을 통해 알 수 있는 것으로 철 캔과 알루미늄 캔이 분리되는 까닭는 무엇인지 쓰시오.

_____

_____

14 일상생활에서 자석을 사용하여 혼합물을 분리하는 경우가 <u>아닌</u> 것을 모두 고르시오. (,)

① 강가에서 재첩과 흙을 분리한다.
② 공사장에서 모래와 자갈을 분리한다.
③ 폐건전지를 가루로 만들어 철을 분리한다.
④ 고춧가루를 만들 때 섞인 철 가루를 분리한다.
⑤ 철 캔과 알루미늄 캔이 섞인 재활용 쓰레기를 분리한다.

[15~17] 다음은 소금과 모래의 혼합물을 분리하는 모습입니다.

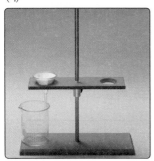
(가)

(나)

15 소금과 모래의 혼합물을 분리할 때, 먼저 사용해야 할 실험 장치는 어느 것인지 기호를 쓰시오.

( )

16 위 실험 모습으로 바르지 <u>않은</u> 것은 어느 것입니까?

( )

① (가) 장치에서는 거름종이를 사용한다.
② (나) 장치에서는 보안경을 착용하지 않아도 된다.
③ (가) 장치에서 사용하는 거름종이는 고깔 모양으로 접는다.
④ (가) 장치에서 깔때기 끝의 긴 부분을 비커의 옆면에 닿게 설치한다.
⑤ (나) 장치에서 물이 거의 증발하고 하얀색 물질이 튀면 알코올램프의 불을 끈다.

중요

17 (가)와 (나)의 실험 장치에서 분리되는 물질을 각각 쓰시오.

(1) (가) 거름종이에 남아 있는 물질:
( )

(2) (나) 증발 접시에 남아 있는 물질:
( )

18 소금과 모래의 혼합물을 분리하는 과정에 대한 설명입니다. ㉠과 ㉡에 알맞은 말을 각각 쓰시오.

> 소금과 모래의 혼합물에서 모래는 (㉠) 장치로 분리하고, (㉠) 장치로 거른 소금물은 (㉡) 장치로 분리한다.

㉠: ( )
㉡: ( )

응용

19 일상생활에서 거름과 증발 현상을 이용한 예를 모두 고르시오. (,)

① 염전에서 소금이 만들어질 때
② 철 캔과 알루미늄 캔을 분리할 때
③ 초콜릿이 박힌 과자에서 초콜릿을 고를 때
④ 고추를 고춧가루로 만든 후 철 가루를 제거할 때
⑤ 메주가 섞인 소금물을 천으로 거르고 그 액체를 끓여 간장을 만들 때

중요

20 우리 조상은 가마솥에 바닷물을 넣고 끓여서 소금을 얻었습니다. 다음 증발 장치에서 가마솥의 역할과 가마솥을 달구는 장작불과 같은 역할을 하는 것은 무엇인지 각각 기호를 쓰시오.

(1) 가마솥 역할: ( )
(2) 장작불 역할: ( )

1 소금물로 그림을 그리는 과정입니다. 순서대로 기호를 쓰시오.

> ㉠ 진한 소금물을 만들어 여러 가지 색깔의 물감을 탄다.
> ㉡ 검은색 종이에 크레파스를 사용하여 그림을 그린다.
> ㉢ 물감을 탄 진한 소금물로 색칠을 한다.
> ㉣ 머리 말리개로 그림을 말린다.

( )

2 두 가지 이상의 물질이 성질이 변하지 않은 채로 서로 섞여 있는 것을 무엇이라고 하는지 쓰시오.

( )

3 다음 중 혼합물은 어느 것입니까? ( )

① 쌀   ② 좁쌀
③ 김밥   ④ 오이
⑤ 호박

4 나박김치 혼합물을 만드는 데 사용되는 재료가 바르게 짝지어진 것은 무엇입니까? ( )

> (㉠)+(㉡)+(㉢)

구분	㉠	㉡	㉢
①	물	쌀	우유
②	무	팥	고춧가루
③	무	얼음	우유
④	물	우유	고춧가루
⑤	무	물	고춧가루

5 ( ) 안에 알맞은 말을 쓰시오.

> 사탕수수 = 물+( )

( )

6 큰 그릇에 담겨 있는 다양한 종류의 구슬 혼합물은 사탕수수이고, 구멍 뚫린 플라스틱 구슬은 설탕을 나타낼 때 팔찌가 나타내는 것은 무엇입니까? ( )

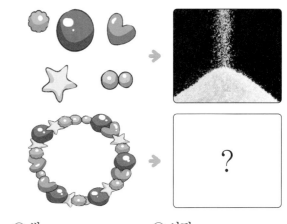

① 쌀   ② 사탕
③ 오곡밥   ④ 팥빙수
⑤ 고춧가루

7 ( ) 안에 알맞은 말을 쓰시오.

> 혼합물을 ( )하면 원하는 물질을 얻을 수 있고 이를 우리 생활의 필요한 곳에 이용할 수 있다.

( )

8 콩, 팥, 좁쌀의 혼합물을 분리할 때 손으로 분리하는 것보다 체와 같은 도구를 사용하면 좋은 점은 무엇입니까? (　　　　)

① 오랜 시간이 걸린다.
② 알갱이의 크기가 커진다.
③ 혼합물의 양이 많아진다.
④ 빠른 시간에 분리할 수 있다.
⑤ 혼합물을 이루는 재료가 변한다.

응용

9 콩, 팥, 좁쌀의 혼합물을 분리할 수 있는 체의 종류를 보기 에서 모두 골라 기호를 쓰시오.

보기
㉠ 눈의 크기가 콩보다 큰 체
㉡ 눈의 크기가 좁쌀보다 작은 체
㉢ 눈의 크기가 콩보다 작고 팥보다 큰 체
㉣ 눈의 크기가 팥보다 작고 좁쌀보다 큰 체

(　　　　　　　　　)

중요

10 체를 이용해 혼합물을 분리하려고 할 때, 분리할 수 있는 혼합물은 어느 것입니까? (　　　　)

① 콩과 쌀의 혼합물
② 물과 기름의 혼합물
③ 소금과 설탕의 혼합물
④ 철 가루와 소금의 혼합물
⑤ 철 가루와 설탕의 혼합물

서술형

11 다음 혼합물을 분리하는 데 공통으로 이용되는 원리는 무엇인지 쓰시오.

• 좁쌀과 콩의 혼합물
• 모래와 자갈의 혼합물

_____

12 (　　) 안에 공통으로 들어갈 말을 쓰시오.

• 공사장에서 모래와 자갈을 분리할 때 (　　　　)를 사용하여 분리한다.
• 어민들이 강 하구에서 흙과 재첩을 (　　　　)를 사용하여 분리한다.

(　　　　　　　　　)

주의

13 보기 에서 자석을 사용하여 분리할 수 있는 혼합물을 모두 골라 기호로 쓰시오.

보기
㉠ 팥과 좁쌀의 혼합물
㉡ 소금과 흙의 혼합물
㉢ 모래와 자갈의 혼합물
㉣ 설탕과 주스의 혼합물
㉤ 철 가루와 설탕의 혼합물
㉥ 철 구슬과 플라스틱 구슬의 혼합물

(　　　　　　　　　)

14 다음은 자동 분리기에 대한 설명입니다. (   ) 안에 알맞은 말을 쓰시오.

> 여러 종류의 캔을 자동 분리기에 넣으면 이동판에 실려 옮겨질 때 (   )이 들어 있는 위쪽 이동판에 철 캔만 달라붙어 분리된다.

(   )

15 혼합물과 혼합물을 분리할 때 필요한 도구가 바르게 연결된 것은 무엇입니까? (   )

① 모래와 돌의 혼합물 – 자석
② 철 가루와 설탕의 혼합물 – 체
③ 철 가루와 소금의 혼합물 – 자석
④ 좁쌀과 철 가루의 혼합물 – 거름 장치
⑤ 철 구슬과 플라스틱 구슬의 혼합물 – 체

서술형

16 플라스틱 구슬과 철 구슬의 혼합물을 분리하는 방법을 쓰시오.

_____

17 다음 실험 장치를 이용하여 소금과 모래의 혼합물을 분리하였을 때, 거름종이 위에 남는 것은 무엇입니까?

(   )

① 물   ② 소금
③ 모래   ④ 소금물
⑤ 모래와 소금

18 앞 **17**번에서 거름종이를 빠져나간 물질을 증발 접시에 넣고 알코올램프로 가열하였을 때, 증발 접시에 남는 물질은 무엇인지 쓰시오.

(   )

주의

19 거름 장치와 증발 장치로 실험을 하는 모습으로 바르지 <u>않은</u> 것은 무엇입니까? (   )

① 알코올램프의 불은 입으로 불어 끈다.
② 삼발이를 만질 때는 손에 장갑을 낀다.
③ 소금이 튈 수 있으므로 보안경을 착용한다.
④ 깔때기 끝의 긴 부분을 비커의 옆면에 닿게 설치한다.
⑤ 거르고자 하는 액체 혼합물은 유리 막대를 타고 천천히 흐르게 한다.

응용

20 우리생활에서 증발 현상을 이용한 경우를 모두 고르시오. (,   )

① 찻잎을 걸러 차를 마실 때
② 철광석에서 철을 뽑아낼 때
③ 염전에서 소금이 만들어질 때
④ 순수한 구리에 금속을 섞어 새로운 것을 만들 때
⑤ 천으로 거른 메주가 섞인 소금물을 끓여 간장을 만들 때

1 ( ) 안에 알맞은 말을 쓰시오.

소금물로 그림을 그릴 때 물감을 탄 진한 소금물로 색칠을 한 후에 머리 말리개로 말려 물을 ( ) 시켜 색소금만 남게 한다.

( )

2 혼합물인 것을 모두 고르시오. (,)

① 귤 ② 가지
③ 사과 ④ 김밥
⑤ 나박김치

서술형

3 시리얼, 초콜릿, 말린 과일을 섞어서 간식을 만들었습니다. 승현이가 눈을 가리고 간식을 먹은 후 먹은 간식의 재료를 정확하게 알아맞힐 수 있었던 까닭을 쓰시오.

_____

4 구슬로 나만의 팔찌 만들기를 하는 방법을 순서대로 기호를 쓰시오.

㉠ 만들고 싶은 팔찌를 디자인한다.
㉡ 팔찌를 만드는 데 필요한 구슬을 큰 그릇에서 골라 종류별로 페트리 접시에 담는다.
㉢ 자신이 디자인한 팔찌의 길이보다 5 cm 정도 길게 실을 자른다.
㉣ 큰 그릇에 있는 다양한 종류의 구슬을 관찰한다.
㉤ 디자인한 대로 구슬을 실에 꿰어 팔찌를 만든다.

( )

5 ( ) 안에 공통으로 들어갈 말을 쓰시오.

• 사탕수수에서 ( )한 설탕을 다른 물질과 섞으면 다양한 종류의 사탕을 만들 수 있다.
• 혼합물을 ( )하면 원하는 물질을 얻을 수 있다.

( )

6 우리 생활에서 혼합물을 분리하면 좋은 경우를 보기 에서 모두 찾아 기호로 쓰시오.

보기

㉠ 물, 무, 고춧가루 등을 준비하여 나박김치를 담근다.
㉡ 에어컨의 공기 여과기를 이용하여 공기를 깨끗하게 한다.
㉢ 김, 밥, 햄, 달걀, 오이를 넣어 김밥을 만들어 먹는다.
㉣ 쓰레기를 분리 배출하여 자원을 재활용하고 환경 오염을 줄인다.

( )

7 콩, 팥, 좁쌀의 혼합물을 손으로 분리하는 방법과 체로 분리하는 방법을 비교한 것으로 바른 것은 무엇입니까? ( )

① 체로 분리하면 더 힘들다.
② 체로 분리하는 것이 더 빠르다.
③ 손으로 분리하는 것이 더 빠르다.
④ 손으로 분리하는 것이 더 편리하다.
⑤ 체로 분리하는 것과 손으로 분리하는 시간은 같다.

8 콩, 팥, 좁쌀의 혼합물을 분리할 때 필요한 체의 개수는 몇 개입니까? (   )

① 한 개　　　② 두 개
③ 세 개　　　④ 네 개
⑤ 다섯 개

9 콩, 팥, 좁쌀의 혼합물을 다음과 같은 체를 ㉠→㉡ 순서로 사용하여 분리하였을 때 체를 통과한 물질을 각각 쓰시오.

> ㉠ 눈의 크기가 팥보다 크고 콩보다 작은 체
> ㉡ 눈의 크기가 좁쌀보다 크고 팥보다 작은 체

㉠: (   )
㉡: (   )

서술형

10 콩, 팥, 좁쌀의 혼합물을 분리하는 데 이용되는 물질의 성질은 무엇인지 쓰시오.

11 보기 의 혼합물 중 체를 이용하여 분리할 수 있는 경우를 기호로 쓰시오.

> **보기**
> ㉠ 좁쌀과 팥의 혼합물
> ㉡ 소금과 설탕의 혼합물
> ㉢ 모래와 자갈의 혼합물
> ㉣ 우유와 식용유의 혼합물
> ㉤ 철 가루와 설탕의 혼합물

(   )

12 선하의 어려움을 해결하는 데 필요한 도구는 어느 것입니까? (   )

> 선하는 서랍을 정리하다가 떨어뜨린 납작못을 손으로 주워서 통에 담으려고 하는데 납작못이 날카로워서 손을 자꾸 찔러 납작못을 집을 수가 없다.

① 자　　　　② 체
③ 거울　　　④ 자석
⑤ 양팔저울

13 다음 중 자석을 이용하여 분리할 수 있는 혼합물은 어느 것입니까? (   )

① 콩과 쌀의 혼합물
② 소금과 설탕의 혼합물
③ 모래와 쓰레기의 혼합물
④ 콩기름과 주스의 혼합물
⑤ 철 가루와 설탕의 혼합물

서술형

14 쌀을 얻기 위해 도정을 한 후 자석을 이용하여 혼합물을 분리하는 까닭을 쓰시오.

15 다음 혼합물을 분리할 때 필요한 도구를 쓰시오.

(1) 플라스틱 구슬과 철 구슬의 혼합물 ( )
(2) 팥과 좁쌀의 혼합물 ( )
(3) 모래와 자갈의 혼합물 ( )
(4) 철 캔과 알루미늄 캔의 혼합물 ( )

[16~17] 소금과 모래의 혼합물을 분리하는 모습입니다.

(가)

(나)

16 위 실험 결과 (가)의 거름종이에 남는 물질에 대한 설명으로 바른 것을 모두 고르시오. (,)

① 하얀색이다.
② 물에 잘 녹는다.
③ 물에 녹지 않는다.
④ 자석에 잘 붙는다.
⑤ 소금과 알갱이 크기가 비슷하다.

17 (가) 장치에서 비커에 걸러진 물질을 (나) 장치로 분리했을 때 볼 수 있는 현상은 무엇입니까? ( )

① 아무 변화가 없다.
② 하얀 고체가 생긴다.
③ 물의 양이 많아진다.
④ 물이 뿌옇게 변한다.
⑤ 갈색 물질이 생긴다.

18 오른쪽과 같이 전통 장을 만들 때 천과 같은 역할을 하는 실험 기구는 무엇입니까?
( )

된장 재료
천
간장 재료

① 깔때기
② 삼발이
③ 거름종이
④ 증발 접시
⑤ 알코올램프

19 우리 조상들이 가마솥에 매우 짠 바닷물을 넣고 끓여서 소금을 얻었을 때, 증발 장치에서 가마솥과 가마솥을 달구는 장작불과 같은 역할을 하는 것을 바르게 선으로 연결하시오.

(1) 가마솥 · · ㉠ 알코올램프

(2) 가마솥을 달구는 장작불 · · ㉡ 증발 접시

20 다음은 재생 종이를 만드는 과정입니다. 거름의 원리로 물질을 분리하는 모습은 무엇인지 기호를 쓰시오.

㉠ 종이 죽과 물을 수조에 넣고 식용 색소를 넣은 뒤 잘 섞는다.
㉡ 종이 만들기 틀을 수조에 넣고 원하는 두께가 되도록 종이뜨기를 한다.
㉢ 물기가 빠진 종이를 틀에서 분리하여 천 위에 놓는다.
㉣ 종이를 말린다.

( )

1 소금물로 그린 그림을 말릴 때 응달에서 말리는 것보다 더 빠르게 물을 증발시키기 위해 필요한 것은 어느 것입니까? (   )

① 핀셋
② 접시
③ 스포이트
④ 알코올램프
⑤ 머리 말리개

서술형

2 눈가리개로 눈을 가리고 여러 가지 재료가 섞인 간식을 먹었을 때 재료를 알아맞힐 수 있는 까닭을 쓰시오.

_____

_____

3 보기 의 음식을 혼합물인 것과 혼합물이 아닌 것으로 바르게 나눈 친구는 누구인지 쓰시오.

보기
㉠ 김밥   ㉡ 나박김치   ㉢ 물
㉣ 구리   ㉤ 과일 샐러드

구분	혼합물인 것	혼합물이 아닌 것
영우	㉠, ㉡	㉢, ㉣, ㉤
유원	㉡, ㉣, ㉤	㉠, ㉢
수현	㉠, ㉡, ㉣	㉢, ㉤
도연	㉠, ㉡, ㉤	㉢, ㉣
연우	㉠, ㉡, ㉣, ㉤	㉢

(   )

4 다음 음식들의 공통점은 무엇입니까? (   )

김밥, 미숫가루 물, 팥빙수

① 냄새
② 혼합물인 점
③ 색깔
④ 물에 녹는 점
⑤ 모양

5 다양한 종류의 구슬로 나만의 팔찌를 만드는 과정을 순서대로 기호를 쓰시오.

㉠ 만들고 싶은 팔찌를 디자인한다.
㉡ 디자인한 팔찌의 길이보다 5 cm 정도 길게 실을 자르고, 구슬을 실에 꿰어 팔찌를 만든다.
㉢ 팔찌를 만드는 데 필요한 구슬을 고른다.
㉣ 큰 그릇에 담겨 있는 다양한 구슬을 관찰한다.

(   )

6 나만의 팔찌를 딸기 맛 사탕이라고 할 때, 각각의 물질이 나타내는 것을 쓰시오.

다양한 종류의 구슬 혼합물	㉠
구멍 뚫린 플라스틱 구슬	㉡
팔찌	딸기 맛 사탕

㉠: (   )
㉡: (   )

7 혼합물을 분리하면 좋은 점은 무엇입니까?

(   )

① 여러 가지 물질을 얻을 수 없다.
② 혼합물에서 분리한 순수한 물질은 몸에 좋다.
③ 자연에서 얻은 혼합물은 순수한 물질을 얻을 수 없다.
④ 혼합물에서 분리한 순수한 물질은 다른 물질과 섞을 수 없다.
⑤ 분리한 혼합물은 다른 물질과 섞어 새로운 물질을 만드는 데 이용할 수 있다.

5
단원

[8~9] 콩, 팥, 좁쌀의 혼합물입니다.

8 위의 혼합물을 분리하는 데 이용되는 원리는 무엇인지 쓰시오.

( )

9 위의 혼합물을 분리할 때 필요한 도구와 그 개수를 바르게 연결한 것은 어느 것입니까? ( )

① 자 – 한 개 　　② 자 – 두 개
③ 체 – 한 개 　　④ 체 – 두 개
⑤ 자석 – 두 개

10 다음 생활 속의 혼합물을 분리하는 데 공통으로 필요한 도구는 무엇입니까? ( )

┌─────────────────────────┐
│ ㉠ 해변의 병, 모래, 담배꽁초 등의 쓰레기를 │
│ 　 분리한다. │
│ ㉡ 강 하구에서 모래와 진흙 속에 사는 재첩을 │
│ 　 잡는다. │
│ ㉢ 건물을 짓는 공사장에서 모래와 자갈을 분 │
│ 　 리한다. │
└─────────────────────────┘

① 체 　　　　② 자석
③ 거름종이 　④ 스포이트
⑤ 알코올램프

11 우리 생활에서 혼합물을 분리하는 경우가 <u>아닌</u> 것은 어느 것입니까? ( )

① 쓰레기를 분리 배출하여 환경오염을 줄인다.
② 구리 광석에서 순수한 구리를 분리하여 이용한다.
③ 바닷물에서 물을 증발시켜 소금을 만들어 사용한다.
④ 공기 여과기를 이용해 먼지를 분리하여 깨끗한 공기를 마신다.
⑤ 시리얼, 초콜릿, 말린 과일 등을 섞어서 영양가 있는 간식을 만든다.

12 다음 글을 읽고 승재 아버지의 고민을 해결할 방법으로 알맞은 것은 무엇입니까? ( )

┌─────────────────────────┐
│ 　승재 아버지께서 실수로 쌀통에 팥을 쏟았 │
│ 다. 아버지는 팥을 어떻게 골라낼 수 있을지 고 │
│ 민하고 있다. │
└─────────────────────────┘

① 손으로 골라낸다.
② 자석으로 팥을 골라낸다.
③ 물에 넣어서 팥을 골라낸다.
④ 눈의 크기가 쌀보다 작은 체로 골라낸다.
⑤ 눈의 크기가 쌀보다는 크고 팥보다는 작은 체로 골라낸다.

서술형

13 플라스틱 구슬과 철 구슬의 혼합물을 분리하는 데 이용되는 물질의 성질을 쓰시오.

_____

14 생활 속에서 자석을 사용하여 혼합물을 분리하는 경우가 <u>아닌</u> 것은 무엇입니까? (　　　)

① 흙속의 철 가루를 분리한다.
② 철 캔과 알루미늄 캔을 분리한다.
③ 구리 광석에서 순수한 구리를 얻는다.
④ 고춧가루에 섞인 철 가루를 분리한다.
⑤ 서랍 속에 떨어진 납작못을 분리한다.

15 혼합물과 혼합물을 분리하는 데 이용되는 원리를 바르게 선으로 연결하시오.

(1) 납작못과 이쑤시개의 혼합물　　·　　·㉠ 알갱이의 크기 차이

(2) 모래와 자갈의 혼합물　　·　　·㉡ 자석에 붙는 성질

16 혼합물을 분리하는 데 필요한 도구가 바르지 <u>않은</u> 것은 어느 것입니까? (　　　)

① 좁쌀, 콩, 팥의 혼합물 – 체
② 철 가루와 소금의 혼합물 – 자석
③ 모래와 조개껍데기의 혼합물 – 체
④ 납작못과 플라스틱 못의 혼합물 – 체
⑤ 납작못과 플라스틱 구슬의 혼합물 – 자석

[17~18] 다음은 모래와 소금의 혼합물 분리 과정입니다.

> ㉠ 소금과 모래의 혼합물을 거름 장치를 이용하여 걸러낸다.
> ㉡ 비커에 담긴 소금과 모래의 혼합물에 물을 붓고 유리 막대로 저어 녹인다.
> ㉢ 걸러진 물질을 증발 접시에 붓고 알코올램프로 가열한다.

17 소금과 모래의 혼합물을 분리하는 과정을 순서대로 기호로 쓰시오.

(　　　　　　　　　)

18 ㉠의 거름 장치를 이용하여 걸러낼 때 거름종이에 남는 것과 ㉢ 과정에서 걸러진 물질이 무엇인지 쓰시오.

(1) ㉠ 장치의 거름종이에 남는 물질:
(　　　　　　)
(2) ㉢ 과정의 걸러진 물질:
(　　　　　　)

5 단원

19 오른쪽 그림은 전통 장을 만들 때 천을 이용하여 혼합물을 분리하는 것입니다. ㉠과 ㉡의 재료를 이용하여 만드는 것은 무엇인지 쓰시오.

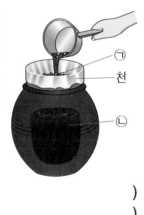

㉠ 천

㉠: (　　　　　　)
㉡: (　　　　　　)

20 재생 종이를 만드는 과정에서 혼합물을 분리하는 데 이용된 원리를 모두 고르시오. (　　,　　)

① 거름의 원리　　② 증발의 원리
③ 물에 뜨는 성질　　④ 수평 잡기의 원리
⑤ 알갱이의 모양 차이

1 구리 광석에서 구리를 분리하여 사용하면 좋은 점이 무엇인지 쓰고, 구리를 재료로 만든 물체를 두 가지 쓰시오.

(1) 좋은 점: _____

_____

(2) 구리를 재료로 만든 물체: (   )

혼합물을 분리하면 좋은 점

• 구리는 전기와 열을 잘 전달합니다. 또 비교적 무르므로 가는 선으로 늘릴 수 있고 얇게 펼 수도 있습니다.

• 사탕수수에서 분리한 설탕을 다른 물질과 섞어 다양한 종류의 사탕을 만들 수 있습니다.

• 혼합물을 분리하면 원하는 물질을 얻을 수 있고, 이를 우리 생활의 필요한 곳에 이용할 수 있어 좋습니다.

2 콩, 팥, 좁쌀이 섞여 있습니다.

(1) 콩, 팥, 좁쌀이 섞여 있는 것이 혼합물인 까닭을 쓰시오.

_____

_____

(2) 위 혼합물에서 콩을 빼고 팥과 좁쌀로 밥을 짓고 싶습니다. 분리하기 위해 필요한 도구와 방법을 쓰시오.

• 필요한 도구: (   )

• 콩을 분리하는 방법: _____

_____

혼합물의 분리

• 혼합물이란 두 가지 이상의 물질이 성질이 변하지 않은 채 서로 섞여 있는 것을 말합니다.

• 콩, 팥, 좁쌀의 혼합물은 알갱이의 크기 차이를 이용하여 분리합니다.

3 쓰레기통에 알루미늄 캔과 철 캔이 섞여 있습니다.

(1) 쓰레기통에서 철 캔을 쉽게 분리할 수 있는 도구를 쓰시오.

(   )

(2) 일상생활에서 (1) 정답의 도구로 혼합물을 분리하는 예를 한 가지 쓰시오.

_____

_____

자석을 이용한 혼합물의 분리

자석에 붙는 성질을 이용하여 일상생활에서 혼합물을 분리할 수 있습니다.

5 단원

4 소금과 모래의 혼합물을 분리하는 실험 장치입니다.

(가) 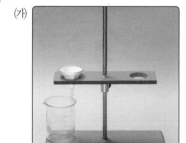 (나)

(1) 소금과 모래의 혼합물을 분리하기 위해서 이용한 소금과 모래의 성질을 쓰시오.

_____

(2) 전통 장을 만드는 과정에서 위의 (가)와 (나)의 실험 장치에서 이용되는 원리와 같은 경우를 설명하시오.

• (가) 실험 장치의 원리가 이용되는 경우:

_____

• (나) 실험 장치의 원리가 이용되는 경우:

_____

소금과 모래의 혼합물 분리

• 소금은 물에 녹고 모래는 물에 녹지 않는 성질을 이용합니다.
• 거름 장치와 증발 장치를 이용하여 소금과 모래의 혼합물을 분리합니다.

100점
예상문제

과학 4-1

3~4
학년군

1 과학자처럼 탐구해 볼까요?

1 식용 소다를 넣은 물에 식용 구연산을 넣었더니 '칙'하는 소리가 났습니다. 이것은 우리의 어떤 감각 기관을 사용하여 관찰한 결과입니까? (   )

① 눈   ② 코
③ 입   ④ 귀
⑤ 피부

2 저울로 물체의 무게를 정확하게 측정하는 방법으로 바르지 <u>않은</u> 것의 기호를 쓰시오.

> (가) 저울을 편평한 곳에 놓고 사용한다.
> (나) 무게를 측정하기 전에 항상 영점을 맞춘다.
> (다) 가루 물질의 무게를 잴 때는 전자저울의 영점 단추를 누른 후, 약포지를 올린다.

(   )

3 탄산수를 만들 때 식용 구연산의 양을 달리하면서 생겨난 탄산수 거품의 높이를 측정한 결과입니다. 측정 결과의 규칙을 바탕으로 식용 구연산 2.5 g을 넣었을 때 발생하는 탄산수 거품의 최고 높이를 예상하여 쓰시오.

식용 구연산의 양	1 g	2 g	3 g
거품의 높이	8 cm	9 cm	10 cm

(   )

[4~5] 다음 핀치의 부리를 보고 물음에 답하시오.

(가)   (나)

(다)   (라)

서술형

4 (가)와 (다) 핀치 부리 모양을 관찰한 결과를 쓰시오.

_____

5 각각의 핀치 부리 모양을 관찰한 결과로 추리할 수 있는 것은 무엇입니까? (   )

① 깃털의 색깔   ② 발톱의 모양
③ 먹이의 색깔   ④ 먹이의 특징
⑤ 주변의 날씨

6 나의 생각이나 탐구 결과를 친구들에게 정확하게 발표하려면 어떻게 해야 하는지 바른 방법을 모두 고르시오. (   )

① 내용을 가능한 길게 설명한다.
② 타당한 근거를 제시하여 설명한다.
③ 정확한 용어를 사용하여 설명한다.
④ 다른 사람이 이해하기 쉽도록 말한다.
⑤ 표, 그림, 그래프, 몸짓 등은 사용하지 않는다.

7 여러 가지 모양의 지층 중 끊어진 지층은 어느 것입니까? (   )

①

②

③

④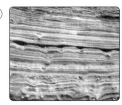

⑤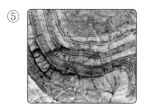

서술형

8 여러 가지 모양의 지층의 비슷한 점을 한 가지 쓰시오.

_____

9 지층이 만들어지는 과정입니다. 가장 먼저 일어나는 과정은 무엇인지 기호를 쓰시오.

> ㉠ 오랜 시간이 지나면 단단한 지층이 만들어진다.
> ㉡ 물이 운반한 자갈, 모래, 진흙 등이 쌓인다.
> ㉢ 지층은 땅 위로 솟아오른 뒤 깎여서 보인다.
> ㉣ 자갈, 모래, 진흙 등이 계속 쌓이면, 먼저 쌓인 것들이 눌린다.

(   )

[10~11] 지층을 이루고 있는 암석입니다.

㉠
▲ 이암

㉡
▲ 사암

㉢
▲ 역암

10 위 암석 중 ㉢의 특징으로 바른 것을 모두 고르시오.
(,   )

① 색깔은 검은색이다.
② 알갱이의 크기가 매우 작다.
③ 만졌을 때의 느낌이 부드럽다.
④ 만져 보면 부드럽기도 하고 거칠기도 하다.
⑤ 알갱이의 크기가 크고 작은 것이 섞여 있다.

11 위 암석 중 주로 모래가 굳어져 만들어진 암석은 어느 것인지 기호를 쓰시오.

(   )

12 오른쪽과 같이 화석 모형을 만들 때 찰흙 반대기는 실제 화석에서 무엇에 해당합니까? (   )

① 지층
② 동식물
③ 조개껍데기
④ 동물의 이빨
⑤ 동물이 지나간 흔적

100점 예상 문제

13 어떤 곳에서 산호 화석이 발견되었습니다. 산호 화석이 만들어질 때 이곳의 환경을 바르게 예상한 것은 어느 것입니까? (   )

① 깊은 바닷속
② 모래로 덮인 사막
③ 눈과 얼음으로 덮인 곳
④ 깊이가 얕고 따뜻한 바다
⑤ 풀과 나무가 잘 자라는 곳

3 식물의 한살이

14 여러 가지 식물의 씨 중 참외씨는 어느 것입니까?
( )

①

②

③

④

⑤

15 화분에 씨를 심을 때 가장 먼저 해야 할 일을 쓰시오.

_____

16 식물의 한살이를 관찰하기에 적합한 식물의 조건을 모두 고르시오. (,)

① 관리하기 어려운 식물
② 한살이 기간이 짧은 식물
③ 2 m 이상 크게 자라는 식물
④ 주변에서 구하기 힘든 귀한 식물
⑤ 잎, 줄기, 꽃, 열매 등을 관찰하기 쉬운 식물

서술형
17 씨가 싹 트는 데 물이 미치는 영향을 알아보는 실험 방법입니다. 잘못된 부분을 찾고, 바르게 고쳐 쓰시오.

> 페트리 접시 두 개에 탈지면을 깔고 강낭콩을 올려놓은 다음, 두 개의 페트리 접시에 물을 주어 탈지면이 흠뻑 젖게 한다.

(1) 잘못된 부분: _____

(2) 바른 방법: _____

18 식물이 자라는 데 필요한 조건 중 다음 실험을 통해 알 수 있는 조건은 무엇입니까? ( )

▲ 물을 적당히 준다.　　▲ 물을 주지 않는다.

① 물
② 빛
③ 공기
④ 바람
⑤ 온도

19 강낭콩의 잎과 줄기가 자라는 모습을 잘못 말한 사람은 누구인지 쓰시오.

> • 재경: 잎이 점점 넓어져.
> • 상근: 줄기가 점점 길어져.
> • 성욱: 줄기가 점점 굵어져.
> • 수지: 잎의 개수가 점점 많아져.
> • 동건: 줄기의 개수가 점점 적어져.

( )

20 강낭콩의 꽃과 열매가 자라는 순서대로 기호를 쓰시오.

㉠ 　㉡

㉢ 　㉣

( )

1 과학자처럼 탐구해 볼까요?

1 탄산수가 만들어지는 과정을 설명한 것 중 변화가 일어난 후의 모습은 어느 것인지 기호를 쓰시오.

> (가) '칙' 소리가 나면서 거품이 발생한다.
> (나) 올라왔던 거품이 내려가고 물이 투명해진다.
> (다) 물이 투명하고 식용 소다가 유리컵 바닥에 가라앉아 있다.

( )

2 탄산수를 만들 때 식용 소다와 식용 구연산의 무게를 측정하기 위해 사용하는 다음 기구의 이름을 쓰시오.

영점 단추

( )

3 보기 의 빈 곳에 알맞은 말을 쓰시오.

> **보기**
>
> 탄산수를 만들 때 물의 ( )는 눈금실린더를 사용하여 측정하고, 가루 물질의 ( )는 전자저울을 사용하여 정확하게 측정할 수 있다.

서술형

4 탄산수를 만들 때 식용 구연산의 양을 달리하면서 생겨난 탄산수 거품의 높이를 측정한 결과를 보고 어떤 규칙을 얻을 수 있는지 쓰시오.

식용 구연산의 양	1 g	2 g	3 g
거품의 높이	8 cm	9 cm	10 cm

_____

_____

[5~6] 다음 핀치의 부리를 보고 물음에 답하시오.

(가) 　(나)

(다) 　(라)

5 (나)와 (라) 핀치의 부리 모양을 바르게 관찰한 것에 ○표 하시오.

부리가 가늘고 뾰족하다.	부리가 크고 두껍다.

6 (가)와 (다) 핀치의 부리를 보고 추리하였을 때 먹이로 적당한 것은 무엇입니까? ( )

① 꿀
② 꽃잎
③ 호두
④ 곤충
⑤ 식물의 씨앗

2   지층과 화석

7 다음 지층에서 어느 것이 먼저 만들어진 층인지 기호를 쓰시오.

(   )

8 다음과 같이 퇴적암을 분류한 기준은 무엇입니까?
(   )

?

| 이암 | 사암 | 역암 |

① 냄새   ② 무게
③ 크기   ④ 색깔
⑤ 알갱이의 크기

9 여러 가지 퇴적암을 관찰한 결과로 바르지 <u>않은</u> 것은 무엇입니까? (   )

① 암석의 무게가 모두 같다.
② 알갱이의 색깔이 다양하다.
③ 암석마다 단단한 정도가 다르다.
④ 암석을 만졌을 때의 촉감이 다르다.
⑤ 암석을 이루는 알갱이의 크기가 다양하다.

10 퇴적암 속에 아주 오랜 옛날에 살았던 생물의 몸체와 생물이 활동한 흔적이 남아 있는 것을 무엇이라고 합니까?

(   )

11 오른쪽 화석에 대한 설명으로 바른 것은 무엇입니까?
(   )

① 식물 화석이다.
② 새 발자국 화석이다.
③ 타조알처럼 클 것 같다.
④ 날카로운 이빨 모양이다.
⑤ 머리, 가슴, 꼬리의 세 부분으로 되어 있다.

12 화석이 만들어져 발견되는 과정입니다. (   ) 안에 공통으로 들어갈 말을 쓰시오.

> ㉠ 죽은 생물이나 나뭇잎 등이 호수나 바다의 바닥으로 운반된다.
> ㉡ 그 위에 (   )이 두껍게 쌓인다.
> ㉢ (   )이 계속 쌓여 지층이 만들어지고 그 속에 묻힌 생물이 화석이 된다.
> ㉣ 지층이 높게 솟아오른 뒤 깎인다.
> ㉤ 지층이 더 많이 깎여 화석이 드러난다.

(   )

13 화석을 통해 알 수 있는 것이 <u>아닌</u> 것은 무엇입니까?
(   )

① 옛날에 살았던 생물의 수
② 옛날에 살았던 동물의 먹이
③ 옛날에 살았던 생물의 크기
④ 옛날에 살았던 생물의 모양
⑤ 생물이 살았던 그 지역의 환경

14 보기 에서 식물의 이름을 골라 쓰시오.

> **보기**
> 사과씨, 봉숭아씨, 강낭콩, 호두, 채송화씨

(1)

(   )

(2)

(   )

15 식물을 기르면서 관찰하지 <u>않아도</u> 되는 것은 무엇입니까? (   )

① 잎의 넓이   ② 뿌리의 길이
③ 잎의 개수   ④ 줄기의 굵기
⑤ 열매의 개수

서술형

16 씨가 싹 트는 데 필요한 조건을 알아보는 실험입니다. 씨가 싹 트는 조건 중 다음 실험을 통해 알 수 있는 점을 쓰시오.

> ㉠과 ㉡의 페트리 접시에 탈지면을 깔고 강낭콩을 올려놓은 다음, ㉠ 페트리 접시에만 물을 주어 탈지면이 흠뻑 젖게 한다.

17 식물이 자라는 데 물이 미치는 영향을 알아보는 실험에서 같게 해야 할 조건과 다르게 해야 할 조건을 보기 에서 찾아 기호를 쓰시오.

> **보기**
> ㉠ 물   ㉡ 온도
> ㉢ 빛   ㉣ 식물의 종류
> ㉤ 양분   ㉥ 화분의 크기

(1) 같게 해야 할 조건: (   )
(2) 다르게 해야 할 조건: (   )

18 강낭콩 줄기의 자람을 그래프로 바르게 나타낸 것은 어느 것입니까? (   )

① 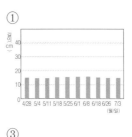   ②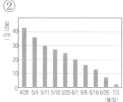

③ 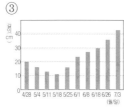   ④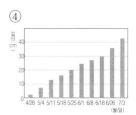

⑤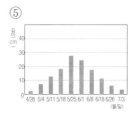

100점 예상 문제

19 강낭콩의 꽃과 열매가 자라는 모습으로 바르지 <u>않은</u> 것은 어느 것입니까? (   )

① 열매의 크기가 커진다.
② 열매의 개수가 많아진다.
③ 활짝 피는 꽃이 많아진다.
④ 꽃과 열매가 동시에 생긴다.
⑤ 꽃봉오리의 개수가 많아진다.

20 한 해 동안 한살이를 거치고 일생을 마치는 한해살이 식물이 <u>아닌</u> 것은 무엇입니까? (   )

① 벼   ② 호박
③ 감나무   ④ 강낭콩
⑤ 옥수수

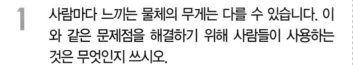

4 물체의 무게

1 사람마다 느끼는 물체의 무게는 다를 수 있습니다. 이와 같은 문제점을 해결하기 위해 사람들이 사용하는 것은 무엇인지 쓰시오.

( )

2 일상생활에서 저울을 사용하여 물체의 무게를 측정하는 경우는 언제입니까? ( )

① 문구점에서 연필을 살 때
② 목욕탕에서 몸무게를 잴 때
③ 리모컨으로 텔레비전을 켤 때
④ 친구에게 지우개를 빌려 쓸 때
⑤ 나침반을 이용해 방향을 찾을 때

3 똑같은 용수철 세 개를 각각 스탠드에 걸어 고정하고 추를 걸었습니다. 추의 무게가 가장 무거운 것은 어느 것인지 기호를 쓰시오.

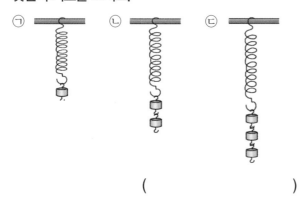

( )

4 위 **3**번 실험으로 알 수 있는 사실입니다. ( ) 안에 들어갈 알맞은 말을 쓰시오.

> 물체의 ( )는 지구가 물체를 끌어당기는 힘의 크기이다.

( )

[5~6] 다음은 20 g중 추의 무게에 따라 늘어난 용수철의 길이를 나타낸 표입니다.

추의 무게(g중)	0	20	40	60
늘어난 용수철의 길이(cm)	0	3	6	9

5 용수철에 걸어 놓은 추의 개수가 한 개씩 늘어날 때마다 용수철은 몇 cm씩 늘어납니까? ( )

① 1 cm ② 2 cm
③ 3 cm ④ 4 cm
⑤ 5 cm

6 용수철에 20g중 추를 5개 걸었을 때 늘어난 용수철의 길이는 몇 cm인지 쓰시오.

( )

7 용수철저울의 각 부분에 대한 설명으로 바른 것은 어느 것입니까? ( )

① ㉠ – 영점을 조절하는 나사이다.
② ㉡ – 저울을 걸 때 이용하는 부분이다.
③ ㉢ – 물체의 무게에 따라 위아래로 움직인다.
④ ㉣ – 무게를 재고자 하는 물체를 매다는 부분이다.
⑤ ㉤ – 'g중' 단위나 'kg중' 단위의 눈금이 표시되어 있다.

8 무게가 같은 나무토막을 나무판자의 오른쪽에 올려 수평을 잡으려고 합니다. 오른쪽 나무판자 어디에 올려놓아야 하는지 번호를 쓰시오.

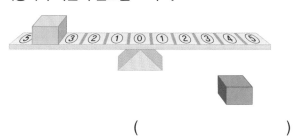

(   )

9 양팔저울로 물체의 무게를 재는 순서대로 기호를 쓰시오.

> ㉠ 저울대가 수평을 이루면 한쪽에는 물체를 올려놓고, 다른 한쪽에는 저울대가 수평을 잡을 때까지 무게가 일정한 클립을 올려놓는다.
> ㉡ 저울대의 중심을 받침대와 연결한다.
> ㉢ 저울대의 중심에서 같은 거리에 각각의 저울접시를 걸어 놓는다.
> ㉣ 저울대가 수평을 잡으면 클립의 총개수를 세어 본다.
> ㉤ 평평한 곳에 받침대를 세운다.

(   )

서술형

10 다음 저울에서 이용된 원리를 쓰시오.

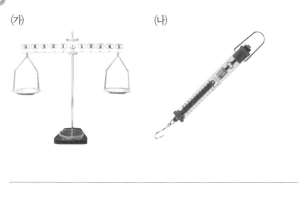
(가)　　　　　　(나)

_____

_____

11 혼합물에 대한 설명으로 바른 것은 ○표, 바르지 않은 것은 ×표를 하시오.

⑴ 혼합물을 이루고 있는 물질은 각각 분리할 수 없습니다. (   )
⑵ 팥빙수는 혼합물입니다. (   )
⑶ 혼합물에 섞여 있는 물질의 성질은 섞이기 전과 같습니다. (   )

12 여러 가지 재료로 만든 김밥을 바르게 설명한 사람은 누구인지 쓰시오.

> 철우: 김밥을 먹을 때 재료들의 맛과 다른 새로운 맛이 났어.
> 중기: 재료들의 향이 김밥으로 만들기 전과 달라.
> 홍연: 김밥을 먹을 때 재료들의 맛을 모두 느낄 수 있었어.

(   )

100점 예상 문제

13 ㉠에 알맞은 식물은 무엇입니까? (   )

▲ 설탕　　　▲ 사탕

① ▲ 옥수수

② ▲ 벼

③ ▲ 토마토

④ ▲ 감나무

⑤ ▲ 사탕수수

[14~15] 콩, 팥, 좁쌀의 혼합물을 분리하여 보았습니다.

14 위 혼합물을 분리할 때 이용하는 물질의 성질을 쓰시오.

_____

15 위 혼합물을 눈의 크기가 팥보다 작고 좁쌀보다 큰 체를 먼저 사용하여 분리하였을 때 가장 먼저 체 밑으로 빠져나가는 것은 무엇인지 쓰시오.

(   )

16 플라스틱 구슬과 철 구슬 혼합물에 대한 설명으로 바르지 않은 것은 어느 것입니까?

(   )

① 철 구슬은 둥글다.
② 철 구슬은 회색이다.
③ 플라스틱 구슬은 둥글다.
④ 철 구슬과 플라스틱 구슬의 크기는 비슷하다.
⑤ 철 구슬과 플라스틱 구슬 모두 자석에 붙는다.

17 위 16번 혼합물을 분리할 때 필요한 도구는 무엇입니까? (   )

① 체   ② 자석
③ 쟁반   ④ 접시
⑤ 거름 장치

18 거름 장치를 꾸밀 때 사용하는 거름종이를 접는 방법을 순서대로 기호를 쓰시오.

㉠

㉡

㉢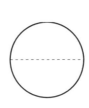

㉣

(   )

19 소금과 모래 혼합물을 물에 녹인 뒤 거름 장치로 걸렀을 때 거름종이에 남아 있는 물질과 빠져나간 물질을 바르게 나타낸 것은 어느 것입니까?

(   )

구분	거름종이에 남아 있는 물질	거름종이를 빠져나간 물질
①	소금물	모래
②	없다.	소금물
③	모래	소금물
④	소금	없다.
⑤	없다.	소금+모래

20 재생 종이를 만들 때 필요한 준비물이 아닌 것은 무엇입니까? (   )

① 물   ② 식용유
③ 수조   ④ 종이 죽
⑤ 식용 색소

4 물체의 무게

1 여러 가지 물체를 손으로 들어 보고 무거운 순서대로 적은 것입니다. 실험을 통해 알 수 있는 점을 보기 에서 골라 기호를 쓰시오.

무거운 순서	• 영희: 가위 > 연필 > 필통 > 휴대 전화
	• 철수: 필통 > 휴대 전화 > 가위 > 연필
	• 승호: 휴대 전화 > 가위 > 연필 > 필통

보기
ㄱ 사람마다 느끼는 물체의 무게는 같다.
ㄴ 사람마다 느끼는 물체의 무게는 다르다.

(   )

서술형

2 용수철에 무거운 추와 가벼운 추를 걸어 놓았을 때 무거운 추를 걸어 놓은 용수철의 길이가 더 늘어나는 까닭을 쓰시오.

_____

_____

3 무게에 대한 설명으로 바른 것을 보기 에서 모두 골라 기호를 쓰시오.

보기
ㄱ 물체를 이루는 물질의 양을 나타낸다.
ㄴ 단위는 'g중', 'kg중', 'N' 등을 사용한다.
ㄷ 지구가 물체를 끌어당기는 힘의 크기이다.
ㄹ 용수철에 걸어 놓은 물체의 무게가 가벼울수록 용수철은 많이 늘어난다.

(   )

4 추의 무게에 따라 늘어난 용수철의 길이를 잴 때 영점 조절이 바른 것에 ○표 하시오.

(1) 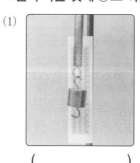　　(2)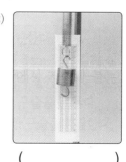

(   )　　(   )

5 다음 여러 가지 저울 중 ⑴ 저울이 이용한 원리를 쓰고, ⑴와 같은 원리를 이용한 저울의 기호를 쓰시오.

⑺　　　　　⑴

⑷ 　　⑸

(1) ⑴ 저울의 원리: (   )
(2) 같은 원리를 이용한 저울:
(   )

6 용수철저울의 사용 방법으로 바른 것은 어느 것입니까? (   )

① 무게를 재고자 하는 물체를 손잡이에 건다.
② 고리에 걸 수 없는 물체는 무게를 잴 수 없다.
③ 표시 자가 위아래로 왔다 갔다 할 때 재빨리 눈금을 읽는다.
④ 아무것도 걸지 않았을 때 저울의 눈금이 '0'을 가리켜야 한다.
⑤ 용수철의 최대 눈금보다 무게가 더 많이 나가는 물체를 고르는 것이 좋다.

7 용수철저울로 물체의 무게를 잴 때 가장 나중에 해야 할 일을 보기 에서 찾아 기호를 쓰시오.

> **보기**
> ㉠ 표시 자의 눈금을 읽는다.
> ㉡ 스탠드에 용수철저울을 건다.
> ㉢ 용수철저울의 고리에 물체를 건다.
> ㉣ 영점 조절 나사를 돌려 표시 자를 눈금의 '0'에 맞춘다.

(   )

8 물체를 용수철저울에 걸었을 때 용수철이 가장 많이 늘어나는 것은 어느 것입니까? (   )

① 무게 20 g중의 물체
② 무게 40 g중의 물체
③ 무게 60 g중의 물체
④ 무게 80 g중의 물체
⑤ 무게 100 g중의 물체

서술형

9 시소를 이용하여 수평을 잡은 모습입니다. 영미와 재경이의 몸무게를 비교하여 쓰시오.

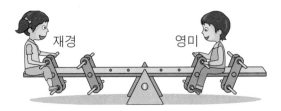

10 체중계에 대한 설명으로 바르지 <u>않은</u> 것은 어느 것입니까? (   )

① 위에 올라가서 몸무게를 잰다.
② 속에 짧고 굵은 용수철이 들어 있다.
③ 용수철이 물체의 무게에 따라 늘어났다가 줄어든다.
④ 1~2 g중 정도의 가벼운 물체의 무게도 정확하게 잴 수 있다.
⑤ 용수철이 늘어났을 때 톱니바퀴가 돌아가면서 바늘을 돌린다.

5 혼합물의 분리

11 시리얼, 초콜릿, 말린 과일 등을 섞어 만든 간식에 대한 설명입니다. 보기 를 읽고 바른 것끼리 짝지어진 것은 무엇입니까? (   )

> **보기**
> ㉠ 섞으면 각각의 맛이 변한다.
> ㉡ 섞어도 각각의 색깔은 변하지 않는다.
> ㉢ 시리얼, 초콜릿, 말린 과일을 분리할 수 없다.

① ㉠   ② ㉡
③ ㉠, ㉡   ④ ㉠, ㉢
⑤ ㉡, ㉢

12 김밥을 혼합물이라고 하는 까닭은 무엇입니까?

(   )

① 김밥의 맛이 모두 같기 때문에
② 김밥에 들어가는 재료의 맛이 변했기 때문에
③ 김밥에 들어가는 재료의 색깔이 변했기 때문에
④ 김밥에 들어가는 재료의 모양이 변했기 때문에
⑤ 단무지, 달걀, 당근 등 여러 가지 재료가 섞여 있기 때문에

서술형

13 혼합물을 분리하면 좋은 점을 한 가지 쓰시오.

14 알갱이의 크기 차이를 이용하여 혼합물을 분리하는 예를 모두 고르시오. (　　,　　)

① 물과 소금 혼합물
② 물과 기름 혼합물
③ 공사장의 모래와 자갈의 혼합물
④ 크기가 다른 방울토마토 혼합물
⑤ 흰 바둑돌과 검은 바둑돌 혼합물

15 해변 쓰레기 수거 장비가 쓰레기를 분리하는 데 이용하는 성질을 보기 에서 골라 기호를 쓰시오.

> **보기**
> ㉠ 색깔에 따라 분리하는 것이다.
> ㉡ 크기 차이를 이용하여 분리하는 것이다.
> ㉢ 물에 녹는지에 따라서 분리하는 것이다.
> ㉣ 기름에 녹는지에 따라서 분리하는 것이다.

(　　　　　)

16 자석을 사용하여 혼합물을 분리하는 경우는 어느 것입니까? (　　　)

① 콩과 쌀의 혼합물
② 모래와 자갈의 혼합물
③ 소금과 후추의 혼합물
④ 모래와 철 가루의 혼합물
⑤ 쌀과 플라스틱 구슬의 혼합물

17 철 캔과 알루미늄 캔을 분리하는 모습입니다. 두 가지 캔을 분리하는 데 사용하는 것은 무엇인지 쓰시오.

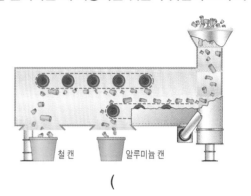

철 캔　　알루미늄 캔

(　　　　　　　　　)

[18~20] 다음과 같은 장치를 이용하여 소금과 모래의 혼합물을 분리하여 보았습니다.

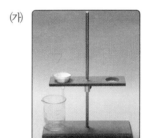
(가)

(나)

100점 예상 문제

18 위 실험 (가)에서 거름종이에 남는 것은 무엇인지 쓰시오.

(　　　　　　　　　)

19 위 실험 장치 (나)를 꾸밀 때 필요한 실험 기구가 아닌 것을 모두 고르시오. (　　,　　)

① 깔때기　　　　　② 삼발이
③ 거름종이　　　　④ 증발 접시
⑤ 알코올램프

20 위 실험 (나)에서 증발 접시에 남은 물질에 대한 설명으로 바른 것은 무엇입니까? (　　　)

① 하얀색 고체이다.
② 물에 녹지 않는다.
③ 달콤한 냄새가 난다.
④ 푸른색을 띠고 있다.
⑤ 노란색이고 신맛이 난다.

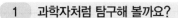

100점 예상문제 5회

1. 과학자처럼 탐구해 볼까요? ~5. 혼합물의 분리

1 탄산수가 만들어지는 변화 과정을 관찰할 때 사용되는 감각 기관을 바르게 선으로 연결하시오.

(1) 식용 구연산을 만져 보니 까끌까끌하다. •

(2) 구연산을 넣었더니 거품이 발생한다. •

(3) 거품의 높이가 낮아지고 탄산수가 투명해진다. •

• (가) 눈
• (나) 코
• (다) 입
• (라) 귀
• (마) 피부

2 탄산수를 만들 때 물 100 mL 를 정확히 측정하기 위해 사용하는 ㉠ 실험 기구의 이름을 쓰시오.

( )

3 핀치를 분류할 수 있는 과학적인 분류 기준이 <u>아닌</u> 것은 어느 것입니까? ( )

① 깃털의 색깔
② 부리의 모양
③ 깃털의 화려한 정도
④ 먹이를 먹고 있는 곳
⑤ 먹고 있는 먹이의 종류

4 뾰족하고 가느다란 모양으로 나무 구멍 속 곤충을 꺼내 먹기 좋은 부리를 가진 핀치에 ○표 하시오.

(1) ( ) (2) ( )

5 지층에 대한 설명으로 바른 것은 어느 것입니까?

( )

① 지층의 모양은 모두 수평이다.
② 지층은 진흙으로만 만들어진다.
③ 지층은 위에서부터 차례대로 쌓인다.
④ 지층을 이루는 알갱이의 크기는 모두 같다.
⑤ 지층에서 아래에 있는 층은 위에 있는 층보다 먼저 만들어진 것이다.

6 오른쪽은 지층 모형을 만든 것입니다. 지층 모형을 관찰한 모습으로 바르지 <u>않은</u> 것은 무엇입니까? ( )

① 층층이 쌓여 있다.
② 줄무늬를 볼 수 있다.
③ 모든 층이 휘어져 있다.
④ 층마다 알갱이의 크기가 다르다.
⑤ 층마다 알갱이의 색깔이 다르다.

7 다음은 어떤 암석을 관찰하고 쓴 내용인지 ○표 하시오.

> • 색깔: 연한 회색이다.
> • 알갱이를 이루는 물질: 모래
> • 만졌을 때의 느낌: 약간 거칠다.
> • 그 밖의 특징: 줄무늬가 거의 없다.

(1) ▲ 이암   (2) ▲ 사암   (3) ▲ 역암
(   )   (   )   (   )

8 식물 화석은 어느 것인지 모두 골라 기호를 쓰시오.

(가)   (나)
(다)   (라)

(   )

---

3   식물의 한살이

9 식물의 한살이를 관찰하기에 적합한 식물이 <u>아닌</u> 것은 어느 것입니까? (   )

① 강낭콩   ② 감나무
③ 봉숭아   ④ 나팔꽃
⑤ 토마토

---

10 씨가 싹 트는 데 온도가 미치는 영향을 알아볼 때 다르게 할 조건을 쓰시오.

다르게 할 조건	
같게 할 조건	물, 공기, 탈지면, 페트리 접시 등

11 강낭콩이 싹 터서 자라는 순서로 바른 것은 어느 것입니까? (   )

① 뿌리 → 본잎 → 떡잎   ② 뿌리 → 떡잎 → 본잎
③ 본잎 → 뿌리 → 떡잎   ④ 본잎 → 떡잎 → 뿌리
⑤ 떡잎 → 본잎 → 뿌리

서술형

12 한해살이 식물과 여러해살이 식물의 공통점을 쓰시오.

100점
예상
문제

---

4   물체의 무게

13 오른쪽은 용수철저울로 필통의 무게를 잰 모습입니다. 필통의 무게는 몇 g중입니까?

(   )

① 150 g중
② 160 g중
③ 180 g중
④ 220 g중
⑤ 240 g중

14 나무판자의 받침점으로부터 같은 거리에 나무토막을 올려놓아 수평이 되었을 때, 나무토막의 무게를 바르게 비교한 것을 골라 기호를 쓰시오.

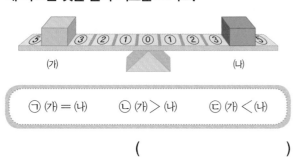

㉠ ㈎ = ㈏   ㉡ ㈎ > ㈏   ㉢ ㈎ < ㈏

(   )

15 양팔저울로 물체의 무게를 잴 때 기준 물체로 알맞지 않은 것은 어느 것입니까? (   )

①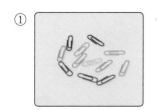
②
③
④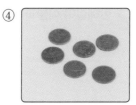

16 상근이는 다음과 같은 저울을 만들었습니다. 이 저울에 이용된 원리는 무엇인지 쓰시오.

(   )의 원리

5 혼합물의 분리

17 두 가지 이상의 물질이 성질이 변하지 않은 채 서로 섞여 있는 혼합물이 <u>아닌</u> 것은 무엇입니까?
(   )

① 김밥   ② 바닷물
③ 소금   ④ 나박김치
⑤ 미숫가루 물

18 콩, 팥, 좁쌀의 혼합물을 눈의 크기가 콩보다 작고 팥보다 큰 체로 분리할 때 가장 먼저 분리가 되는 물질을 쓰시오.

(   )

19 자석을 이용하여 분리할 수 <u>없는</u> 혼합물은 어느 것입니까? (   )

① 쌀과 클립 혼합물
② 모래와 소금 혼합물
③ 모래와 철 가루 혼합물
④ 쇠구슬과 지우개 혼합물
⑤ 플라스틱 구슬과 철 구슬 혼합물

20 소금과 모래의 혼합물을 물에 녹인 뒤 거름 장치로 거른 다음, 거름종이를 빠져나간 물질을 증발 접시에 붓고 가열하였을 때 나타나는 현상은 무엇입니까? (   )

① 물이 튄다.
② 거품이 난다.
③ 고약한 냄새가 난다.
④ 색깔이 노란색으로 변한다.
⑤ 물이 줄어들고 하얀색 고체가 생긴다.

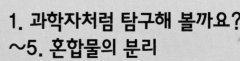
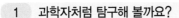

1 과학자처럼 탐구해 볼까요?

1 탄산수가 만들어지는 변화 과정에서 다음과 같은 현상은 언제 나타나는지 알맞은 것에 ○표 하시오.

> 거품이 사라지고 탄산수의 색깔이 다시 투명해진다.

(1) 변화가 일어나기 전 (   )
(2) 변화가 일어나는 중 (   )
(3) 변화가 일어난 후 (   )

2 탄산수를 만들 때 식용 구연산의 양을 달리하면서 생겨난 탄산수 거품의 높이를 측정한 결과표를 바탕으로 그래프를 그리려고 합니다. 가로축과 세로축에 들어갈 내용을 각각 쓰시오.

식용 구연산의 양	1g	2g	3g
거품의 높이	8 cm	9 cm	10 cm

(1) 가로축: (   )
(2) 세로축: (   )

3 여러 종류의 핀치를 관찰하고 분류할 때 분류 기준이 될 수 <u>없는</u> 것의 기호를 쓰시오.

> (가) 크기가 큰 것과 크기가 크지 않은 것
> (나) 깃털의 색깔이 검은색인 것과 검은색이 아닌 것
> (다) 먹이를 먹고 있는 곳이 땅인 것과 땅이 아닌 곳에서 먹고 있는 것

(   )

서술형

4 오른쪽 핀치의 부리 모양을 보고 추리한 내용을 친구들에게 설명한 것입니다. 빈 곳에 알맞은 말을 쓰시오.

(1) 관찰 결과: 크고 두꺼운 부리를 갖고 있다.

(2) 추리할 수 있는 것: _____

_____

2 지층과 화석

[5~6] 다음은 여러 가지 퇴적암입니다.

▲ 이암   ▲ 사암   ▲ 역암

5 위의 퇴적암 중 알갱이의 크기가 가장 큰 것은 어느 것인지 쓰시오.

(   )

6 위의 퇴적암 중 손으로 만졌을 때 부드러운 느낌이 나는 것은 어느 것인지 쓰시오.

(   )

7 다음 화석은 무엇입니까? (   )

① 삼엽충 화석   ② 조개 화석
③ 고사리 화석   ④ 나뭇잎 화석
⑤ 새 발자국 화석

100점
예상
문제

8 어느 지역의 산에서 조개 화석이 발견되었습니다. 화석 속 조개가 살았을 때의 환경을 바르게 예상한 것은 어느 것입니까? (　　　)

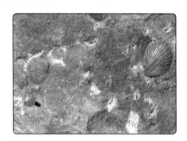

① 모래로 덮인 사막
② 눈과 얼음으로 덮인 곳
③ 따뜻하고 습기가 많은 숲
④ 강이나 바다나 호수였던 곳
⑤ 나무와 숲이 우거져 있는 그늘진 곳

3　식물의 한살이

9 다음에서 설명하는 식물의 부분은 어디입니까?
　　　　　　　　　　　　　　　　　　(　　　)

> • 식물의 열매에서 생긴다.
> • 종류에 따라 모양, 크기, 색깔 등이 다양하다.
> • 자라서 새로운 식물체가 된다.

① 꽃　　　　　　② 씨
③ 뿌리　　　　　④ 잎
⑤ 줄기

10 다음은 화분에 씨를 심는 방법입니다. (　　) 안에 들어갈 말을 쓰시오.

> 씨 크기의 (　　　　) 배 깊이로 씨를 심고 흙을 덮는다.

　　　　　　　　　　　　　(　　　　　　　)

---

11 물을 주지 않은 강낭콩을 잘랐을 때의 겉모양과 속 모양에 대한 설명으로 바른 것에 ○표 하시오.

▲ 겉모양　　　　　▲ 속 모양

(가) 잎의 색깔이 초록색이다.　　　(　　　)
(나) 뿌리가 자라 밖으로 나와 있다.　(　　　)
(다) 잎은 있으나 납작하게 붙어 있다.　(　　　)

12 여러해살이 식물은 어느 것입니까? (　　　)

① 호박　　　　　　② 벼
③ 개나리　　　　　④ 옥수수
⑤ 강낭콩

4　물체의 무게

13 지구가 물체를 끌어당기는 힘의 크기가 가장 큰 경우는 어느 것인지 기호를 쓰시오.

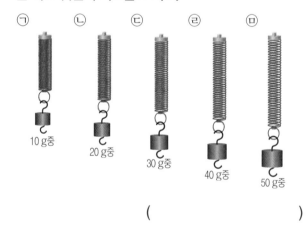

　　　　　　　　　　　　　(　　　　　　　)

14 용수철저울의 사용 방법으로 바른 것은 어느 것입니까? (　　　)

① 재고자 하는 물체를 접시에 올려놓는다.
② 표시 자와 눈높이를 맞추어 눈금을 읽는다.
③ 물체를 고리에 먼저 걸고 영점을 조절한다.
④ 무게를 측정하기 전에 표시 자를 눈금 '1'에 맞춘다.
⑤ 용수철저울이 측정할 수 있는 무게의 범위는 정해져 있지 않다.

15 나무판자에 나무토막을 올려 수평을 잡은 모습입니다. 설명이 바른 것은 어느 것입니까? (   )

① 두 나무토막의 무게는 같다.
② 받침점을 옮겨도 수평이 된다.
③ 왼쪽 나무토막의 무게가 더 무겁다.
④ 오른쪽 나무토막을 받침점에 더 가까이 놓아도 수평이 된다.
⑤ 두 나무토막을 모두 받침점 쪽에 더 가까이 한 칸씩 당겨놓으면 수평이 되지 않는다.

서술형

16 수평이 잡힌 시소에서 유리가 한 칸 앞으로 받침점에 가까이 옮겨 앉으면 시소는 어떻게 되는지 쓰시오.

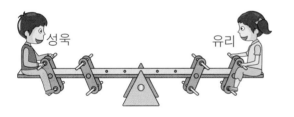

---

5 혼합물의 분리

17 혼합물과 혼합물이 <u>아닌</u> 것을 바르게 선으로 연결하시오.

(1) 혼합물이 아닌 것	·	· ㉠	물
(2) 혼합물	·	· ㉡	소금
		· ㉢	김밥
		· ㉣	나박김치

[18~19] 콩, 팥, 좁쌀의 혼합물입니다.

18 위 혼합물에서 알갱이의 크기가 가장 작은 것과 가장 큰 것을 쓰시오.

⑴ 가장 작은 것: (   )
⑵ 가장 큰 것: (   )

19 다음과 같이 위 혼합물을 분리할 때 ㉠, ㉡에 사용한 체의 눈의 크기를 곡식의 알갱이 크기와 비교하여 쓰시오.

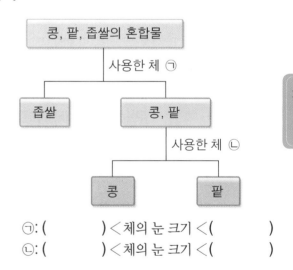

㉠: (   ) < 체의 눈 크기 < (   )
㉡: (   ) < 체의 눈 크기 < (   )

20 소금과 모래의 혼합물을 거름 장치로 분리할 때 바르지 <u>않은</u> 행동은 무엇입니까? (   )

① 보안경을 착용한다.
② 거름종이는 고깔 모양으로 접는다.
③ 거름종이에 물을 묻혀 깔때기에 붙인다.
④ 깔때기 끝의 짧은 부분을 비커의 옆면에 닿게 한다.
⑤ 깔때기에 혼합물을 부을 때에는 유리 막대를 타고 천천히 흐르도록 붓는다.

쉬어가기

식물 이름의 유래

🌸 식물이 사는 곳에서 유래한 이름

- 갯 – 해안이나 계곡, 냇가에서 자라는 것을 나타냅니다. ㉮ 갯개미취, 갯버들, 갯메꽃
- 골 – 습한 골짜기에서 자라는 것을 나타냅니다. ㉮ 골고사리, 골등골나물, 골사초
- 산 – 높은 산에서 자라는 것을 말합니다. ㉮ 산구절초, 산부추, 산수국, 산오리풀
- 두메 – 고산 지역에서 자라는 것을 말합니다. ㉮ 두메양귀비, 두메투구꽃, 두메꿀풀
- 돌 – 야생이나 바위나 돌이 많은 곳에서 자라는 것을 말합니다. ㉮ 돌단풍, 돌나물

🌸 식물의 생김새에서 유래한 이름

- 가시 – 가시가 있음을 알 수 있습니다. ㉮ 가시여뀌, 가시연꽃, 가시오가피
- 끈끈이 – 끈끈한 액체가 있는 것을 알 수 있습니다. ㉮ 끈끈이귀이개, 끈끈이주걱
- 우산 – 잎이 우산처럼 생겼음을 알 수 있습니다. ㉮ 우산나물, 우산잔대, 우산방동사니
- 털 – 식물체에 털이 있음을 알 수 있습니다. ㉮ 털머위, 털사철난, 털별꽃아재비

🌸 식물의 크기에서 유래한 이름

- 땅 – 식물의 키가 작거나 꽃의 방향을 알 수 있습니다. ㉮ 땅나리, 땅비싸리
- 참 – 잎의 부분이나 식물의 키가 큼을 알 수 있습니다. ㉮ 참개암, 참나리, 참당귀
- 선, 눈 – 식물이 서 있거나 누워있음을 알 수 있습니다. ㉮ 선가래, 선메꽃 / 눈비름

▲ 갯메꽃

▲ 두메양귀비

▲ 돌나물

▲ 끈끈이주걱

▲ 털머위

▲ 참나리

선생님이 강력 추천하는

개념 PLUS +

단원평가

8종 검정 교과서

완벽 분석
종합평가

과학

4-1

1 탐구 활동을 할 때 과학적인 관찰 방법으로 바른 것은 어느 것입니까? (　　　)

① 눈만 사용해 관찰한다.
② 성질을 모르는 물질은 혀끝에 대고 살짝 맛을 본다.
③ 성질을 모르는 물질은 직접 코로 냄새를 맡아서 확인한다.
④ 변화 과정을 관찰할 때에는 관찰한 내용을 그때그때 기록한다.
⑤ 변화가 일어나기 전의 모습만 관찰하고 변화가 일어난 후의 모습은 관찰하지 않는다.

2 여러 가지 핀치를 분류할 수 있는 기준이 될 수 있는 것을 모두 고르시오. (　　,　　)

① 핀치가 멋있는가?
② 내가 좋아하는 핀치인가?
③ 다리의 개수가 두 개인가?
④ 깃털의 색깔이 검은색인가?
⑤ 같은 종류의 먹이를 먹는가?

3 지층의 특징을 설명한 것입니다. (　　) 안에 알맞은 말을 쓰시오.

> 지층에는 (　　　　) 모양이 보이며, 층의 두께나 색깔 등이 다르다.

(　　　　　　　　　)

[4~5] 투명한 통에 여러 가지 색 모래와 색 자갈을 차곡차곡 넣어 지층 모형을 만들어 보았습니다.

4 ㉠~㉢ 중 먼저 넣은 것부터 순서대로 기호를 쓰시오.

(　　　　　　　　　)

5 위와 같은 지층 모형 만들기로 알 수 있는 것을 모두 고르시오. (　　,　　)

① 지층을 볼 수 있는 까닭
② 지층에 줄무늬가 생기는 까닭
③ 지층에서 먼저 만들어진 층의 위치
④ 지층이 만들어지는 데 걸리는 시간
⑤ 지층이 만들어지는 데 작용한 힘의 종류

6 실제 지층이 만들어지는 순서대로 기호를 쓰시오.

> ㉠ 자갈, 모래, 진흙 등이 계속 쌓여 먼저 쌓인 층을 누른다.
> ㉡ 오랜 시간에 걸려 단단한 지층이 만들어진다.
> ㉢ 물이 운반한 자갈, 모래, 진흙 등이 쌓인다.

(　　　　　　　　　)

7 (　　) 안에 알맞은 말을 쓰시오.

> • 자갈, 모래, 진흙 등이 물이나 바람에 부서지고 운반되어 쌓인 것을 (　㉠　)이라고 한다.
> • (　㉠　)이 쌓인 후 오랜 시간이 지나면 굳어져 단단한 암석이 되는데, 이를 (　㉡　)이라고 한다.

㉠: (　　　　　　　)
㉡: (　　　　　　　)

[8~9] 여러 가지 퇴적암을 나타낸 것입니다.

▲ 역암　　　　▲ 이암　　　　▲ 사암

8 퇴적암을 역암, 이암, 사암으로 분류할 때 분류 기준은 무엇인지 쓰시오. (　　　　)

① 암석의 색깔　　　② 암석의 크기
③ 암석의 무게　　　④ 암석의 모양
⑤ 알갱이의 크기

9 퇴적암을 이루는 알갱이의 크기를 비교한 것으로 바른 것은 어느 것입니까?? (　　　　)

① 이암＞사암＞역암
② 사암＞역암＞이암
③ 역암＞사암＞이암
④ 이암＞역암＞사암
⑤ 사암＞이암＞역암

[10~11] 퇴적암 모형을 만드는 과정입니다. 물음에 답하시오.

ㄱ 플라스틱 컵에 자갈, 모래를 넣는다.
ㄴ 자갈, 모래를 넣은 플라스틱 컵에 (　　　)을 넣고 나무 막대로 섞어 반죽을 만든다.
ㄷ 다른 플라스틱 컵으로 반죽을 누른다.
ㄹ 반죽이 굳으면 플라스틱 컵에서 꺼낸다.

10 위 ㄴ 과정에서 (　　　) 안에 들어갈 알맞은 재료를 쓰시오.

(　　　　　　　　)

🔍 관련 교과서 돋보기

퇴적암 모형 만들기
• 준비물: 플라스틱 컵 두 개, 자갈, 모래, 물 풀, 나무 막대
• 주의할 점: 자갈, 모래, 물 풀을 섞은 반죽을 플라스틱 컵으로 누를 때 너무 세게 누르지 않습니다.

11 앞 10번 실험에서 자갈과 모래 알갱이 사이의 공간을 좁히는 과정은 어느 것인지 기호를 쓰시오.

(　　　　　　　　)

12 실제 퇴적암이 만들어지는 과정을 순서에 관계없이 나열한 것입니다. 가장 먼저 일어나는 과정을 기호로 쓰시오.

ㄱ 퇴적물 알갱이 사이에 여러 가지 물질이 채워지면서 퇴적물이 붙는다.
ㄴ 먼저 쌓인 퇴적물이 위에 쌓이는 퇴적물에 의해 눌린다.
ㄷ 퇴적물이 강이나 바다의 바닥에 쌓인다.
ㄹ 오랫동안 반복되어 퇴적암이 된다.

(　　　　　　　　)

13 ㄱ과 ㄴ에 알맞은 말을 각각 쓰시오.

옛날에 살았던 생물의 몸체나 (　ㄱ　)이 퇴적암이나 지층 속에 남아 있는 것을 (　ㄴ　)이라고 한다.

ㄱ: (　　　　　　　)
ㄴ: (　　　　　　　)

14 여러 가지 화석에 대한 설명으로 바르지 않은 것은 어느 것입니까? (　　　　)

① 크기가 다양하다.
② 주로 퇴적암에서 발견된다.
③ 연료로 이용되는 화석도 있다.
④ 오늘날 볼 수 없는 생물의 화석도 있다.
⑤ 생물이 생활한 흔적은 화석이 될 수 없다.

15 다음 화석에 대한 설명으로 바르지 <u>않은</u> 것은 어느 것입니까? (   )

① 삼엽충 화석이다.
② 모양이 잎을 닮았다.
③ 잎과 줄기가 보인다.
④ 동물의 몸체 화석이다.
⑤ 머리, 가슴, 꼬리의 세 부분으로 나눌 수 있다.

[16~17] 화석 모형을 만드는 과정입니다.

16 위 ㉠~㉣ 중 가장 먼저 해야 할 일은 어느 것인지 기호를 쓰시오.

(   )

17 위 활동에서 실제 의미하는 것을 바르게 선으로 연결하시오.

(1) 조개껍데기 •   • ㉠ 지층

(2) 찰흙 반대기 •   • ㉡ 옛날에 살았던 생물

18 조개 화석 모형과 실제 조개 화석을 비교한 것 중 바르지 <u>않은</u> 것을 ◦보기◦ 에서 골라 기호를 쓰시오.

◦보기◦
㉠ 조개의 모양과 무늬가 같다.
㉡ 화석 모형이 더 단단하다.
㉢ 실제 화석이 만들어지는 데 더 오랜 시간이 걸린다.

(   )

> 🔍 관련 교과서 돋보기
>
> 화석 모형과 실제 화석의 공통점과 차이점
> • 공통점: 생물의 모양, 크기, 무늬 등이 나타나 있습니다.
> • 차이점: 실제 화석이 만들어지기까지는 오랜 시간이 걸리지만, 화석 모형이 만들어지기까지는 짧은 시간이 걸립니다.

19 다음과 같은 화석이 발견된 지역은 과거에 어떤 환경이었는지 바르게 선으로 연결하시오.

▲ 고사리 화석

(1) •   • ㉠ 따뜻하고 얕은 바다

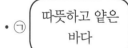

▲ 산호 화석

(2) •   • ㉡ 습한 육지

20 여러 가지 화석을 통해 알 수 있는 사실이 <u>아닌</u> 것은 어느 것입니까? (   )

① 지층이 쌓인 시기
② 그 지역의 과거 환경
③ 그 지역의 미래 환경
④ 옛날에 생물이 살았던 환경
⑤ 옛날에 살았던 생물의 생김새

1 오른쪽과 같은 방법을 통해 알 수 있는 것은 무엇입니까?
( )

① 씨의 크기
② 씨의 색깔
③ 씨의 가격
④ 씨의 촉감
⑤ 씨의 무게

2 수박씨는 어느 것인지 기호를 쓰시오.

㉠   ㉡   ㉢

( )

3 다음 실험에서 씨가 싹 트는 데 필요한 조건이라고 생각한 것은 무엇입니까? ( )

> • 플라스틱 컵 두 개에 탈지면을 넣고 강낭콩을 넣는다.
> • 한쪽 플라스틱 컵에만 물을 넣는다.

① 물   ② 온도
③ 햇빛   ④ 바람
⑤ 영양분

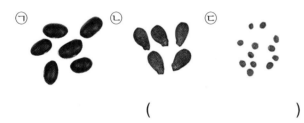

관련 교과서 돋보기

씨가 싹 트는 데 필요한 조건 알아보기
• 물이 미치는 영향을 알아보는 실험 준비물: 강낭콩, 200 mL~300 mL 투명 플라스틱 컵 두 개, 탈지면, 물
• 온도가 미치는 영향을 알아보는 실험 준비물: 강낭콩, 200 mL~300 mL 투명 플라스틱 컵 두 개, 탈지면, 물, 500 mL 보랭 컵 두 개, 얼음, 얼음 집게

4 강낭콩의 싹을 틔울 때 가장 싹이 잘 트는 온도를 바르게 말한 친구는 누구인지 쓰시오.

> • 민선: 사막처럼 뜨거운 온도
> • 재화: 냉장고처럼 시원한 온도
> • 현석: 상온 18 ℃~25 ℃ 사이의 적당한 온도

( )

5 ( ) 안에 알맞은 말을 쓰시오.

> 식물의 씨가 싹 터서 잎과 줄기가 자라고 꽃과 열매를 맺어 다시 씨가 만들어지는 과정을 식물의 ( )라고 한다.

( )

6 한살이를 관찰하기에 알맞은 식물의 조건은 어느 것인지 모두 고르시오. (,)

① 꽃의 색깔이 예뻐야 한다.
② 식물의 크기가 커야 한다.
③ 식물의 가격이 비싸야 한다.
④ 한살이 기간이 짧아야 한다.
⑤ 잎, 줄기, 꽃, 열매 등을 관찰하기 쉬워야 한다.

7 강낭콩이 싹 터서 자라는 과정입니다. ㉠~㉢에 알맞은 말을 쓰시오.

> 먼저 (㉠)가 나오고 껍질이 벗겨진다. 그리고 땅 위로 (㉡) 두 장이 나오고 떡잎 사이에서 (㉢)이 나온다.

㉠: ( )
㉡: ( )
㉢: ( )

8 싹이 튼 옥수수의 모습입니다. ㉠~㉢의 이름을 각각 쓰시오.

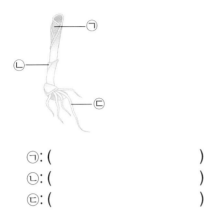

㉠: ( )

㉡: ( )

㉢: ( )

9 강낭콩이 자라는 데 물이 미치는 영향을 알아보는 실험에서 다르게 할 조건은 무엇입니까? ( )

① 빛   ② 물

③ 양분   ④ 온도

⑤ 식물의 종류

> 관련 교과서 돋보기
>
> 강낭콩이 자라는 데 물이 미치는 영향
> • 실험 준비물: 비슷한 크기로 자란 강낭콩 화분 두 개
> • 실험 방법: 한 화분은 물을 주지 않고, 다른 화분은 물을 줍니다.

10 물을 준 강낭콩과 물을 주지 않은 강낭콩이 자란 모습을 선으로 연결하시오.

(1) 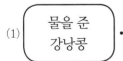 물을 준 강낭콩 •

• ㉠

(2) 물을 주지 않은 강낭콩 •

• ㉡

11 식물이 자라는 데 온도가 미치는 영향을 알아보는 실험 방법으로 바른 것은 어느 것입니까? ( )

① 물을 다르게 준다.

② 모든 조건을 같게 한다.

③ 두 화분의 크기를 다르게 한다.

④ 한 화분은 햇빛 아래에서, 다른 화분은 햇빛을 차단하고 기른다.

⑤ 한 화분은 상온에서, 다른 화분은 상온보다 낮은 온도에서 기른다.

12 오른쪽은 식물의 자람 중 어떤 부분의 자람을 측정하는 것인지 쓰시오.

( )

13 강낭콩의 잎이 자란 정도를 측정하는 방법으로 알맞은 것을 모두 고르시오. (,)

① 잎의 크기를 잰다.

② 잎의 개수를 센다.

③ 잎의 무게를 잰다.

④ 잎의 색깔을 본다.

⑤ 잎의 냄새를 맡는다.

서술형

14 식물이 자라면서 달라지는 것에는 무엇이 있는지 두 가지 쓰시오.

_____

_____

15 강낭콩이 자라서 꽃이 피고 열매를 맺는 과정을 순서대로 기호를 쓰시오.

> ㉠ 열매가 자란다.
> ㉡ 꽃이 활짝 핀다.
> ㉢ 꽃봉오리가 생긴다.
> ㉣ 꽃이 지고 난 자리에 열매가 생긴다.

( )

16 강낭콩의 꽃과 열매가 자라는 모습으로 바르지 <u>않은</u> 것은 어느 것입니까? ( )

① 열매 속에 씨가 들어 있다.
② 꼬투리의 개수가 늘어난다.
③ 꼬투리의 크기가 작아진다.
④ 작은 꽃봉오리가 커지고 꽃이 핀다.
⑤ 꽃이 지고 난 자리에 꼬투리가 생긴다.

17 강낭콩이 자라는 과정 중 한 부분을 관찰한 것입니다. ( ) 안에 알맞은 말을 쓰시오.

> 어느 정도 자란 강낭콩은 꽃이 핀다. 꽃이 지면 열매가 생기는데, 이것을 ( )라고 한다.

( )

18 한해살이 식물과 여러해살이 식물로 나누어 보았습니다. ㉠과 ㉡에 각각 알맞은 말을 쓰시오.

㉠	옥수수, 나팔꽃, 강낭콩
㉡	감나무, 제비꽃, 무궁화

㉠: ( )
㉡: ( )

🔍 관련 교과서 **돋보기**

여러 가지 식물의 한살이
• 한해살이 식물: 한 해만 살고 일생을 마치는 식물
• 여러해살이 식물: 여러 해 동안 죽지 않고 살아가는 식물

19 벼의 한살이 과정을 순서대로 기호를 쓰시오.

> ㉠ 잎과 줄기가 자란다.
> ㉡ 볍씨에서 싹이 튼다.
> ㉢ 표면이 거칠거칠한 노란색의 열매를 맺어 씨를 만든다.
> ㉣ 하얀색 벼꽃이 핀다.

( )

20 한해살이 식물과 여러해살이 식물의 공통점으로 바른 것을 ◦보기◦에서 골라 기호를 쓰시오.

> ◦보기◦
> ㉠ 꽃이 피지 않는다.
> ㉡ 여러 해 동안 열매 맺는 것을 반복한다.
> ㉢ 씨가 싹 터서 자라며 꽃이 피고 열매를 맺어 번식한다.

( )

1 재경이와 상근이가 물체를 손으로 들어 보고 무거운 순서대로 나타낸 것입니다. 재경이와 상근이가 나타낸 물체의 무거운 순서는 서로 어떠한지 쓰시오.

구분	가장 무거운 것	두 번째로 무거운 것	세 번째로 무거운 것	가장 가벼운 것
재경	필통	가위	풀	지우개
상근	가위	필통	지우개	풀

(   )

2 위 **1**번 정답과 같은 결과가 나온 까닭으로 바른 것은 어느 것입니까? (   )

① 물체의 모양이 다르기 때문이다.
② 물체의 크기가 다르기 때문이다.
③ 물체의 크기가 비슷하기 때문이다.
④ 물체의 모양이 비슷하기 때문이다.
⑤ 사람마다 느끼는 물체의 무게가 다를 수 있기 때문이다.

3 우리 생활에서 저울을 사용해 물체의 무게를 정확하게 측정하는 경우가 <u>아닌</u> 것은 어느 것입니까?
(   )

① 체격 검사를 할 때
② 마트에서 고기를 살 때
③ 우체국에서 택배를 보낼 때
④ 멀리뛰기에서 멀리 뛴 거리를 잴 때
⑤ 요리할 때 재료의 양을 일정하게 해야 할 때

🔍 관련 교과서 돋보기

무게를 측정하는 경우 예
• 고기의 무게에 따라 판매 가격이 다릅니다.
• 유도 경기의 경우 선수들의 몸무게에 따라 경기 상대가 달라집니다.
• 몸무게에 따라 다른 구명조끼를 입습니다.
• 요리할 때 재료의 양을 일정하게 해야 원하는 맛을 낼 수 있습니다.

4 어느 한쪽으로 기울지 않은 상태를 무엇이라고 하는지 쓰시오.

(   )

5 양팔저울에 대한 설명으로 바르지 않은 것은 어느 것입니까? (   )

① 접시가 한 개인 저울이다.
② 양팔저울로 수평을 잡을 수 있다.
③ 수평잡기의 원리를 이용해 만든 저울이다.
④ 양팔저울의 한쪽 저울접시에 물체를 올려놓으면 무거운 쪽으로 기울어진다.
⑤ 수평을 잡으려면 받침점으로부터 양쪽으로 같은 거리에 무게가 같은 물체가 있어야 한다.

6 (   ) 안에 알맞은 말을 ◦보기◦에서 골라 쓰시오.

◦보기◦

> 가벼운, 무거운, 받침점

> 숫자가 표시된 판과 받침대를 이용하여 무게가 다른 두 물체의 수평을 잡기 위해서는 (㉠) 물체를 (㉡) 물체보다 (㉢)에 가까이 놓아야 한다.

㉠: (   )
㉡: (   )
㉢: (   )

7 양팔저울로 지우개와 연필의 무게를 비교하였습니다. 두 물체의 무게를 비교하여 <, =, >로 나타내시오.

지우개   연필

(   )

8 다음 두 물체 중 무게가 더 가벼운 물체는 어느 것인 지 기호를 쓰시오.

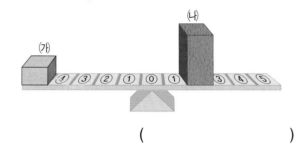

( )

9 양팔저울로 측정한 필통의 무게는 얼마입니까? (단, 클립 1개의 무게는 2 g중입니다.) ( )

클립 9개

① 14 g중   ② 16 g중
③ 18 g중   ④ 20 g중
⑤ 22 g중

관련 교과서 돋보기

양팔저울과 클립으로 물체의 무게 나타내기
• 양팔저울에 있는 수평 조절 장치로 저울대의 수평을 맞춥니다.
• 양팔저울의 한쪽 저울접시에 물체를 올려놓습니다.
• 저울대가 수평을 잡을 때까지 다른 한쪽 저울접시에 클립을 올려놓습니다.
• 저울대가 수평을 잡았을 때 클립의 개수를 세어 봅니다.

10 숫자가 표시된 나무판자를 이용해 두 물체의 무게를 비교하는 방법으로 바른 것은 어느 것입니까?

( )

① 받침점 위에 두 물체를 모두 올려놓는다.
② 나무판자가 수평이 되었을 때 받침점으로부터 멀리 있는 물체가 더 무겁다.
③ 물체를 받침점으로부터 각각 같은 거리에 올려놓고 기울어진 쪽을 알아본다.
④ 물체를 받침점으로부터 각각 다른 거리에 올려놓고 기울어진 쪽을 알아본다.
⑤ 나무판자가 수평이 되었을 때 받침점으로부터 가까이 있는 물체가 더 가볍다.

11 용수철의 성질로 바른 것을 모두 고르시오.

(,)

① 손으로 잡아당기면 길이가 늘어난다.
② 손으로 잡아당기지 않아도 길이가 늘어난다.
③ 손으로 잡아당겨도 길이가 늘어나지 않는다.
④ 용수철을 잡아당겼다 놓으면 원래의 길이로 되돌아간다.
⑤ 용수철을 잡아당겼다 놓아도 원래의 길이로 되돌아가지 않는다.

[12~13] 무게가 같은 추를 개수를 다르게 하여 각각 용수철에 걸어 놓은 것입니다.

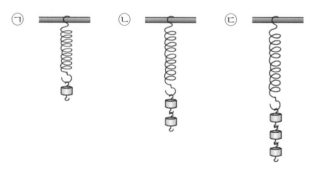

12 용수철의 길이를 보았을 때 무게가 가장 무거운 것은 어느 것인지 기호를 쓰시오.

( )

13 앞 12번에서 용수철의 늘어난 길이만큼 용수철을 손으로 잡아당길 때, 가장 세게 잡아당겨야 하는 것은 어느 것인지 기호를 쓰시오.

(   )

14 물체의 무게를 바르게 설명한 것은 어느 것입니까?

(   )

① 물체의 크기이다.
② 물체의 단단한 정도이다.
③ 물체가 늘어났다가 줄어드는 정도이다.
④ 지구가 물체를 밀어 내는 힘의 크기이다.
⑤ 지구가 물체를 끌어당기는 힘의 크기이다.

15 오른쪽은 용수철저울입니다. 용수철에 물체를 걸었을 때 물체의 무게를 가리키는 부분은 어디인지 기호를 쓰시오.

(   )

16 위 15번 용수철저울의 ⓛ이 하는 역할은 무엇입니까?

(   )

① 무게를 잴 물체를 거는 부분이다.
② 손으로 잡거나 스탠드에 거는 부분이다.
③ 물체의 무게를 알려 주는 숫자가 적혀 있다.
④ 물체를 매달았을 때 물체의 무게를 가리키는 부분이다.
⑤ 물체를 매달지 않았을 때 표시 자가 눈금의 '0'을 가리키도록 조절하는 나사이다.

·서술형·

17 용수철저울로 물체의 무게를 측정할 때 가장 먼저 표시 자의 눈금을 '0'에 맞추는 까닭을 쓰시오.

_____

18 용수철저울로 가위의 무게를 측정하였을 때 저울의 눈금과 표시 자의 모습입니다. 가위의 무게를 바르게 나타낸 것은 어느 것입니까? (   )

① 10 g중　　　② 15 g중
③ 100 g중　　　④ 150 g중
⑤ 200 g중

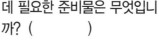 관련 교과서 돋보기

용수철저울로 물체의 무게 측정하기
• 용수철저울의 고리에 물체를 걸면 물체의 무게에 따라 용수철이 늘어나 표시 자가 눈금을 가리킵니다.
• 이때 표시 자가 가리키는 눈금의 숫자를 단위와 함께 읽습니다.

19 오른쪽과 같은 저울을 만드는 데 필요한 준비물은 무엇입니까? (   )

① 자석
② 상자
③ 용수철
④ 옷걸이
⑤ 바지걸이

20 수평 잡기의 원리를 이용한 저울은 어느 것입니까?

(   )

① 체중계　　　② 양팔저울
③ 전자저울　　　④ 용수철저울
⑤ 가정용저울

1 두 가지 이상의 물질이 성질은 그대로 지닌 채 서로 섞여 있는 것을 무엇이라고 하는지 쓰시오.

( )

> **관련 교과서 돋보기**
>
> 혼합물
> • 자갈에 모래나 진흙 등이 섞인 뒤 굳어 만들어진 역암은 혼합물입니다.
> • 하나의 물질처럼 보이는 우유도 여러 가지 물질이 섞여 있는 혼합물입니다.
> • 바닷물도 물, 소금 등이 섞여 있는 혼합물입니다.

2 혼합물에 대한 설명으로 바른 것에 ○표, 바르지 않은 것에 ×표 하시오.

⑴ 소금은 혼합물이다. ( )
⑵ 혼합물에 섞여 있는 물질의 성질은 섞이기 전과 같다. ( )
⑶ 혼합물을 이루고 있는 물질은 각각 분류할 수 없다. ( )

〔서술형〕

3 여러 종류의 구슬 몇 개를 섞은 다음, 눈가리개로 눈을 가린 친구에게 건넸을 때, 어떤 종류의 구슬인지 알아맞힐 수 있는 까닭을 쓰시오.

_____

_____

4 우리 생활에서 혼합물을 분리하는 예가 아닌 것은 어느 것입니까? ( )

① 재활용품 분리 배출
② 강에서 구리의 분리
③ 철광석에서 철의 분리
④ 바닷물에서 소금의 분리
⑤ 모래나 흙이 섞여 있는 재첩에서 재첩의 분리

〔서술형〕

5 혼합물을 분리하면 좋은 점을 한 가지 쓰시오.

_____

_____

_____

6 콩, 팥, 좁쌀의 혼합물입니다. 알갱이의 크기가 가장 작은 것은 무엇인지 쓰시오.

( )

7 콩, 팥, 보리의 혼합물을 분리하는 데 필요한 도구는 무엇입니까? ( )

① 자 ② 체
③ 비커 ④ 자석
⑤ 스포이트

[8~10] 콩, 쌀, 좁쌀의 혼합물을 분리하려고 합니다.

8 콩, 쌀, 좁쌀의 혼합물을 모두 분리하는 데 체는 몇 개가 필요합니까? ( )

① 한 개 　　　② 두 개
③ 세 개 　　　④ 네 개
⑤ 다섯 개

9 위 **8**번의 콩, 쌀, 좁쌀의 혼합물을 분리하는 데 필요한 체를 ○보기○에서 모두 골라 기호를 쓰시오.

┌─○보기○─────────────────┐
│ ㉠ 눈 크기가 콩보다 큰 체
│ ㉡ 눈 크기가 좁쌀보다 작은 체
│ ㉢ 눈 크기가 콩보다 작고 쌀보다 큰 체
│ ㉣ 눈 크기가 쌀보다 작고 좁쌀보다 큰 체
└──────────────────────┘

( )

10 콩, 쌀, 좁쌀의 혼합물을 체를 사용하여 분리하는 데 이용한 성질은 무엇입니까? ( )

① 물에 녹는 성질
② 자석에 붙는 성질
③ 알갱이의 크기 차이
④ 알갱이의 색깔 차이
⑤ 알갱이의 모양 차이

🔍 관련 교과서 돋보기

체의 원리를 이용하여 분리하는 예
• 공사장에서 체를 사용해 자갈과 모래를 분리하는 경우
• 어부들이 물고기를 잡을 때 그물코의 크기가 다른 그물을 사용해 작은 물고기는 잡지 않고 큰 물고기만 잡는 경우

11 플라스틱 구슬, 철 구슬, 나무 구슬을 분리하는 데 이용되는 물질의 성질을 모두 고르시오. (,)

① 증발하는 성질
② 자석에 붙는 성질
③ 알갱이의 냄새 차이
④ 알갱이의 크기 차이
⑤ 물에 녹지 않는 성질

🔍 관련 교과서 돋보기

플라스틱 구슬, 철 구슬, 나무 구슬의 혼합물
• 나무 구슬의 크기가 가장 크고 플라스틱 구슬과 철 구슬의 크기는 비슷합니다.
• 철 구슬만 자석에 붙고 플라스틱 구슬과 나무 구슬은 자석에 붙지 않습니다.

12 철 고리와 플라스틱 고리의 혼합물을 분리할 때 필요한 도구는 어느 것입니까? ( )

① 체 　　　　② 자석
③ 스포이트 　　④ 증발 접시
⑤ 페트리 접시

[13~15] 철 캔과 알루미늄 캔을 분리하는 자동 분리기입니다.

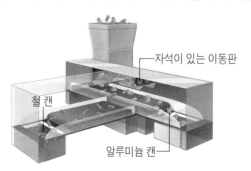

자석이 있는 이동판
철 캔
알루미늄 캔

13 위 자동 분리기에서 철 캔과 알루미늄 캔을 분리하는 데 사용하는 도구를 쓰시오.

( )

14 앞 13번에서 위쪽 자석이 있는 이동판에 붙는 것은 철 캔과 알루미늄 캔 중 어느 것입니까?

( )

> 🔍 관련 교과서 돋보기
>
> 철 캔과 알루미늄 캔
> • 철 캔: 녹이 잘 슬고 무겁고 단단합니다.
> • 알루미늄 캔: 녹이 잘 슬지 않고 가볍고 무릅니다.

서술형

15 앞 13번 자동 분리기에 이용된 원리를 물질의 성질과 관련지어 쓰시오.

_____

16 설탕과 좁쌀이 섞여 있는 혼합물을 분리할 수 있는 방법은 무엇입니까? ( )

① 설탕이 물에 녹는 성질을 이용한다.
② 좁쌀이 자석에 붙는 성질을 이용한다.
③ 좁쌀 알갱이가 설탕 알갱이보다 큰 성질을 이용한다.
④ 설탕과 좁쌀의 알갱이 모양이 다른 성질을 이용한다.
⑤ 설탕 알갱이가 좁쌀 알갱이보다 작은 성질을 이용한다.

17 민선이는 소금과 모래의 혼합물을 분리하려고 다음과 같은 실험 재료를 준비하였습니다. 혼합물을 분리할 때 이용하려는 성질은 무엇입니까? ( )

> 물, 비커, 깔때기, 거름종이

① 증발하는 성질   ② 물에 뜨는 성질
③ 물에 녹는 성질   ④ 자석에 붙는 성질
⑤ 알갱이의 모양 차이

18 소금과 모래의 혼합물을 다음과 같은 실험 장치로 분리하려고 합니다. 필요한 준비물을 ●보기●에서 모두 골라 기호를 쓰시오.

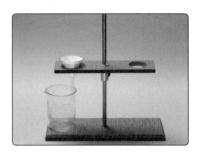

> ●보기●
> ㉠ 깔때기   ㉡ 삼발이
> ㉢ 거름종이   ㉣ 비커
> ㉤ 증발 접시   ㉥ 알코올램프

( )

19 위 18번 실험 장치로 소금과 모래의 혼합물에 물을 붓고 걸렀을 때 거름종이에 남아 있는 물질과 거름종이를 빠져나간 물질을 각각 쓰시오.

⑴ 남아 있는 물질: ( )
⑵ 빠져나간 물질: ( )

20 소금과 모래를 물에 녹인 혼합물을 거름 장치로 거른 뒤 거른 물질을 증발 접시에 붓고 가열하였습니다. 증발 접시에서 나타나는 현상으로 바른 것은 어느 것입니까?

( )

① 거품이 발생한다.
② 얼어서 단단해진다.
③ 액체의 양이 늘어난다.
④ 하얀색 고체가 생긴다.
⑤ 검은색 가루 물질이 생긴다.

1 과학자는 탐구 대상을 측정할 때 도구를 사용합니다. 눈금실린더의 눈금을 바르게 읽는 방법은 무엇인지 ( ) 안에 알맞은 말을 쓰시오.

> 액체의 가운데 오목한 부분에 눈높이를 ( )으로 맞춘 상태에서 눈금을 읽는다.

( )

· 서술형 ·

2 탐구한 내용을 다른 사람에게 전달할 때 몸짓, 표, 그림, 그래프 등을 사용하여 설명하는 까닭은 무엇인지 쓰시오.

_____

3 지층의 모습을 보고 해당하는 것끼리 선으로 연결하시오.

(1)    ·   · ㉠ 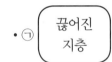 끊어진 지층

(2)    ·   · ㉡  휘어진 지층

4 오른쪽은 자갈, 모래, 진흙을 정한 순서대로 넣고 지층 모형을 만든 것입니다. 가장 먼저 만들어진 층은 어느 것인지 기호를 쓰시오.

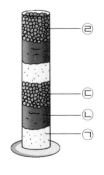

( )

5 지층 모형과 실제 지층을 비교하였을 때 공통점으로 바른 것은 무엇입니까? ( )

① 층이 여러 개다.
② 암석으로 이루어졌다.
③ 단단한 정도가 비슷하다.
④ 각 층의 두께가 일정하다.
⑤ 먼저 만들어진 층이 위쪽에 위치한다.

🔍 관련 교과서 돋보기

지층 모형의 재료 ⑩
• 투명한 플라스틱 컵과 콩, 팥, 쌀을 이용합니다.
• 투명한 플라스틱 컵과 자갈, 모래, 진흙을 이용합니다.
• 둥근 원통과 자갈, 모래, 진흙을 이용합니다.
• 투명한 통과 색 모래, 색 자갈을 이용합니다.
• 식빵, 잼, 치즈, 햄, 코코아 가루를 이용합니다.

· 서술형 ·

6 실제 지층이 만들어져 발견되기까지의 과정입니다. ㉣에 알맞은 과정을 쓰시오.

> ㉠ 물이 운반한 자갈, 모래, 진흙 등이 바다나 호수에 쌓인다.
> ㉡ 자갈, 모래, 진흙이 계속 쌓이면 먼저 쌓인 것이 눌린다.
> ㉢ 오랜 시간이 지나면 자갈, 모래, 진흙이 단단하게 굳어져 지층이 만들어진다.
> ㉣ _____

[7~9] 여러 가지 퇴적암을 관찰하여 보았습니다.

▲ 이암   ▲ 사암   ▲ 역암

7 위 퇴적암 중 주로 알갱이의 크기가 작은 진흙이 굳어져 만들어진 퇴적암을 골라 쓰시오.

( )

8 앞 7번 퇴적암들의 특징을 알아보는 방법으로 바르지 않은 것은 어느 것입니까? (   )

① 색깔을 관찰한다.
② 표면을 만져본다.
③ 암석의 크기를 관찰한다.
④ 알갱이의 종류를 관찰한다.
⑤ 암석의 단단한 정도를 알아본다.

9 앞 7번 암석 중 역암에 대한 설명으로 바르지 않은 것은 어느 것입니까? (   )

① 알갱이의 크기가 일정하다.
② 이암보다 알갱이의 크기가 크다.
③ 알갱이에 자갈이 포함되어 있다.
④ 여러 가지 색깔의 알갱이가 있다.
⑤ 만져 보면 매끄러운 부분과 거친 부분이 있다.

10 퇴적암 모형을 만드는 과정입니다. 실제 퇴적암이 만들어질 때 위에 쌓인 퇴적물에 의해 눌리는 과정에 해당하는 것을 ●보기●에서 골라 기호를 쓰시오.

┌─보기─────────────────────────┐
│ ㉠ 섞인 자갈, 모래, 진흙을 플라스틱 컵에 $\frac{1}{3}$ 정 │
│   도 넣는다.   │
│ ㉡ ㉠에 넣은 양의 절반 정도의 물 풀을 섞은 다 │
│   음, 나무 막대로 섞어 반죽을 만든다.   │
│ ㉢ 다른 플라스틱 컵으로 반죽을 누르면서 플라 │
│   스틱 컵 속의 알갱이들을 관찰해 본다.   │
└────────────────────────────────┘

(   )

[11~12] 자갈, 모래, 진흙으로 역암 모형을 만드는 과정입니다.

㉠  ㉡

11 위와 같이 역암 모형을 만들 때 ㉠에 넣는 목공용 풀의 역할은 무엇입니까? (   )

① 모래를 부드럽게 만들어준다.
② 자갈을 녹여 섞이기 쉽게 한다.
③ 퇴적암 모형의 모양을 예쁘게 한다.
④ 퇴적암 모형의 촉감을 부드럽게 한다.
⑤ 자갈, 모래, 진흙 사이의 빈 곳을 채워주고 서로 붙여 준다.

┌─ 관련 교과서 돋보기 ──────────────┐
│ 역암 모형 만들기   │
│ • 종이컵에 자갈, 모래, 진흙을 넣고 나무 막대기로 섞습니다. │
│ • 자갈, 모래, 진흙의 표면을 덮을 정도로 목공용 풀을 넣고 │
│   나무 막대기로 섞습니다.   │
│ • 플라스틱 컵으로 자갈, 모래, 진흙, 목공용 풀이 섞인 반죽 │
│   을 눌러 하루 동안 그대로 놓아둡니다.   │
└────────────────────────────────┘

12 역암 모형이 굳은 후 꺼내 보았을 때 처음과 달라진 점은 무엇인지 ●보기●에서 골라 기호를 쓰시오.

┌─보기─────────────────────────┐
│ ㉠ 자갈, 모래, 진흙 알갱이가 커졌다.   │
│ ㉡ 반죽이 단단해졌다.   │
│ ㉢ 자갈, 모래, 진흙 알갱이의 색깔이 변했다. │
└────────────────────────────────┘

(   )

13 오른쪽은 어떤 생물의 화석인지 쓰시오.

(   )

14 화석을 동물 화석과 식물 화석으로 분류한 것입니다. 잘못 분류한 화석의 이름을 쓰시오.

동물 화석	물고기 화석, 새 발자국 화석, 삼엽충 화석
식물 화석	은행잎 화석, 고사리 화석, 매머드 화석

(   )

15 화석이 될 수 <u>없는</u> 것은 어느 것입니까? (   )

① 동물의 알
② 동물의 발자국
③ 돌로 만든 도끼
④ 식물의 단단한 줄기
⑤ 동물이 기어간 흔적

16 알맞은 말에 각각 ○표 하시오.

화석이 만들어질 때 생물의 몸체나 흔적 위에 퇴적물이 ㉠(느리게 , 빠르게) 쌓여야 하고, 식물의 줄기 등과 같이 ㉡(물렁한 , 단단한) 부분이 있으면 화석이 만들어지기 쉽다.

〔서술형〕
17 실제 화석이 만들어지는 과정을 간단히 쓰시오.

_____

_____

_____

18 화석 모형을 만드는 방법입니다. 실제 어떤 화석의 모형인지 ○표 하시오.

- 찰흙 반대기에 조개껍데기를 올려놓고 손으로 누른 다음, 그 위에 지점토 반대기를 덮어 누른다.
- 지점토 반대기와 조개껍데기를 떼어 낸다.
- 찰흙 반대기에 생긴 흔적에 석고 반죽을 붓고 지점토 반대기로 덮는다.
- 석고 반죽이 굳으면 화석 모형을 떼어 낸다.

(1)   (2)

(   )   (   )

19 고사리 화석이 발견된 지역의 당시 환경을 짐작해 보려고 합니다. 고사리에 대해 조사해야 할 내용은 어느 것입니까? (   )

① 고사리의 가격
② 고사리의 종류
③ 고사리의 효능
④ 고사리의 요리법
⑤ 고사리가 잘 살 수 있는 조건

20 공룡 화석의 발견으로 알 수 있는 사실을 ◦보기◦에서 골라 기호를 쓰시오.

◦보기◦
㉠ 오늘날에 공룡이 사라진 까닭을 정확하게 알 수 있다.
㉡ 공룡이 살던 시기에 쌓인 지층이라는 것을 알 수 있다.
㉢ 당시 그 지역에 살던 공룡의 정확한 수를 알 수 있다.

(   )

1 씨를 관찰할 때 살펴보아야 할 특징으로 알맞지 <u>않은</u> 것은 어느 것입니까? (   )

① 크기
② 색깔
③ 가격
④ 모양
⑤ 만졌을 때의 느낌

🔍 관련 교과서 돋보기

여러 가지 씨를 관찰하는 방법
• 돋보기를 이용하여 눈으로 씨의 색깔과 모양을 관찰합니다.
• 손을 이용하여 만졌을 때의 느낌을 알아봅니다.
• 자를 이용하여 씨의 크기를 관찰합니다.

2 여러 가지 씨에 대한 설명으로 바르지 <u>않은</u> 것은 어느 것입니까? (   )

① 볍씨: 노란색이고 길쭉하다.
② 호두: 동그랗고 주름이 있다.
③ 사과씨: 둥글고 길쭉하며 한쪽 끝이 뾰족하다.
④ 옥수수씨: 윗부분은 둥글고, 양옆은 모가 나 있다.
⑤ 채송화씨: 길쭉하며 검붉은색 또는 알록달록한 색이다.

3 강낭콩이 싹 트는 데 물이 미치는 영향을 알아보는 실험 조건으로 바른 것은 어느 것입니까? (   )

구분	같게 할 조건	다르게 할 조건
①	물	온도, 공기
②	온도	물, 공기
③	물, 공기	온도
④	온도, 공기	물
⑤	햇빛, 물	온도

4 크기가 같은 페트리 접시 두 개에 탈지면을 깔고 강낭콩을 올려놓은 다음, 한쪽 페트리 접시에만 물을 뿌렸습니다. 약 5~7일 후 페트리 접시의 변화로 무엇을 알 수 있는지 쓰시오.

▲ 물을 뿌린 것   ▲ 물을 뿌리지 않은 것

_____

_____

_____

5 식물의 한살이 관찰 계획을 세울 때 관찰해야 할 내용으로 알맞지 <u>않은</u> 것은 어느 것입니까? (   )

① 꽃의 개수
② 잎의 크기
③ 열매의 맛
④ 줄기의 굵기
⑤ 씨가 싹 트는 모습

6 화분에 씨를 심는 깊이로 알맞은 것은 어느 것입니까? (   )

① 씨 크기와 같은 깊이
② 씨 크기의 2~3배 깊이
③ 씨 크기의 4~5배 깊이
④ 씨 크기의 6~7배 깊이
⑤ 가능한 화분 바닥에 가깝도록

[7~8] 옥수수와 강낭콩이 싹 터서 자란 모습입니다.

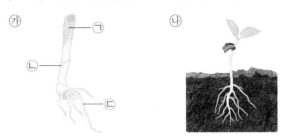

7 ㉮와 ㉯ 중 강낭콩이 싹 터서 자란 모습은 어느 것인지 기호를 쓰시오.

( )

8 위 ㉠~㉢ 중 옥수수가 싹 터서 자라는 과정에서만 관찰할 수 있는 부분의 기호와 이름을 쓰시오.

( )

9 식물이 자라는 데 어떤 조건이 필요한지 알아보는 실험입니다. 실험에서 다르게 한 조건은 무엇인지 쓰시오.

( )

10 온도 조건만 다르게 하고 강낭콩을 길렀을 때 가장 잘 자라는 경우는 어느 것입니까? ( )

① 온도가 적당한 곳에 둔 강낭콩
② 온도가 매우 높은 곳에 둔 강낭콩
③ 온도가 매우 낮은 곳에 둔 강낭콩
④ 온도가 높은 곳에 두었다가 낮은 곳으로 옮긴 강낭콩
⑤ 온도가 낮은 곳에 두었다가 높은 곳으로 옮긴 강낭콩

11 식물이 자라는 데 필요한 조건에 대한 설명입니다. ( ) 안에 알맞은 말을 바르게 짝 지은 것은 어느 것입니까? ( )

> 식물이 잘 자라려면 적당한 양의 (㉠), 적당한 (㉡), 빛이 필요하다.

구분	㉠	㉡
①	물	소리
②	물	온도
③	바람	온도
④	바람	공기
⑤	바람	물

12 강낭콩의 어느 부분이 자란 정도를 관찰하는 것인지 쓰시오.

( )

13 날짜별로 강낭콩의 줄기가 자란 정도를 측정한 것입니다. 알 수 있는 것은 무엇입니까? ( )

측정한 날짜	4월 1일	4월 6일	4월 11일	4월 16일
줄기의 길이	1 cm	2 cm	3.5 cm	5.5 cm

① 식물이 자랄수록 잎이 넓어진다.
② 식물이 자랄수록 잎이 길어진다.
③ 식물이 자랄수록 줄기가 굵어진다.
④ 식물이 자랄수록 줄기가 길어진다.
⑤ 식물이 자랄수록 가지의 개수가 많아진다.

14 투명하지 않은 화분에 심은 식물의 자란 정도를 측정할 때 관찰하기 어려운 모습은 어느 것입니까?

( )

① 잎이 넓어지는 모습
② 뿌리가 길어지는 모습
③ 잎의 길이가 길어지는 모습
④ 잎의 개수가 많아지는 모습
⑤ 줄기의 길이가 길어지는 모습

15 ( ) 안에 공통으로 알맞은 말을 쓰시오.

강낭콩에 맺힌 꽃봉오리는 점점 벌어져 꽃이 핀다. 활짝 핀 강낭콩의 꽃이 지고 나면 그 자리에 열매가 생기는데, 이 열매를 ( )라고 한다. ( ) 속에는 새로운 강낭콩이 들어 있다.

( )

16 강낭콩의 꽃과 열매의 자람을 관찰하는 방법으로 바르지 않은 것은 어느 것입니까? ( )

① 꼬투리의 수를 세면서 관찰한다.
② 열매의 크기를 재면서 관찰한다.
③ 꽃의 색깔과 모양의 변화를 관찰한다.
④ 꽃이 자라는 모습을 그림으로 그리면서 관찰한다.
⑤ 열매의 길이 변화를 관찰할 때마다 서로 다른 열매의 길이를 잰다.

17 강낭콩이 자라는 과정을 나타낸 것입니다. ㉠과 ㉡ 중 먼저 볼 수 있는 것은 어느 것인지 쓰시오.

㉠
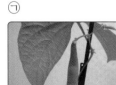

㉡

( )

18 알맞은 말에 각각 ○표 하시오.

한 해 동안 한살이 과정을 거치고 죽는 식물을 ㉠ (한해살이 식물, 여러해살이 식물)이라고 하고, 여러 해를 살면서 한살이 과정의 일부를 되풀이하는 식물을 ㉡ (한해살이 식물, 여러해살이 식물)이라고 한다.

🔍 관련 교과서 돋보기

한해살이 식물과 여러해살이 식물
• 한해살이 식물: 나팔꽃, 강낭콩, 강아지풀, 해바라기 등
• 여러해살이 식물: 비비추, 민들레, 괭이밥, 무궁화, 사과나무 등

서술형
19 벼의 한살이는 어떤 특징이 있는지 쓰시오.

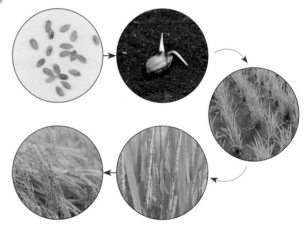

20 다음과 같은 한살이 과정을 한 해 동안에 거치는 식물은 어느 것입니까? ( )

씨 → 싹이 튼다. → 잎과 줄기가 자란다. → 꽃이 핀다. → 열매를 맺어 씨를 만들고 죽는다.

① 진달래   ② 봉숭아
③ 민들레   ④ 감나무
⑤ 사과나무

1 다음 설명 중 바른 것에 ○표, 바르지 않은 것에 ×표 하시오.

⑴ 물체의 크기가 클수록 무겁다.   (   )

⑵ 손으로 물체의 무게를 어림하면 정확한 무게를 알 수 있다.   (   )

⑶ 물체의 무게를 정확히 측정하려면 저울을 사용한다.   (   )

2 물체의 무게 측정이 필요한 까닭입니다. (   ) 안에 알맞은 말을 쓰시오.

> 손으로 물체를 들어 보면 물체의 무게를 어림 할 수는 있지만, 정확한 무게는 알 수 없다. (   )을 사용하면 물체의 무게를 정확하게 측정할 수 있다.

(   )

3 물체의 무게를 정확하게 측정하지 않았을 때 생기는 불편한 경우로 알맞지 않은 것은 어느 것입니까?

(   )

① 요리할 때마다 음식의 맛이 다르다.
② 같은 가격으로 산 당근의 양이 다르다.
③ 물건의 가격을 정확하게 정할 수 있다.
④ 택배 상자의 무게를 알 수 없어 요금을 정하기 어렵다.
⑤ 재료의 양이 정확하지 않아 빵을 원하는 대로 만들 수 없다.

4 물체 한 개를 한쪽 판에 올려놓고 판의 수평을 잡으려면 무게가 같은 물체 한 개를 다른 쪽 판의 어느 곳에 올려놓아야 하는지 번호를 쓰시오.

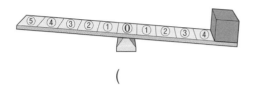

(   )

> 🔍 관련 교과서 돋보기
>
> 수평 잡기를 할 때 필요한 준비물
> 숫자가 표시된 판, 받침대, 무게가 같은 물체 여러 개

5 양팔저울의 저울대에 대한 설명으로 바른 것은 어느 것입니까? (   )

① 눈금을 읽는 곳이다.
② 영점을 조절하는 곳이다.
③ 물체를 올려놓는 곳이다.
④ 양쪽에 저울접시를 거는 곳이다.
⑤ 가운데가 받침점 역할을 할 수 있도록 걸어 놓은 세로 부분이다.

6 나무토막 한 개를 왼쪽 나무판자 ④에 올려놓았을 때, 나무토막 두 개를 오른쪽 나무판자의 어느 곳에 올려놓아야 수평을 잡을 수 있는지 쓰시오.

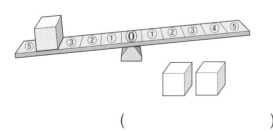

(   )

7 나무판자를 사용하여 물체의 무게를 비교하는 방법으로 바른 것은 어느 것입니까? (   )

① 두 물체를 모두 나무판자의 받침점 위에 올려놓는다.
② 왼쪽 나무판자 ①, 오른쪽 나무판자 ②에 각각 한 개씩 올려놓는다.
③ 왼쪽 나무판자 ②, 오른쪽 나무판자 ④에 각각 한 개씩 올려놓는다.
④ 왼쪽 나무판자 ④, 오른쪽 나무판자 ②에 각각 한 개씩 올려놓는다.
⑤ 왼쪽 나무판자 ⑤, 오른쪽 나무판자 ⑤에 각각 한 개씩 올려놓는다.

8 양팔저울에서 용수철저울의 고리와 같은 역할을 하는 부분의 기호와 이름을 쓰시오.

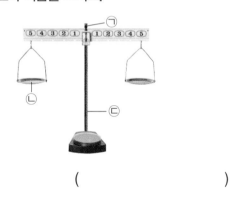

(   )

9 몸무게가 다른 두 사람이 시소의 수평을 잡은 모습입니다. 몸무게가 더 무거운 사람은 누구인지 쓰시오.

(   )

10 양팔저울로 무게를 비교한 것입니다. 가벼운 물체는 어느 것입니까?

(   )

11 물체의 무게에 따라 용수철이 늘어난 길이를 알아보는 실험 장치를 만드는 과정을 순서대로 기호를 쓰시오.

┌─────────────────────────────────┐
│ ㉠ 추 한 개에 붙임딱지를 붙인 뒤 추를 용수철 │
│   에 건다. │
│ ㉡ 종이 자의 눈금 '0'을 용수철 끝에 맞추고, 셀 │
│   로판테이프로 스탠드에 고정한다. │
│ ㉢ 용수철을 스탠드에 걸어 고정한다. │
└─────────────────────────────────┘

(   )

12 위 **11**번 실험 장치를 만드는 모습으로 바르지 않은 것은 어느 것입니까? (   )

① 막대자석도 필요하다.
② 용수철을 스탠드에 걸어 고정한다.
③ 용수철, 종이 자, 추 등이 필요하다.
④ 실험 시작 전에 추 한 개를 먼저 건다.
⑤ 종이 자의 눈금 '0'을 용수철 끝에 맞춘다.

13 용수철에 추 두 개를 걸었을 때 늘어난 용수철의 길이를 알아보려면 어느 위치를 재야 하는지 ○표 하시오.

(1) 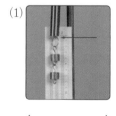   (2)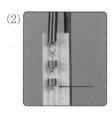

(   )   (   )

14 물체의 무게와 용수철의 길이 사이의 관계에 대한 설명으로 바른 것은 어느 것입니까? (   )

① 늘어난 용수철의 길이는 물체의 크기이다.
② 물체의 모양에 따라 용수철이 일정하게 늘어난다.
③ 물체의 무게가 무거울수록 용수철은 많이 늘어난다.
④ 물체의 무게가 무거울수록 용수철은 많이 줄어든다.
⑤ 늘어난 용수철의 길이로 물체의 무게를 비교할 수 없다.

서술형

15 용수철저울의 사용 방법입니다. 빈칸에 들어갈 내용을 쓰시오.

> • 스탠드에 용수철저울을 건다.
> •
> • 용수철저울의 고리에 물체를 걸고 표시 자가 가리키는 눈금의 숫자를 단위와 같이 읽는다.

_____

16 용수철저울에 대한 설명으로 바른 것은 어느 것입니까? (   )

① 물체를 먼저 건 다음 영점을 조절한다.
② 추나 물체를 거는 부분을 손잡이라고 한다.
③ 측정할 수 있는 무게의 범위는 정해져 있지 않다.
④ 표시 자를 눈금의 '0'에 맞추는 부분은 영점 조절 나사이다.
⑤ 용수철저울의 고리와 관찰자의 눈이 수평이 되는 곳의 눈금이 물체의 무게이다.

17 용수철저울에 표시된 작은 눈금보다 가벼운 물체를 걸었을 때에 대해 <u>잘못</u> 말한 친구의 이름을 쓰시오.

> • 선우: 무게를 정확히 측정할 수 없어.
> • 민재: 눈금의 변화 정도가 너무 작아.
> • 지현: 용수철이 너무 많이 늘어나서 저울이 고장날 수 있어.

(   )

18 용수철저울에 물체를 걸었을 때 표시 자가 가리키는 눈금을 보고 물체의 무게는 얼마인지 쓰시오.

(   )

19 용수철과 종이 접시를 사용하여 만든 저울입니다. 어떤 성질을 이용해서 만든 것입니까?

(   )

① 직각의 원리
② 평행의 원리
③ 전기의 원리
④ 용수철의 원리
⑤ 수평 잡기의 원리

20 다음 저울의 원리와 쓰임새에 대해 쓰시오.

_____

_____

🔍 **관련 교과서 돋보기**

저울에 이용한 성질
• 용수철의 성질을 이용한 저울: 용수철저울, 가정용 저울, 체중계 등
• 수평 잡기의 원리를 이용한 저울: 양팔저울

1 천연 방향제에 대해 바르게 말한 친구의 이름을 쓰시오.

> • 민지: 천연 방향제는 혼합물이 아니야.
> • 정우: 천연 방향제는 여러 가지 재료를 섞어 놓은 것이야.
> • 승현: 천연 방향제에 들어 있는 각 재료의 성질은 섞기 전과 달라졌어.

( )

🔍 관련 교과서 **돋보기**

천연 방향제
• 여러 가지 꽃, 나뭇잎, 나뭇가지, 열매 등을 말려서 그릇이나 주머니에 담아 향이 퍼지도록 만든 것입니다.
• 천연 방향제는 혼합물입니다.

2 생활 속에서 볼 수 있는 혼합물이 <u>아닌</u> 것은 어느 것입니까? ( )

① 설탕   ② 역암
③ 우유   ④ 바닷물
⑤ 흙탕물

3 철 구슬, 유리구슬, 스타이로폼 구슬을 빈 그릇에 넣고 섞어 보았습니다. 설명 중 바르지 <u>않은</u> 것은 어느 것입니까? ( )

① 철 구슬은 촉감이 매끄럽다.
② 철 구슬은 단단해서 긁히지 않는다.
③ 유리구슬은 알록달록한 무늬가 있다.
④ 스타이로폼 구슬은 물에 가라앉는다.
⑤ 세 가지 구슬을 섞어도 각각의 구슬의 성질은 변화가 없이 그대로이다.

🔍 관련 교과서 **돋보기**

섞여 있는 철 구슬, 유리구슬, 스타이로폼 구슬의 성질 알아보기
• 철 구슬, 유리구슬, 스타이로폼 구슬을 찾아봅니다.
• 섞여 있는 구슬의 색깔, 촉감, 단단함을 비교해 봅니다.
• 섞여 있는 구슬을 물에 넣어 봅니다.

4 우유를 분리하여 만들 수 있는 것을 모두 고르시오.

(,)

① 치즈   ② 버터
③ 김치   ④ 두부
⑤ 설탕

5 혼합물을 분리하면 좋은 점에 대한 설명입니다. 바른 것에 ○표, 바르지 <u>않은</u> 것에 ×표 하시오.

(1) 원하는 물질을 얻을 수 있지만, 다른 물질과 섞여서 사용하기 어렵다. ( )
(2) 원하는 물질을 얻을 수 있고, 다른 물질과 섞여서 생활의 필요한 곳에 이용할 수 있다. ( )

6 검은콩, 쌀, 좁쌀의 특징을 비교한 것입니다. ㉠~㉢에 알맞은 물질을 각각 쓰시오.

구분	모양	색깔	크기
㉠	둥글다.	노란색	가장 작다.
㉡	길쭉하다.	흰색	중간 크기이다.
㉢	둥글다.	검은색	가장 크다.

㉠: ( )
㉡: ( )
㉢: ( )

7 모래사장에서 해변 쓰레기 수거 장비로 철 조각, 플라스틱 조각, 동전 등을 모래와 분리합니다. 이 장비에서 이용되는 성질은 무엇입니까? ( )

① 물에 녹는 성질
② 자석에 붙는 성질
③ 알갱이의 크기 차이
④ 알갱이의 색깔 차이
⑤ 알갱이의 모양 차이

8 메주콩, 쥐눈이콩, 좁쌀의 혼합물을 체로 분리하는 것은 어떤 차이점을 이용한 것인지 쓰시오.

( )

관련 교과서 돋보기

메주콩, 쥐눈이콩, 좁쌀

구분	모양	색깔	크기
메주콩	둥글다.	노란색	가장 크다.
쥐눈이콩	둥글다.	검은색	중간 크기이다.
좁쌀	둥글다.	노란색	가장 작다.

9 공사장에서 체를 사용하여 모래와 자갈을 분리하는 모습입니다. 체의 앞부분인 ㉠ 부분에 남는 물질은 무엇인지 쓰시오.

( )

서술형

10 생활 속에서 알갱이의 크기 차이를 이용하여 혼합물을 분리하는 예를 한 가지 쓰시오.

_____

_____

11 플라스틱 고리와 철 클립의 혼합물을 분리하는 데 필요한 도구는 무엇입니까? ( )

① 물 ② 체
③ 자석 ④ 증발접시
⑤ 핀셋

12 고추를 빻는 기계는 철로 만듭니다. 고춧가루가 나오는 아래쪽 뒷면에 자석이 붙어 있는 까닭은 무엇입니까? ( )

① 고춧가루의 색깔을 더 좋게 하기 위해
② 고춧가루의 매운 맛을 약하게 하기 위해
③ 고춧가루의 매운 맛을 더 강하게 하기 위해
④ 고춧가루의 양을 더 많아 보이도록 하기 위해
⑤ 고춧가루에 섞여 있는 철 가루를 분리하기 위해

서술형

13 모래와 철 가루의 혼합물을 분리할 수 있는 방법을 한 가지 쓰시오.

_____

14 플라스틱 구슬, 철 구슬, 나무 구슬의 특징입니다. 플라스틱 구슬, 철 구슬, 나무 구슬의 혼합물을 분리하는 방법을 모두 고르시오. (,)

• 나무 구슬의 크기가 가장 크다.
• 철 구슬과 플라스틱 구슬의 크기는 비슷하다.

① 물에 녹인다.
② 체를 사용한다.
③ 자석을 사용한다.
④ 손으로 분리한다.
⑤ 입으로 바람을 불어 본다.

15 알루미늄 캔과 철 캔을 자동 분리기에 넣었을 때 위쪽에 철 캔이 달라붙는 까닭은 위쪽에 무엇이 있기 때문인지 쓰시오.

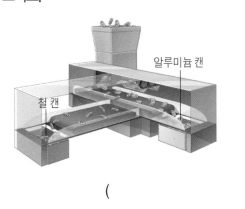

철 캔   알루미늄 캔

(   )

16 소금과 모래의 혼합물을 분리하려고 합니다. 소금과 모래의 특징으로 바르지 <u>않은</u> 것은 어느 것입니까? (   )

① 소금은 물에 녹는다.
② 모래는 물에 녹지 않는다.
③ 모래는 자석에 잘 붙는다.
④ 소금과 모래의 알갱이 크기는 비슷하다.
⑤ 소금과 모래의 알갱이는 모두 거름종이를 빠져나가지 못한다.

17 소금과 좁쌀의 혼합물을 분리하기 위한 장치입니다. 꾸미는 방법으로 바른 것에 ○표 하시오.

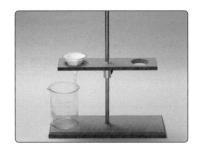

(1) 깔때기 끝의 긴 부분을 비커의 가운데 오도록 한다. (   )

(2) 거름종이에 물을 묻혀 깔때기에 달라붙도록 한다. (   )

(3) 거름종이는 접었을 때 깔때기의 크기보다 큰 것을 사용한다. (   )

18 소금과 색 모래의 혼합물을 분리하기 위해 거름 장치를 꾸밀 때, 거름종이를 접는 순서대로 기호를 쓰시오.

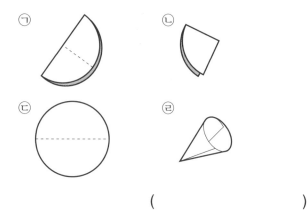

㉠   ㉡

㉢   ㉣

(   )

19 전통 장을 만들 때 거름종이와 같은 역할을 하는 것의 기호를 쓰시오.

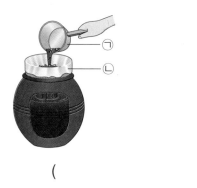

㉠
㉡

(   )

· 서술형 ·

20 소금과 좁쌀의 혼합물을 물에 녹여 거름 장치로 거른 후, 거름종이를 빠져나간 물질을 증발 접시에 붓고 알코올램프로 가열했을 때 나타나는 현상을 한 가지 쓰시오.

1 탐구 활동 중 무엇에 대한 설명인지 ◦보기◦에서 골라 쓰시오.

> 이미 관찰하거나 경험한 것을 바탕으로 앞으로 일어날 수 있는 일을 생각하는 것이다.

◦보기◦
> 관찰   측정   예상

( )

2 과학적인 추리를 하는 방법으로 바르지 않은 것을 ◦보기◦에서 골라 기호를 쓰시오.

◦보기◦
> ㉠ 탐구 대상을 다양하고 정확하게 관찰한다.
> ㉡ 자신의 경험과는 관련짓지 않는다.
> ㉢ 과학적인 지식을 이용한다.

( )

3 지층에 대한 설명으로 바르지 않은 것을 모두 고르시오. (,)

① 층의 두께가 일정하다.
② 암석으로 이루어져 있다.
③ 층마다 색깔이 다양하다.
④ 지층은 모두 휘어져 있다.
⑤ 시루떡처럼 여러 겹의 층이 있다.

4 여러 가지 지층을 비교하였을 때 공통점으로 바른 것을 모두 고르시오. (,)

① 줄무늬가 보인다.
② 지층이 수직으로 쌓여 있다.
③ 여러 개의 층으로 이루어져 있다.
④ 위쪽보다 아래쪽의 층이 더 두껍다.
⑤ 위쪽보다 아래쪽 층의 색깔이 더 진하다.

5 물을 넣은 원통에 자갈, 모래, 진흙을 정한 순서대로 넣어 지층 모형을 만들었을 때, 모둠마다 층의 두께가 다른 까닭을 ◦보기◦에서 골라 기호를 쓰시오.

◦보기◦
> ㉠ 넣은 자갈, 모래, 진흙의 양이 다르기 때문이다.
> ㉡ 넣은 자갈, 모래, 진흙의 무게가 다르기 때문이다.
> ㉢ 자갈, 모래, 진흙을 넣은 시간이 다르기 때문이다.

( )

6 다음과 같은 지층에서 ㉢보다 먼저 만들어진 층은 어느 것인지 기호를 쓰시오.

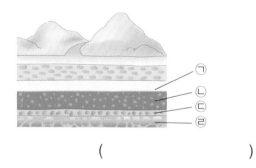

( )

7 퇴적암의 종류와 주로 이루고 있는 물질을 바르게 선으로 연결하시오.

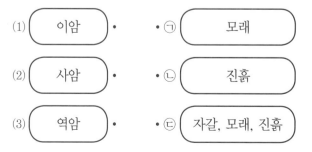

(1) 이암 • • ㉠ 모래

(2) 사암 • • ㉡ 진흙

(3) 역암 • • ㉢ 자갈, 모래, 진흙

8 이암, 사암, 역암 중 어떤 퇴적암을 관찰한 것인지 쓰시오.

> • 연한 갈색이나 노란색이다.
> • 만졌을 때 부드럽고 매끄럽다.
> • 주로 진흙과 같이 작은 크기의 알갱이로 이루어졌다.

(   )

9 여러 가지 퇴적암에 대한 설명으로 바른 것을 모두 고르시오. (,   )

① 대부분의 지층을 이루는 암석이다.
② 알갱이의 색깔에 따라 구분한 것이다.
③ 사암은 이암보다 알갱이의 크기가 작다.
④ 이암을 만져 보면 대부분 거칠거칠하다.
⑤ 역암은 주로 자갈, 모래, 진흙으로 이루어져 있다.

10 퇴적암 모형을 만드는 과정에서 다른 종이컵으로 튀밥 반죽을 누르는 까닭은 무엇인지 •보기•에서 골라 기호를 쓰시오.

> ┌─────•보기•─────┐
> ㉠ 튀밥 알갱이의 크기를 커지게 하기 위해서이다.
> ㉡ 종이컵에 튀밥 알갱이를 붙이기 위해서이다.
> ㉢ 튀밥 알갱이 사이의 공간을 좁게 하기 위해서이다.

(   )

> 🔍 관련 교과서 돋보기
>
> **튀밥으로 퇴적암 모형 만들기**
> • 종이컵에 튀밥을 절반 정도 넣고, 조청을 넣습니다.
> • 나무 막대로 튀밥과 조청을 잘 섞습니다.
> • 다른 종이컵으로 튀밥 반죽을 세게 누릅니다.
> • 튀밥 반죽이 굳으면 종이컵을 찢어서 튀밥을 꺼냅니다.

11 퇴적암 모형 만들기와 실제 퇴적암이 만들어지는 과정을 비교한 것입니다. 바르면 ○표, 바르지 않으면 ✕표 하시오.

(1) 실제 퇴적암이 만들어지는 시간보다 퇴적암 모형을 만드는 데 더 오랜 시간이 걸린다. (   )
(2) 퇴적암 모형 만들기에서는 실제 퇴적암이 만들어질 때 퇴적물이 물에 의해 운반되는 과정은 빠져 있다. (   )

12 화석에 대한 설명입니다. (   ) 안에 알맞은 말을 쓰시오.

> 옛날에 살았던 생물의 몸체나 (   )이 퇴적암이나 지층 속에 남아 잇는 것을 화석이라고 한다.

(   )

13 화석을 보고 동물 화석에는 '동물', 식물 화석에는 '식물'이라고 쓰시오.

(1)

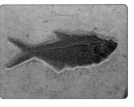

(   )

(2)

(   )

(3)

(   )

(4)

(   )

14 다음 중 화석인 것을 모두 고르시오. (　,　)

① 고인돌
② 지층 속에 있는 동물의 뼈
③ 암석에 남아 있는 나뭇잎 흔적
④ 동물이 기어간 자국이 있는 모래
⑤ 진흙 속에 남아 있는 동물 발자국

15 화석이 잘 만들어지기 위한 조건으로 바른 것은 어느 것입니까? (　　)

① 생물의 크기가 작아야 한다.
② 단단한 부분이 없어야 한다.
③ 물에서 살던 생물이어야 한다.
④ 오늘날에도 살고 있는 생물이어야 한다.
⑤ 생물의 몸체 위에 퇴적물이 빠르게 쌓여야 한다.

[16~17] 다음을 보고 물음에 답하시오.

16 ㉠, ㉡ 중 화석은 어느 것인지 쓰시오.

(　　　　　)

서술형

17 위 ㉠과 같이 단단한 암석에 새 발자국 흔적이 남아 있게 된 과정을 쓰시오.

_____

_____

18 다음과 같은 화석이 발견된 곳은 당시에 어떤 환경이 었음을 알 수 있습니까? (　　　)

▲ 산호 화석　　　　　▲ 삼엽충 화석

① 사막　　　　　　② 바다
③ 정글　　　　　　④ 넓은 들
⑤ 높은 산

서술형

19 고사리 화석입니다. 이 화석이 발견된 지역의 당시 환경은 어떠했을지 쓰시오.

_____

20 산에서 조개 화석이 발견되었을 때 짐작할 수 있는 것으로 바른 것은 어느 것입니까? (　　　)

① 옛날에는 조개의 수가 많았다.
② 당시에 조개는 산에서 살았다.
③ 당시에 그 지역은 강이나 바다였다.
④ 옛날에는 산이 없고 모두 바다였다.
⑤ 당시에 산에 살던 동물이 조개를 잡아 산에 가져 갔다.

1 여러 가지 씨를 관찰할 때 씨의 길이를 재는 데 알맞은 도구는 어느 것입니까? (   )

① 자
② 비커
③ 돋보기
④ 스포이트
⑤ 눈금실린더

2 여러 가지 씨의 특징을 관찰한 결과로 바른 것에 ○표, 바르지 <u>않은</u> 것에 ×표 하시오.

(1) 완두콩은 검붉은색이고 타원 모양이다.
(   )

(2) 봉숭아씨는 둥글고 어두운 갈색이다. (   )

(3) 수박씨는 검은색이고 납작하며 둥근 모양이다.
(   )

(4) 호두는 둥글고 길쭉하며 한쪽은 모가 나 있다.
(   )

3 씨가 싹 트는 데 물이 미치는 영향을 알아보기 위한 실험 조건입니다. 빈칸에 알맞은 조건을 쓰시오.

다르게 할 조건	같게 할 조건
	온도, 공기, 탈지면, 플라스틱 컵

관련 교과서 돋보기

씨가 싹 트는 데 필요한 조건 알아보기
• 물이 미치는 영향을 알아보는 실험 준비물: 플라스틱 컵 두 개에 탈지면을 넣고 강낭콩을 넣은 후 한쪽 플라스틱 컵에만 물을 넣습니다.
• 온도가 미치는 영향을 알아보는 실험 준비물: 플라스틱 컵 두 개에 탈지면을 넣고 강낭콩을 넣은 후 물을 넣고 한쪽 보랭 컵에만 얼음을 넣고 강낭콩이 든 플라스틱 컵을 각각 넣은 뒤 뚜껑을 닫습니다.

4 씨가 싹 트는 데 필요한 조건 중 다음 실험을 통해 알 수 있는 사실은 무엇입니까? (   )

〈실험 과정〉 페트리 접시 두 개에 각각 탈지면을 깔고 강낭콩을 올려놓은 다음, 물을 준 후 각각 검은 상자에 넣어 하나는 따뜻한 곳에 두고, 다른 하나는 냉장고 안에 넣어 둔다.
〈실험 결과〉 따뜻한 곳에 둔 강낭콩만 싹 튼다.

① 강한 바람이 필요하다.
② 쨍쨍한 햇빛이 필요하다.
③ 적당한 공기가 필요하다.
④ 알맞은 온도가 필요하다.
⑤ 많은 양의 물이 필요하다.

5 화분에 씨를 심는 방법을 순서대로 기호를 쓰시오.

㉠ 물뿌리개로 물을 충분히 준다.
㉡ 화분에 거름흙을 $\frac{3}{4}$ 정도 넣는다.
㉢ 팻말을 꽂고 햇빛이 비치는 곳에 놓아둔다.
㉣ 씨 길이의 두세 배 정도의 깊이로 씨를 심는다.
㉤ 화분 바닥에 있는 구멍을 그물망이나 작은 돌로 막는다.

(   )

6 화분에 씨를 심고 팻말을 꽂을 때 팻말에 들어갈 내용으로 알맞지 <u>않은</u> 것을 모두 고르시오. (,   )

① 식물 이름
② 식물의 맛
③ 씨를 고른 까닭
④ 씨를 심은 날짜
⑤ 씨를 심은 사람의 이름

7 강낭콩이 싹 터서 자란 모습입니다. ㉠~㉣의 이름을 각각 쓰시오.

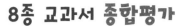

㉠: (   )

㉡: (   )

㉢: (   )

㉣: (   )

8 강낭콩이 싹 터서 자라는 과정을 순서대로 기호를 쓰시오.

> ㉠ 뿌리가 나온다.
> ㉡ 씨가 부푼다.
> ㉢ 떡잎 사이에서 본잎이 나온다.
> ㉣ 떡잎은 시들고 본잎은 계속 자란다.
> ㉤ 껍질이 벗겨지고 떡잎이 두 장 나온다.

(   )

9 식물이 자라는 데 어떤 조건이 필요한지 알아보는 실험입니다. 잎이 더 잘 자라는 것의 기호를 쓰시오.

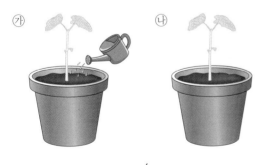

(   )

🔍 **관련 교과서 돋보기**

식물이 자라는 데 물이 영향을 주는지 알아보는 실험 장치 만들기

• 비슷한 크기로 자란 강낭콩 화분을 준비합니다.
• 한쪽 화분에만 물을 주고 다른 화분에는 계속 물을 주지 않습니다.

・서술형・

10 앞 9번 실험 결과 식물이 자라는 데 무엇이 필요한 것을 알 수 있는지 쓰시오.

_____

11 식물이 자라는 데 필요한 조건에 대한 설명 중 바른 것에 ○표, 바르지 않은 것에 ×표 하시오.

(1) 식물은 온도가 적당한 곳에서 잘 자란다.

(   )

(2) 식물이 잘 자라는 데 물은 필요하지 않다.

(   )

(3) 식물이 잘 자라는 데 빛이 필요하다. (   )

12 강낭콩이 자란 정도를 확인하고 알아볼 때 알맞지 않은 것은 어느 것입니까? (   )

① 잎의 크기
② 줄기의 길이
③ 줄기의 굵기
④ 떡잎의 개수
⑤ 가지의 개수

13 강낭콩의 잎과 줄기가 자라는 모습으로 바른 것은 어느 것입니까? (   )

① 잎의 개수가 줄어든다.
② 잎의 크기가 작아진다.
③ 줄기가 점점 가늘어진다.
④ 줄기의 길이가 짧아진다.
⑤ 줄기의 길이가 길어진다.

14 식물이 자라는 동안 줄기가 자란 정도를 알아보는 방법으로 바른 것을 모두 고르시오. (　　, 　　)

① 줄기의 길이를 줄자로 잰다.
② 줄기의 굵기를 줄자로 잰다.
③ 새로 난 가지의 개수를 센다.
④ 일 주일에 한 번씩 줄기의 개수를 센다.
⑤ 줄기에 모눈 투명 종이를 대고 그려서 칸을 센다.

> 관련 교과서 돋보기
>
> 잎과 줄기가 자란 정도를 측정하는 방법
> • 잎이 자란 정도: 여러 날 동안 잎의 개수와 잎의 길이를 자로 재거나 여러 날 동안 모눈종이에 잎의 본을 뜹니다.
> • 줄기가 자란 정도: 여러 날 동안 줄기의 길이와 줄기의 둘레를 줄자로 잽니다.

15 (　　) 안에 공통으로 들어갈 알맞은 말을 쓰시오.

> 식물이 자라면 꽃이 피고 꽃이 지면 그곳에 열매가 생긴다. 열매 속에는 (　　　　)가 들어 있다. (　　　　)가 땅에 떨어지면 다시 싹이 트고 자라 꽃이 피고 열매가 생긴다.

(　　　　　　　　　　)

16 강낭콩의 꽃과 열매가 자라는 과정을 순서대로 기호를 쓰시오.

ㄱ 　ㄴ

ㄷ 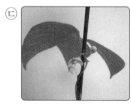　ㄹ

(　　　　　　　　　　)

17 강낭콩이 자라는 동안 꽃과 열매의 변화를 관찰한 내용이나 방법에 대한 설명으로 바르지 <u>않은</u> 것은 어느 것입니까? (　　　　)

① 꽃이 지고 열매가 생긴다.
② 열매의 크기를 재면서 관찰한다.
③ 열매의 크기 변화를 그래프로 정리한다.
④ 꽃봉오리가 변하는 모습을 그림으로 그리며 관찰할 수도 있다.
⑤ 열매의 길이 변화를 관찰할 때마다 서로 다른 열매의 길이를 잰다.

18 감나무의 한살이입니다. 감나무와 같은 한살이를 거치는 식물은 어느 것입니까? (　　　　)

① 옥수수　　　　　② 나팔꽃
③ 무궁화　　　　　④ 강낭콩
⑤ 봉숭아

19 한해살이 식물과 여러해살이 식물에 대한 설명으로 바른 것은 어느 것입니까? (　　　　)

① 풀은 모두 한해살이 식물이다.
② 사과나무는 한해살이 식물이다.
③ 나무는 모두 한해살이 식물이다.
④ 옥수수, 강낭콩은 한해살이 식물이다.
⑤ 벼, 은행나무는 여러해살이 식물이다.

서술형
20 벼와 사과나무의 한살이에서 공통점을 쓰시오.

서술형

1 네 명의 친구들이 ◦보기◦의 물체들을 손으로 들어 보고 각각 가장 무거운 물체를 골랐습니다. 친구들마다 고른 물체가 다른 까닭을 쓰시오.

┌─ 보기 ─────────────────────┐
│   풀   지우개   가위   필통 │
└─────────────────────────┘

2 연필과 색연필을 손으로 들어 보고 무게를 비교한 것으로 바른 것은 어느 것입니까? (   )

① 무게를 정확하게 비교할 수 있다.
② 연필의 무게를 정확하게 알아맞힐 수 있다.
③ 색연필의 무게를 정확하게 알아맞힐 수 있다.
④ 연필과 색연필은 손으로 비교할 수 없을 정도로 무겁다.
⑤ 연필과 색연필의 무게는 손으로 비교할 수 있지만 사람마다 느끼는 무게가 다를 수 있다.

3 물체의 무게를 정확하게 측정할 수 있는 방법으로 바른 것은 어느 것입니까? (   )

① 손으로 어림한다.
② 물체의 부피를 측정한다.
③ 저울로 무게를 측정한다.
④ 물체의 가격을 알아본다.
⑤ 다른 물체와 크기를 비교한다.

4 나무판자에 받침점을 가운데 놓고 무게가 같은 나무토막으로 수평을 잡으려면 왼쪽 나무판자의 어느 곳에 나무토막 한 개를 놓아야 하는지 번호를 쓰시오.

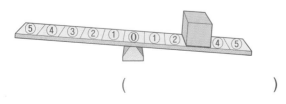

(   )

5 양팔저울에 이용된 원리는 무엇인지 기호를 쓰시오.

┌─────────────────────────┐
│ ㉠ 자석의 성질 │
│ ㉡ 용수철의 성질 │
│ ㉢ 수평 잡기의 원리 │
└─────────────────────────┘

(   )

6 무게가 같은 나무토막 두 개를 받침대의 왼쪽 판 ③에 놓았을 때, 다른 두 개의 나무토막을 어느 곳에 놓아야 수평을 잡을 수 있습니까? (   )

① 받침대의 왼쪽 판 ③   ② 받침대의 오른쪽 판 ②
③ 받침대의 왼쪽 판 ④   ④ 받침대의 오른쪽 판 ③
⑤ 받침대의 오른쪽 판 ⑤

7 양팔저울의 저울접시에 풀과 지우개를 각각 올려놓고 양팔저울이 수평이 되었을 때 다른 한쪽 저울접시에 올려놓은 클립의 개수입니다. 더 무거운 것은 어느 것인지 쓰시오.

┌─────────────────────────┐
│ • 풀: 클립 50개 │
│ • 지우개: 클립 20개 │
└─────────────────────────┘

(   )

┌─ 🔍 관련 교과서 돋보기 ──────────────────┐

양팔저울로 물체의 무게 비교하기

• 양팔저울의 양쪽에 물체를 각각 올려놓고 무게를 비교할 수 있습니다. 기울어진 쪽에 놓인 물체의 무게가 더 무겁습니다.
• 양팔저울의 한쪽 저울접시에 물체를 올려놓고, 다른 쪽 저울접시에 클립을 올려 수평을 잡은 뒤 그 개수를 세어 무게를 비교합니다.

●서술형●

8 클립을 이용하여 양팔저울로 물체의 무게를 측정하는 과정입니다. ㉢에 알맞은 과정을 쓰시오.

> ㉠ 편평한 곳에 양팔저울을 놓는다.
> ㉡ 수평 조절 장치로 저울대의 수평을 맞춘다.
> ㉢ 한쪽 저울접시에 측정할 물체를 올려놓는다.
> ㉣ 반대쪽 저울접시에 클립을 올려놓는다.
> ㉤ _____

_____

_____

9 세 가지 물체의 무게를 비교한 모습입니다. 무게가 무거운 것부터 순서대로 물체의 이름을 쓰시오.

풀　가위　가위　지우개

(　　　　　　)

10 수평이 잡힌 시소에서 성욱이가 한 칸 앞으로 받침점에 가까이 옮겨 앉으면 시소는 어떻게 되는지 ●보기●에서 골라 기호를 쓰시오.

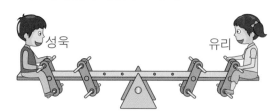

성욱　유리

●보기●

> ㉠ 아무 변화가 없다.
> ㉡ 시소가 유리 쪽으로 기울어진다.
> ㉢ 시소가 성욱이 쪽으로 기울어진다.

(　　　　　　)

11 오른쪽은 추의 무게와 용수철의 늘어난 길이와의 관계를 알아보기 위한 장치입니다. 용수철이 가장 적게 늘어나는 경우는 어느 것입니까? (　　　)

① 추를 한 개 걸었을 때
② 추를 두 개 걸었을 때
③ 추를 세 개 걸었을 때
④ 추를 네 개 걸었을 때
⑤ 추를 다섯 개 걸었을 때

12 용수철의 성질을 이용한 저울이 <u>아닌</u> 것을 모두 고르시오. (　　, 　　)

① 체중계　　　　　② 전자저울
③ 양팔저울　　　　④ 용수철저울
⑤ 가정용 저울

🔍 관련 교과서 돋보기

가정용 저울
• 용수철의 성질을 이용한 저울입니다.
• 물체를 저울 위에 올려놓으면 용수철이 늘어나면서 무게를 측정합니다.

13 오른쪽과 같이 늘어난 용수철의 길이만큼 옆에 있는 용수철을 손으로 잡아당길 때 더 세게 잡아당겨야 하는 것은 어느 것인지 기호를 쓰시오.

> ㉠ 10 g중 추 한 개를 용수철에 걸어 놓았을 때 늘어난 용수철의 길이
> ㉡ 10 g중 추 네 개를 용수철에 걸어 놓았을 때 늘어난 용수철의 길이

(　　　　　　)

14 10 g중 추의 개수를 한 개씩 늘릴 때마다 늘어난 용수철의 길이를 나타낸 표입니다. 추의 무게가 60 g중일 때 늘어난 용수철의 길이는 몇 cm로 예상할 수 있습니까? (　　　)

추의 무게(g 중)	0	10	20	30	40
늘어난 용수철의 길이(cm)	0	2	4	6	8

① 9 cm　　　　② 10 cm
③ 12 cm　　　　④ 13 cm
⑤ 14 cm

15 용수철저울의 각 부분에 대한 설명으로 바른 것은 어느 것입니까? (　　　)

① ㉠-물체를 매달지 않았을 때 표시 자가 눈금의 '0'을 가리키도록 조절하는 부분
② ㉡-용수철저울을 잡거나 스탠드에 거는 부분
③ ㉢-물체를 걸면 길이가 늘어나는 부분
④ ㉣-물체의 무게를 알려 주는 숫자가 적혀 있는 부분
⑤ ㉤-무게를 잴 물체를 거는 부분

16 용수철저울의 사용 방법에 대한 설명으로 바른 것에 ○표, 바르지 <u>않은</u> 것에 ×표 하시오.

⑴ 용수철저울의 고리에 물체를 걸고 무게를 측정한다. (　　　)
⑵ 물체를 걸어 놓은 뒤 영점 조절 나사를 돌려 표시 자의 눈금을 '0'에 맞춘다. (　　　)
⑶ 눈금을 읽을 때에는 표시 자와 눈높이를 맞추어 읽는다. (　　　)

17 용수철저울의 눈금을 읽는 모습으로 바른 것은 어느 것인지 기호를 쓰시오.

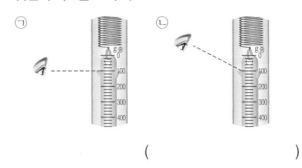

(　　　　　　　　)

18 오른쪽 용수철저울을 보고 필통의 무게는 얼마인지 쓰시오.

(　　　　　　　　)

19 바지걸이를 사용하여 만든 저울입니다. 저울에 이용된 원리는 무엇인지 쓰시오.

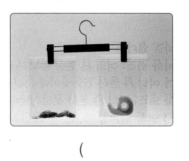

(　　　　　　　　)

20 여러 가지 저울에 이용된 원리를 설명한 것입니다. 바른 것에 ○표, 바르지 <u>않은</u> 것에 ×표 하시오.

⑴ 가정용 저울은 화면에 숫자로 물체의 무게를 표시한다. (　　　)
⑵ 양팔저울은 물체의 무게를 측정할 때 기준 물체가 필요하다. (　　　)
⑶ 체중계는 용수철의 성질을 이용한 것이다. (　　　)

1 혼합물의 특징으로 바른 것을 모두 고르시오.
(,)

① 서로 섞이면 매운 맛을 낸다.
② 한 가지 물질로 이루어진 것이다.
③ 서로 섞이면 물질의 성질이 변한다.
④ 두 가지 이상의 물질이 섞여야 한다.
⑤ 물질의 성질이 변하지 않은 채 서로 섞여 있어야 한다.

2 혼합물이 <u>아닌</u> 것은 어느 것입니까? ( )

① 당근   ② 시리얼 과자
③ 흙탕물   ④ 퇴적암(역암)
⑤ 잡곡밥

3 혼합물에 대한 설명이 바르면 ○표, 바르지 <u>않으면</u> ×표 하시오.

(1) 혼합물은 한 가지 재료로 만든 것이다.
( )

(2) 혼합물은 물질의 성질이 변하지 않은 채 섞여 있다.
( )

(3) 화단 흙은 혼합물이 아니다. ( )

4 생활 속에서 사용하는 소금은 어디에서 얻을 수 있습니까? ( )

① 소나무   ② 대나무
③ 배나무   ④ 사탕수수
⑤ 염전의 바닷물

5 혼합물을 분리하면 좋은 점을 모두 고르시오.
(,)

① 혼합물의 양이 많아진다.
② 원하는 물질을 얻을 수 있다.
③ 혼합물을 빨리 만들 수 있다.
④ 분리한 물질을 사용하는 데 오랜 시간이 걸린다.
⑤ 분리한 물질을 다른 물질과 섞어 필요한 곳에 효과적으로 이용할 수 있다.

6 체를 사용하여 분리할 수 있는 혼합물은 어느 것입니까? ( )

① 물과 기름의 혼합물
② 콩, 팥, 좁쌀의 혼합물
③ 소금과 모래의 혼합물
④ 철 가루와 고춧가루의 혼합물
⑤ 철 구슬과 플라스틱 구슬의 혼합물

7 콩, 팥, 보리의 혼합물에서 콩보다 작고 팥보다 큰 체를 사용했을 때 가장 먼저 분리되는 것은 무엇입니까? ( )

① 콩
② 팥
③ 보리
④ 모두 분리된다.
⑤ 아무것도 분리되지 않는다.

[8~9] 콩, 쌀, 좁쌀의 혼합물입니다. 물음에 답하시오.

8 위 혼합물을 분리하는 데 사용되는 도구는 무엇입니까? ( )

① 체   ② 깔때기와 알코올램프
③ 자석   ④ 증발 접시와 알코올램프
⑤ 핀셋

서술형

9 위 혼합물을 분리할 때 필요한 체의 조건을 체의 눈 크기와 관련하여 쓰시오.

_____
_____

10 알갱이의 크기 차이를 이용하여 혼합물을 분리하는 경우를 ∘보기∘에서 골라 기호를 쓰시오.

╭─보기─
│ ㉠ 공사장에서 자갈과 모래를 분리할 때
│ ㉡ 흰 바둑돌과 검은 바둑돌을 분리할 때
│ ㉢ 모래와 진흙이 섞여 있는 재첩을 분리할 때
│ ㉣ 서랍 속에 있는 여러 가지 물질과 납작못을 분리할 때
╰─

(   )

11 다음과 같은 방법으로 플라스틱 구슬, 철 구슬, 나무 구슬의 혼합물을 분리하려고 합니다. ㉠, ㉡에서 사용한 도구를 각각 쓰시오.

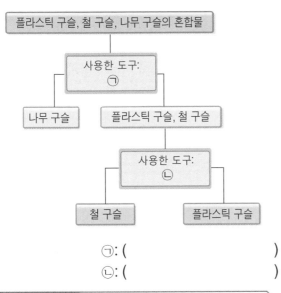

㉠: (   )
㉡: (   )

🔍 **관련 교과서 돋보기**

플라스틱 구슬, 철 구슬, 나무 구슬

구분	플라스틱 구슬	철 구슬	나무 구슬
모양	둥글다.	둥글다.	둥글다.
크기	철 구슬과 비슷하다.	플라스틱 구슬과 비슷하다.	가장 크다.
색깔	파란색	회색	옅은 갈색
자석에 붙는 성질	붙지 않는다.	붙는다.	붙지 않는다.

12 철 고리와 플라스틱 고리의 혼합물을 분리하는 데 이용된 성질은 무엇입니까? (   )

① 물에 뜨는 성질
② 물에 녹는 성질
③ 알갱이의 모양 차이
④ 알갱이의 크기 차이
⑤ 철이 자석에 붙는 성질

13 서랍 안에 플라스틱 클립과 철 클립이 섞여 있습니다. 가장 쉽게 분리할 수 있는 방법은 어느 것인지 기호를 쓰시오.

╭─
│ ㉠ 손으로 천천히 분리한다.
│ ㉡ 체를 사용하여 분리한다.
│ ㉢ 자석을 사용하여 분리한다.
╰─

(   )

14 (   ) 안에 공통으로 들어갈 알맞은 말을 쓰시오.

╭─
│ • 캔은 알루미늄으로 된 것과 자석에 붙는 (   )로 된 것이 있다.
│ • 캔을 자동 분리기에 넣으면 자석이 있는 위쪽 이동판에 (   ) 캔만 달라붙는다.
╰─

(   )

15 생활 속에서 자석을 사용하여 혼합물을 분리하는 경우가 <u>아닌</u> 것은 어느 것입니까? (   )

① 모래와 자갈의 혼합물을 분리한다.
② 폐건전지 속의 철 가루를 분리한다.
③ 흙속에 섞여 있는 철 가루를 분리한다.
④ 벼를 빻아 쌀을 만들 때 생기는 철 가루를 분리한다.
⑤ 말린 고추를 고춧가루로 만들 때 생기는 철 가루를 분리한다.

16 혼합물을 분리하는 데 필요한 도구를 바르게 선으로 연결하시오.

(1) 설탕물 ·   · ㉠ 거름 장치

(2) 설탕과 좁쌀의 혼합물 ·   · ㉡ 증발 장치

17 소금과 모래의 혼합물을 물에 녹여 다음과 같은 실험 장치를 사용하여 분리하려고 합니다. 실험 장치의 이름을 쓰시오.

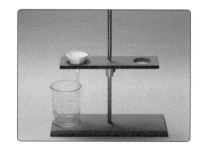

(   )

18 소금과 모래의 혼합물을 거름 장치로 분리하는 모습으로 바르지 <u>않은</u> 것은 어느 것입니까? (   )

① 보안경을 착용한다.
② 깔때기에 거름종이를 넣고 물을 묻힌다.
③ 깔때기에 혼합물을 가득 붓고 기다린다.
④ 깔때기 끝의 긴 부분이 비커 옆면에 닿게 한다.
⑤ 혼합물이 유리 막대를 타고 천천히 흐르도록 붓는다.

19 거름 장치를 꾸밀 때 깔때기 안에 넣는 거름종이의 역할은 무엇입니까? (   )

① 혼합물의 무게를 측정해 준다.
② 혼합물이 분리되지 않게 해 준다.
③ 물에 녹지 않은 물질을 녹여 준다.
④ 혼합물의 성질이 변하지 않게 해 준다.
⑤ 물에 녹는 물질과 녹지 않는 물질을 걸러 준다.

20 생활 속에서 혼합물을 분리하는 예 중 거름의 원리를 이용한 경우는 '거름', 증발의 원리를 이용한 경우는 '증발'이라고 쓰시오.

⑴ 녹즙기 내부의 거름망으로 찌꺼기와 녹즙을 분리한다.   (   )
⑵ 두부를 만들 때 끓인 콩물에 간수를 넣은 뒤 헝겊에 붓는다.   (   )
⑶ 염전에서 햇빛과 바람 등을 이용하여 물을 증발시켜 소금을 얻는다.   (   )

> 🔍 관련 교과서 돋보기
>
> **거름과 증발**
> • 거름: 액체에 녹지 않는 고체 물질을 걸러서 분리하는 방법입니다.
> • 증발: 물 표면에서 물이 수증기로 변하는 현상입니다.

정답과 풀이

1 ④　　2 ④, ⑤　　3 줄무늬　　4 ㉢㉡㉠　　5 ②, ③
6 ㉢㉠㉡　　7 ㉠ 퇴적물, ㉡ 퇴적암　　8 ⑤　　9 ③
10 물 풀　　11 ㉢　　12 ㉢　　13 ㉠ 흔적, ㉡ 화석
14 ⑤　　15 ③　　16 ㉢　　17 (1) ㉡ (2) ㉠　　18 ㉡
19 (1) ㉡ (2) ㉠　　20 ③

·풀이·

1 성질을 모르는 물질은 함부로 맛을 보거나 직접 냄새를 맡지 않습니다. 관찰할 때는 눈, 코, 입, 귀, 피부를 모두 사용합니다.

2 주관적인 생각은 분류 기준으로 알맞지 않습니다. 핀치의 다리는 모두 두 개이므로 분류 기준으로 알맞지 않습니다.

4 먼저 만들어진 층이 아래쪽에 있기 때문에 ㉢, ㉡, ㉠ 순서로 넣은 것입니다.

5 크기와 색깔이 다른 알갱이 때문에 지층에 줄무늬가 생기고, 지층에서 먼저 만들어진 층이 아래쪽에 있다는 것을 알 수 있습니다.

6 지층은 물이 운반한 자갈, 모래, 진흙 등이 쌓인 뒤에 오랜 시간을 거쳐 단단하게 굳어져 만들어진 것입니다.

7 자갈, 모래, 진흙 등이 오랜 시간 쌓여 만들어진 암석을 퇴적암이라고 하며, 대부분의 지층을 이루는 암석입니다.

8 퇴적암의 일반적인 특징은 약 2 mm 이상의 굵은 알갱이가 보이면 역암, 눈으로 알갱이가 보일 정도면 사암, 눈으로 알갱이 크기를 구분하기 어려우면 이암입니다.

10 자갈과 모래 알갱이를 서로 붙여 주기 위해 물 풀을 넣어 섞습니다.

11 다른 플라스틱 컵으로 자갈, 모래, 물 풀을 섞은 반죽을 눌러 주면 알갱이 사이의 공간이 좁아집니다.

12 강이나 바다의 바닥에 쌓인 퇴적물이 위에 쌓이는 퇴적물이 누르는 힘 때문에 굳어서 단단한 퇴적암이 만들어집니다.

14 생물의 몸체나 생물이 생활한 흔적 모두 화석이 될 수 있습니다.

15 삼엽충은 모양이 잎을 닮았지만 몸을 머리, 가슴, 꼬리로 나눌 수 있고 바다에서 기어 다니며 생활하던

동물입니다.

16 ㉢ → ㉠ → ㉡ → ㉣의 순서로 화석 모형을 만듭니다.

17 조개껍데기는 옛날에 살았던 생물, 찰흙 반대기는 지층을 의미합니다.

18 실제 화석이 화석 모형보다 더 단단하고 색깔과 무늬가 선명합니다.

19 고사리는 습한 육지에서 살고, 산호는 따뜻하고 얕은 바다에서 삽니다.

20 화석을 통해 당시 그 지역의 환경은 짐작할 수 있지만 미래 환경은 알 수 없습니다.

1 ②　　2 ㉡　　3 ①　　4 현석　　5 한살이　　6 ④, ⑤
7 ㉠ 뿌리, ㉡ 떡잎, ㉢ 본잎　　8 ㉠ 본잎, ㉡ 떡잎싸개, ㉢ 뿌리　　9 ②　　10 (1) ㉡ (2) ㉠　　11 ㉡　　12 줄기　　13 ①, ②　　14 (예) 잎의 개수와 크기가 달라진다. 줄기의 굵기와 길이가 달라진다. 가지의 개수와 길이가 달라진다.　　15 ㉢㉡㉣㉠　　16 ③　　17 꼬투리　　18 ㉠ 한해살이 식물, ㉡ 여러해살이 식물　　19 ㉡㉠㉣㉢　　20 ㉢

·풀이·

1 씨와 색상표를 비교하여 씨의 색깔을 알 수 있습니다.

2 수박씨는 검은색이고 납작하며 둥근 모양입니다. ㉠은 강낭콩, ㉢은 봉숭아씨입니다.

3 물을 제외한 모든 조건을 같게 하여 씨가 싹 트는 데 물이 어떤 영향을 주는지 알아보는 실험입니다.

4 씨가 싹 트려면 적당한 양의 물과 알맞은 온도가 필요합니다. 강낭콩은 상온 18 ℃~25 ℃의 온도에서 가장 싹이 잘 틉니다.

5 식물의 한살이를 관찰하려면 씨를 심고 식물을 기르면서 싹이 트고 잎과 줄기, 꽃과 열매가 자라는 모습을 꾸준히 관찰해야 합니다.

6 한살이를 관찰할 식물은 식물의 크기가 적당하고, 한살이 기간이 짧아야 하며 잎, 줄기, 꽃, 열매 등을 관찰하기 쉬워야 합니다.

7 강낭콩이 싹 터서 자라는 과정을 살펴보면 먼저 뿌리가 나오고 껍질이 벗겨진 다음, 땅 위로 떡잎 두 장이 나오고 떡잎 사이에서 본잎이 나옵니다.

8 옥수수는 싹 틀 때 본잎이 떡잎싸개에 둘러싸여 나옵니다.

10 물을 준 강낭콩은 잎이 싱싱하고 진한 초록색을 띠며 잘 자랐지만, 물을 주지 않은 강낭콩은 잎이 시들고 노란색을 띠며 잘 자라지 못했습니다.

11 식물이 자라는 데 온도가 미치는 영향을 알아보는 실험에서 다르게 할 조건은 온도입니다.

12 줄자를 사용하여 줄기의 길이를 재는 것입니다.

13 강낭콩의 잎은 자라면서 크기, 개수 등이 달라집니다. 잎의 크기가 점점 커지고 개수가 많아집니다.

14 식물은 자라면서 잎이나 가지의 개수가 많아지고, 줄기의 굵기와 길이도 자라게 됩니다.

15 강낭콩을 심은 지 한 달 반 정도 지나면 꽃이 핍니다. 꽃이 지면 열매가 생겨 자랍니다.

16 강낭콩이 자라면서 꼬투리의 크기가 점점 커지고, 꼬투리가 자라면서 꼬투리 속의 씨도 같이 자랍니다.

17 식물은 잎과 줄기가 어느 정도 자라면 꽃이 피고, 꽃이 지면 열매를 맺습니다. 강낭콩의 열매를 꼬투리라고 합니다. 꼬투리 속에는 강낭콩이 들어 있습니다.

18 옥수수, 나팔꽃, 강낭콩은 한해살이 식물이고, 감나무, 제비꽃, 무궁화는 여러해살이 식물입니다.

19 볍씨에서 싹이 트고 잎과 줄기가 자라며, 꽃이 피고 열매를 맺어 씨를 만듭니다. 벼꽃은 흰색이고 반으로 갈라진 초록색의 벼 껍질 속에 수술 여섯 개가 나와 있습니다.

20 한해살이 식물과 여러해살이 식물의 공통점은 씨가 싹 터서 자라 꽃이 피고 열매를 맺어 번식하는 것입니다.

1회 4. 물체의 무게 7∼9쪽

1 다르다. **2** ⑤ **3** ④ **4** 수평 **5** ① **6** ㉠ 무거운, ㉡ 가벼운, ㉢ 받침점 **7** 지우개>연필 **8** (가) **9** ③ **10** ③ **11** ①, ④ **12** ㉢ **13** ㉢ **14** ⑤ **15** ㉢ **16** ⑤ **17** 예 물체의 정확한 무게를 측정하기 위해서이다. **18** ⑤ **19** ③ **20** ②

◆풀이◆

1 사람마다 느끼는 물체의 무게는 서로 다를 수 있습니다. 물체의 무게를 쉽고 정확하게 측정하려면 저울을

사용해야 합니다.

2 사람마다 느끼는 물체의 무게는 서로 다를 수 있습니다.

4 어느 한쪽으로도 기울어지지 않은 상태를 수평이라고 합니다.

5 저울대의 양쪽에 저울접시가 달려 있는 저울을 양팔저울이라고 합니다.

6 물체의 무게가 다른 경우 무거운 물체를 가벼운 물체보다 받침점에 더 가까이 놓아야 수평을 잡을 수 있습니다.

7 양팔저울로 두 물체의 무게를 비교할 때 기울어진 쪽이 더 무거운 물체입니다.

8 나무판자 위의 무게가 다른 두 물체가 수평이 되었을 때 받침점으로부터 멀리 있는 물체가 더 가볍습니다.

9 2 g중 클립 9개는 18 g중이므로 필통의 무게는 18 g중입니다.

10 무게를 비교하려는 물체를 받침점으로부터 각각 같은 거리의 나무판자 위에 올려놓았을 때 기울어진 쪽에 있는 물체가 무거운 물체입니다.

12 용수철에 걸어 놓은 물체의 무게가 무거울수록 용수철이 많이 늘어납니다.

13 가장 무거운 추를 걸었을 때 용수철이 가장 많이 늘어났기 때문에 손으로 잡아당길 때에도 가장 세게 잡아당겨야 합니다.

14 물체의 무게는 지구가 물체를 끌어당기는 힘의 크기입니다. 무게의 단위는 'g중', 'kg중' 등을 사용해 나타내고 '그램중', '킬로그램중'이라고 읽습니다.

15 ㉠은 손잡이, ㉡은 영점 조절 나사, ㉢은 표시 자, ㉣은 눈금, ㉤은 고리입니다.

16 ㉡은 영점 조절 나사입니다. ①은 고리, ②는 손잡이, ③은 눈금, ④는 표시 자가 하는 역할입니다.

17 용수철저울로 물체의 무게를 측정할 때 가장 먼저 표시 자를 눈금의 '0'에 맞추는 까닭은 물체의 정확한 무게를 측정하기 위해서입니다.

18 용수철저울에 물체를 걸었을 때 물체의 무게를 가리키는 부분은 표시 자입니다. 표시 자의 눈금이 200 g중을 가리키므로 가위의 무게는 200 g중입니다.

19 용수철과 종이 접시로 용수철의 성질을 이용하여 만든 저울입니다.

20 체중계, 용수철저울, 가정용 저울은 용수철의 성질을 이용한 저울이고, 전자저울은 전기적 성질을 이용해 화면에 숫자로 물체의 무게를 표시하는 저울입니다.

1 혼합물   **2** (1) × (2) ○ (3) ×   **3** 예 구슬이 섞여도 각 구슬의 성질이 변하지 않기 때문이다.   **4** ② **5** 예 원하는 물질을 얻을 수 있다. 분리한 물질을 다른 물질과 섞어 생활에 필요한 물질을 만들 수 있다. **6** 좁쌀   **7** ②   **8** ②   **9** ⓒ, ⓔ   **10** ③   **11** ②, ④   **12** ②   **13** 자석   **14** 철 캔   **15** 예 철이 자석에 붙는 성질을 이용한 것이다.   **16** ①   **17** ③ **18** ㉠, ㉢, ㉣   **19** (1) 모래 (2) 소금물   **20** ④

풀이

2 소금은 한 가지 물질로 이루어져 있기 때문에 혼합물이 아닙니다. 혼합물을 이루고 있는 물질은 각각 분류할 수 있습니다.

3 여러 가지 구슬을 섞어 놓아도 각 구슬의 성질은 변하지 않기 때문에 눈가리개로 눈을 가려도 구슬을 알아맞힐 수 있습니다.

4 구리는 강에서 분리해 낼 수 있는 물질이 아닙니다. 강에서 모래나 흙을 분리하여 금을 얻을 수 있습니다.

5 혼합물을 분리하면 원하는 물질을 얻을 수 있고, 이를 우리 생활에서 필요한 곳에 이용할 수 있어서 좋습니다.

6 콩, 팥, 좁쌀 중 콩이 알갱이의 크기가 가장 크고, 좁쌀이 가장 작습니다.

7 콩, 팥, 보리의 혼합물처럼 알갱이의 크기가 다른 고체 혼합물을 분리할 때 체를 사용하면 여러 개의 알갱이를 쉽게 분리할 수 있어 편리합니다.

9 콩, 쌀, 좁쌀의 혼합물을 알갱이의 크기 차이를 이용해 분리할 때에는 눈 크기가 콩보다 작고 쌀보다 큰 체 한 개와 눈 크기가 쌀보다 작고 좁쌀보다 큰 체 한 개가 필요합니다.

10 콩, 쌀, 좁쌀의 혼합물은 알갱이의 크기가 각각 다른 점을 이용하여 체로 분리할 수 있습니다.

11 철이 자석에 붙는 성질과 알갱이의 크기 차이를 이용하여 플라스틱 구슬, 철 구슬, 나무 구슬의 혼합물을 분리할 수 있습니다.

12 철 고리와 플라스틱 고리의 혼합물은 철이 자석에 붙는 성질을 이용하여 자석으로 분리할 수 있습니다.

14 캔을 자동 분리기에 넣으면 자석이 있는 위쪽 이동판에 철 캔만 붙습니다.

15 캔을 자동 분리기에 넣으면 자석이 있는 위쪽 이동판에 철 캔만 붙어 분리됩니다. 철이 자석에 붙는 성질을 이용하여 분리할 수 있습니다.

16 설탕은 물에 녹지만, 좁쌀은 물에 녹지 않는 차이점을 이용하여 분리할 수 있습니다.

17 소금과 모래의 혼합물은 소금은 물에 녹고 모래는 물에 녹지 않는 성질을 이용하여 거름 장치로 분리할 수 있습니다.

19 소금과 모래의 혼합물을 물에 녹인 뒤 거름 장치를 사용하여 걸러 보면 거름종이에 남아 있는 물질은 물에 녹지 않는 모래이고, 거름종이를 빠져나간 물질은 물에 녹는 소금물입니다.

20 소금물을 증발 접시에 붓고 알코올램프로 가열하면 물의 양이 줄어들고 물이 끓습니다. 또 하얀색 고체(또는 하얀색 가루 물질)가 생기고 사방으로 튑니다.

1 수평   **2** 예 자기 생각을 더 정확하게 전달할 수 있기 때문이다.   **3** (1) ⓒ (2) ㉠   **4** ㉠   **5** ①   **6** 예 지층이 땅 위로 드러난 뒤 깎이면 지층을 볼 수 있다.   **7** 이암   **8** ③   **9** ①   **10** ⓒ   **11** ⑤   **12** ⓒ   **13** 물고기   **14** 매머드 화석   **15** ③   **16** ㉠ 빠르게 ⓒ 단단한   **17** 예 호수나 바다의 바닥으로 운반된 생물 위에 퇴적물이 두껍게 쌓이면 지층이 만들어지고 그 속에 묻힌 생물은 화석이 된다.   **18** (1) ○   **19** ⑤   **20** ⓒ

풀이

1 눈금실린더에 담긴 액체의 눈금을 읽을 때는 액체의 가운데 오목한 부분에 눈높이를 수평으로 맞춘 상태에서 눈금을 읽습니다.

4 아래에 있는 층이 위에 있는 층보다 먼저 만들어진 것입니다.

5 지층 모형과 실제 지층은 층이 여러 개이고 줄무늬가 보이는 점이 같습니다.

6 물속에서 만들어진 지층이 땅 위로 드러난 뒤 깎이면 우리가 지층을 볼 수 있습니다.

8 암석의 크기는 퇴적암의 특징이 될 수 없습니다.

9 역암은 주로 자갈, 모래, 진흙 등으로 되어 있어서 만져 보면 매끄러운 부분과 거친 부분이 있습니다.

10 실제 퇴적암이 만들어질 때는 퇴적물이 계속 쌓이면서 위에 쌓이는 퇴적물이 누르는 힘 때문에 알갱이 사이의 공간이 좁아집니다.

11 목공용 풀은 모래, 자갈, 진흙 사이의 빈 곳을 채우고 서로 붙여 주기 위해서 사용합니다.

14 매머드는 육지에서 번성하였던 몸집이 커다란 동물입니다.

15 동물의 뼈나 식물의 잎과 줄기 같은 생물의 몸체뿐만 아니라 동물의 발자국, 기어간 흔적과 같은 생물의 흔적도 화석이 될 수 있습니다.

16 생물의 몸체나 흔적 위에 퇴적물이 빠르게 쌓여야 화석이 만들어질 수 있고, 동물의 뼈, 조개껍데기, 식물의 줄기 등과 같이 단단한 부분이 있으면 화석이 만들어지기 쉽습니다.

17 지층이 만들어질 때 그 속에 묻혀 있던 생물이 화석이 되고, 지층이 땅 위로 드러난 뒤 깎여 화석이 보입니다.

18 ⑴은 실제 조개 화석, ⑵는 공룡 발자국 화석의 모습입니다.

20 공룡 화석의 발견으로 오늘날 공룡이 사라진 정확한 까닭이나 그 지역에 살던 공룡의 정확한 수는 알 수 없습니다.

2회   3. 식물의 한살이   16~18쪽

1 ③   **2** ⑤   **3** ④   **4** 예 물을 뿌린 강낭콩만 싹이 트고, 물을 뿌리지 않은 강낭콩은 싹이 트지 않은 것으로 보아 씨가 싹 트기 위해서는 물이 필요하다.   **5** ③   **6** ②   **7** ④   **8** ㉡, 떡잎싸개   **9** 물   **10** ①   **11** ②   **12** 잎의 길이   **13** ④   **14** ②   **15** 꼬투리   **16** ⑤   **17** ㉡   **18** ㉠ 한해살이 식물, ㉡ 여러해살이 식물   **19** 예 한 해 안에 한살이를 마치고 죽는다.   **20** ②

풀이

1 씨의 가격은 살펴보아야 할 특징으로 알맞지 않으며, 씨를 관찰하여 알 수 있는 내용이 아닙니다.

2 채송화씨는 둥근 모양이고 검은색이며, 매우 작아 크기를 재기 어렵습니다.

3 강낭콩이 싹 트는 데 물이 미치는 영향을 알아보는 실험에서는 물의 양만 다르게 하고, 다른 조건은 모두 같게 해야 합니다.

4 물을 뿌리지 않은 강낭콩은 싹이 트지 않았고 물을 뿌린 강낭콩만 싹이 튼 것으로 보아 씨가 싹 트기 위해서는 물이 필요하다는 것을 알 수 있습니다.

5 식물을 관찰할 때 맛을 보는 행동은 위험하므로 주의해야 합니다.

6 씨를 너무 깊게 심으면 공기가 잘 통하지 않아 씨가 쉽게 썩고, 너무 얕게 심으면 흙에 있는 물이 너무 쉽게 증발되어 씨가 말라 버립니다.

7 ㉠는 옥수수가 싹 터서 자란 모습이고, ㉡는 강낭콩이 싹 터서 자란 모습입니다.

8 옥수수는 싹 틀 때 본잎이 떡잎싸개에 둘러싸여 나옵니다.

9 식물이 자라는 데 물이 미치는 영향을 알아보는 실험에서 다르게 할 조건은 물입니다.

10 온도가 적당한 곳에 둔 강낭콩이 가장 잘 자랍니다.

11 식물이 잘 자라려면 적당한 양의 물과 적당한 온도, 빛이 필요합니다.

12 잎의 길이를 측정하기 위해서는 자를 이용합니다.

13 표를 통해 강낭콩이 자랄수록 줄기의 길이가 점점 길어진다는 것을 알 수 있습니다.

14 뿌리는 흙속에 있어서 식물의 자란 정도를 측정할 때 관찰하기 어렵습니다.

15 강낭콩의 열매를 꼬투리라고 합니다. 꼬투리 속에는 새로운 강낭콩이 들어 있습니다.

16 열매의 길이 변화를 관찰할 때는 열매 하나를 정해 놓고 길이를 재야 얼마나 자라는지 확인이 가능합니다.

17 강낭콩의 꽃이 지고 나면 열매가 생깁니다. 이것을 꼬투리라고 합니다.

18 한 해 동안 한살이 과정을 거치고 죽는 식물을 한해살이 식물이라고 하고, 여러 해를 살면서 한살이 과정의 일부를 되풀이하는 식물을 여러해살이 식물이라고 합니다.

19 벼는 한해살이 식물입니다.

20 한해살이 식물의 한살이를 나타낸 것입니다. 봉숭아, 강낭콩, 옥수수, 벼 등은 한해살이 식물입니다.

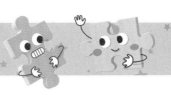

1 (1) × (2) × (3) ○   **2** 저울   **3** ③   **4** ⑤   **5** ④
6 ②   **7** ⑤   **8** ⓒ, 저울접시   **9** 대경   **10** 가위
11 ⓒⓐⓑ   **12** ①   **13** (1) ○   **14** ③   **15** ⓟ 영점 조절 나사를 돌려 표시 자를 눈금의 '0'에 맞춘다.
16 ④   **17** 지현   **18** 600 g중   **19** ④   **20** ⓟ 용수철의 성질을 이용한 저울이며, 몸무게를 잴 때 사용한다.

⬤풀이

1 물체의 크기가 크다고 해서 항상 무거운 것은 아닙니다. 물체를 들어 보면 어느 물체가 무거운지 짐작할 수 있지만 물체의 무게가 얼마인지 정확하게 알 수 없습니다.

2 물체의 무게는 물체를 직접 들어 보고 짐작을 할 수 있습니다. 그러나 정확한 무게를 측정하기 위해서는 저울이 필요합니다.

3 물체의 무게를 정확하게 측정하지 않으면 물건의 가격을 정확하게 정할 수 없습니다.

4 숫자가 표시된 판의 가운데에 받침대가 있는 경우 각각의 물체를 받침대로부터 같은 거리의 판 위에 놓아야 합니다.

5 양팔저울에서 양쪽에 저울접시를 거는 부분은 저울대입니다.

6 무거운 나무토막을 가벼운 나무토막보다 받침점에 더 가까이 놓아야 나무판자가 수평을 잡을 수 있습니다.

7 받침점으로부터 양쪽 나무판자의 같은 거리에 물체를 각각 놓고 어느 것이 무거운지 확인해야 합니다.

8 양팔저울의 저울접시는 용수철저울의 고리와 같은 역할을 합니다. 저울접시는 무게를 측정하려고 하는 물체를 올려놓는 부분입니다.

9 몸무게가 서로 다를 때 무거운 사람이 시소의 받침대에서 가까운 쪽에 앉으면 수평을 잡을 수 있습니다.

10 풀 쪽으로 양팔저울이 기울어졌기 때문에 가위가 풀보다 가벼운 물체입니다.

12 처음에는 용수철이 잘 늘어나지 않기 때문에 추 하나를 먼저 걸어 놓고 실험을 시작합니다.

13 용수철의 끝부분과 종이 자의 눈금 '0'을 맞추면 추의 무게에 따라 늘어난 용수철의 길이를 측정할 수 있습니다.

14 늘어난 용수철의 길이는 물체의 무게를 나타내고, 물체의 무게에 따라 용수철이 일정하게 늘어납니다.

15 물체를 용수철저울에 걸기 전에 표시 자를 눈금의 '0'에 맞춥니다.

16 용수철저울에는 가장 최대로 잴 수 있는 무게가 정해져 있고, 추나 물체를 거는 부분의 이름은 고리입니다.

17 용수철저울에 표시된 작은 눈금보다 가벼운 물체를 걸면 눈금의 변화 정도가 너무 작아 무게를 정확하게 측정할 수 없습니다.

18 표시 자가 가리키는 눈금이 600 g중입니다.

20 체중계는 용수철의 성질을 이용한 저울입니다.

1 정우   **2** ①   **3** ④   **4** ①, ②   **5** (1) × (2) ○
6 ⓐ 좁쌀, ⓑ 쌀, ⓒ 검은콩   **7** ③   **8** 알갱이의 크기 차이   **9** 자갈   **10** ⓟ 강가에서 재첩에 섞인 모래를 걸러 낼 때, 바닷가에서 체가 있는 장비를 사용하여 모래에 섞인 플라스틱이나 종이 조각 등을 걸러 낼 때   **11** ③   **12** ⑤   **13** ⓟ 자석을 사용하여 철가루를 분리한다.   **14** ②, ③   **15** 자석   **16** ③
17 (2) ○   **18** ⓒⓐⓑⓓ   **19** ⓑ   **20** ⓟ 하얀색 고체가 생긴다. 하얀색 고체가 사방으로 튄다.

⬤풀이

1 천연 방향제는 여러 가지 재료를 섞어서 만듭니다. 여러 가지 재료가 성질이 변하지 않은 채 서로 섞여 있으므로 혼합물입니다.

3 스타이로폼 구슬은 물에 뜹니다. 철 구슬, 유리구슬, 스타이로폼 구슬을 섞어도 각각의 색깔, 촉감, 단단함, 물에 뜨고 가라앉는 성질이 그대로입니다.

4 우유에서 단백질을 분리하여 치즈를 만들 수 있고, 지방을 분리하여 생크림과 버터를 만들 수 있습니다.

6 검은콩, 쌀, 좁쌀은 서로 모양, 색깔, 크기가 다릅니다.

7 해변 쓰레기 수거 장비는 체를 사용해서 체의 눈 크기보다 작은 모래와 체의 눈 크기보다 큰 철 조각, 플라스틱 조각, 동전, 조개껍데기 등을 분리하여 쓰레기를 수거합니다.

8 메주콩, 쥐눈이콩, 좁쌀의 혼합물은 알갱이의 크기 차이를 이용하여 체로 분리할 수 있습니다.

9 알갱이의 크기가 작은 모래는 체의 뒷부분에, 알갱이의 크기가 큰 자갈은 체의 앞부분에 남게 됩니다.

10 건물을 짓는 공사장에서 체를 사용하여 모래와 자갈을 분리하는 것도 알갱이의 크기 차이를 이용하여 혼합물을 분리하는 예입니다.

11 혼합물에 철로 된 물체가 섞여 있을 때는 자석을 사용하여 혼합물을 분리할 수 있습니다.

12 고추를 빻는 기계에서 고춧가루가 나오는 아래쪽 뒷면에 자석을 붙여 놓으면 고춧가루 속에 섞여 있는 철 가루를 분리하여 깨끗한 고춧가루를 얻을 수 있습니다.

13 모래는 자석에 붙지 않고 철 가루만 자석에 붙는 성질을 이용하여 분리합니다.

14 먼저 체를 사용하여 크기가 가장 큰 나무 구슬을 분리합니다. 두 번째로 자석을 이용하여 철 구슬과 플라스틱 구슬을 분리합니다.

17 거름 장치를 꾸밀 때 깔때기 끝의 긴 부분을 비커의 옆면에 닿게 합니다. 거름종이는 접었을 때 깔때기의 크기와 비슷한 것을 사용합니다.

19 전통 장을 만들 때는 천을 사용하여 된장 재료(건더기)와 간장 재료(액체)를 분리합니다.

20 소금물을 증발 장치를 사용하여 가열하면 물이 증발하고 소금이 생깁니다.

3회   1. 과학 탐구 ∼ 2. 지층과 화석   *25∼27쪽*

1 예상   **2** ㉡   **3** ①, ④   **4** ①, ③   **5** ㉠   **6** ㉣
7 (1) ㉡ (2) ㉠ (3) ㉢   **8** 이암   **9** ①, ⑤   **10** ㉢
11 (1) × (2) ○   **12** 흔적   **13** (1) 동물 (2) 동물 (3) 식물 (4) 동물   **14** ②, ③   **15** ⑤   **16** ㉠   **17** 예 새가 지나갈 당시에는 단단한 암석이 아니라 부드러운 진흙이었는데 새 발자국 위에 퇴적물이 계속 쌓이면서 지층이 만들어지고 그 속에서 단단한 화석이 된 것이다.   **18** ②   **19** 예 기온이 따뜻하고 습기가 많은 육지였을 것이다.   **20** ③

●풀이●

1 이미 관찰하거나 경험한 것을 바탕으로 앞으로 일어날 수 있는 일을 예상할 수 있습니다.

2 과학적인 추리를 하려면 대상을 관찰하거나 측정한 결과와 과학적인 지식이나 경험과 관련지어 생각해야 합니다.

4 지층은 모두 줄무늬가 보이고 여러 개의 층으로 이루어져 있습니다.

5 자갈, 모래, 진흙의 양을 다르게 하면 층의 두께가 다른 지층 모형을 만들 수 있습니다.

6 아래에 있는 층이 위에 있는 층보다 먼저 만들어진 것입니다. ㉣ → ㉢ → ㉡ → ㉠ 순서로 지층이 쌓인 것입니다.

8 알갱이의 크기가 역암이나 사암보다 매우 작고, 만져 보았을 때 부드럽고 매끄러운 것은 이암입니다.

9 퇴적암은 알갱이의 크기에 따라 이암, 사암, 역암으로 구분하고, 사암이 이암보다 알갱이의 크기가 크며, 이암을 만져 보면 대부분 부드럽고 매끄럽습니다.

10 다른 종이컵으로 튀밥 반죽을 누르는 까닭은 튀밥과 튀밥 사이의 공간을 좁게 하기 위해서입니다.

11 퇴적암 모형을 만드는 데 걸리는 시간은 짧지만 실제 퇴적암이 만들어지는 데에는 오랜 시간이 걸립니다.

13 (1)은 암석에 남아 있는 공룡 발자국 화석, (2)는 물고기 화석, (3)은 고사리 화석, (4)는 삼엽충 화석입니다.

14 고인돌은 옛날 사람들의 돌무덤이므로 화석이 아니고 유물이며, 진흙이나 모래에 남은 동물의 흔적은 오랜 시간 동안 만들어져 퇴적암이나 지층에 남아 있는 것이 아니므로 화석이 아닙니다.

15 화석이 만들어지려면 생물의 몸체 위에 퇴적물이 빠르게 쌓여야 합니다. 생물의 크기나 살던 곳 등은 관련이 없습니다.

16 ㉡은 모래에 난 발자국으로 오랜 시간 동안 만들어져 퇴적암이나 지층에 남아 있는 것이 아니므로 화석이 아닙니다.

17 화석은 지층과 함께 만들어지는데 생물의 몸체나 흔적 위에 퇴적물이 계속해서 쌓이면 화석이 만들어집니다.

18 산호는 따뜻하고 얕은 바다에서 살고, 삼엽충은 바닷속에서 살던 생물입니다.

19 화석 속 고사리가 살았을 때의 환경은 지금의 고사리처럼 기온이 따뜻하고 습기가 많은 육지였을 것입니다.

20 조개는 강이나 바다, 호수에서 살 수 있으므로 당시 그 지역이 강이나 바다, 호수였을 것이라고 추리하는 것이 알맞습니다.

3회   3. 식물의 한살이   28~30쪽

1 ①   **2** (1) × (2) ○ (3) ○ (4) ×   **3** 물의 양   **4** ④   **5** ㉢㉣㉡㉠㉤   **6** ②, ③   **7** ㉠ 본잎, ㉡ 떡잎, ㉢ 줄기, ㉣ 뿌리   **8** ㉡㉠㉣㉢㉤   **9** ㉮   **10** 예 식물이 자라는 데 물이 필요하다.   **11** (1) ○ (2) × (3) ○   **12** ④   **13** ⑤   **14** ①, ②   **15** 씨   **16** ㉢㉣㉠㉡   **17** ⑤   **18** ③   **19** ④   **20** 예 씨가 싹 터서 자라며 꽃이 피고 열매를 맺는다.

풀이

1 자를 이용하여 씨의 길이를 재거나 비교할 수 있습니다. 돋보기는 씨의 모양을 자세히 관찰하는 데 필요한 도구입니다.

2 완두콩은 둥글고 연두색이며, 호두는 둥글고 주름이 있으며 연한 갈색입니다.

4 씨가 싹 트는 데 온도가 미치는 영향을 알아보는 실험입니다.

5 화분에 씨를 심을 때에는 먼저 화분 바닥의 구멍을 막고 거름흙을 넣은 뒤 씨를 심고 물을 충분히 준 다음 팻말을 꽂아 햇빛이 비치는 곳에 둡니다.

6 씨를 심고 난 후 화분에 꽂은 팻말에는 씨를 심은 사람의 이름, 식물 이름, 씨를 심은 날짜 등이 들어가야 합니다.

7 강낭콩이 싹 틀 때에는 뿌리가 먼저 나오고, 땅 위로 떡잎이 두 장 나옵니다. 그리고 떡잎 사이로 본잎이 나와 자랍니다.

8 강낭콩이 싹 틀 때에는 먼저 뿌리가 나오고 껍질이 벗겨진 다음, 땅 위로 떡잎이 두 장 나오고 떡잎 사이에서 본잎이 나옵니다.

9 물을 준 강낭콩이 더 잘 자랍니다.

11 식물이 잘 자라려면 물과 적당한 온도, 빛이 필요합니다.

12 강낭콩의 떡잎의 개수는 두 개로, 강낭콩이 자란 정도를 확인하고 알아보기에 알맞지 않습니다.

13 강낭콩이 자라는 동안 잎의 개수가 많아지고 잎의 크기가 커지며 줄기가 길어지고 굵어집니다.

14 여러 날 동안 줄기의 길이와 줄기의 굵기를 줄자로 잽니다.

15 식물이 자라면 꽃이 피고 열매가 생깁니다. 그리고 열매 속에 든 씨가 땅에 떨어져 싹 나면서 식물의

한살이 과정은 반복됩니다.

17 열매의 길이 변화를 관찰할 때에는 길이를 잴 때마다 같은 열매의 길이를 재야 합니다.

18 감나무, 무궁화는 여러해살이 식물이고, 옥수수, 나팔꽃, 강낭콩, 봉숭아는 한해살이 식물입니다.

19 벼, 옥수수, 강낭콩은 한해살이 식물이고, 은행나무, 사과나무, 감나무, 민들레 등은 여러해살이 식물입니다.

20 한해살이 식물과 여러해살이 식물은 모두 씨가 싹 터서 자라 꽃이 피고 열매를 맺어 번식합니다.

3회   4. 물체의 무게   31~33쪽

1 예 사람마다 느끼는 물체의 무게가 다르기 때문이다.   **2** ⑤   **3** ③   **4** ③   **5** ㉢   **6** ④   **7** 풀   **8** 예 저울대가 수평을 잡았을 때 클립의 총개수를 센다.   **9** 풀, 가위, 지우개   **10** ㉡   **11** ①   **12** ②, ③   **13** ㉡   **14** ㉢   **15** ③   **16** (1) ○ (2) × (3) ○   **17** ㉠   **18** 180 g중   **19** 수평 잡기의 원리   **20** (1) × (2) ○ (3) ○

풀이

2 물체를 손으로 들어 보면 어느 물체가 더 무거운지 짐작할 수 있지만 물체의 무게가 얼마인지 정확하게 알 수 없습니다.

3 물체의 무게를 정확하게 측정하기 위해 저울을 사용합니다.

4 받침점이 가운데 있고 무게가 같은 물체로 수평을 잡으려면 각각의 물체를 받침점으로부터 같은 거리에 놓아야 합니다.

6 받침점이 가운데 있는 경우 무게가 같은 물체로 수평을 잡으려면 각각의 물체를 받침점으로부터 같은 거리에 놓아야 합니다.

7 클립의 개수가 많을수록 더 무거운 물체입니다.

8 클립의 개수로 무게를 측정하기 위해서는 수평을 이루는 클립의 총개수를 셉니다.

9 양팔저울의 저울대가 기울어진 쪽의 물체가 더 무겁습니다.

10 성욱이가 시소의 받침점에 더 가까이 한 칸 앞으로 옮겨 앉으면 성욱이와 받침점까지의 거리가 유리보

다 가까워지므로 유리 쪽이 무거워져 시소가 유리 쪽으로 기울어집니다.

11 용수철에 걸어 놓은 추의 개수가 늘어날수록 용수철의 길이도 더 늘어납니다.

13 물체의 무게는 지구가 물체를 끌어당기는 힘의 크기입니다. 용수철에 걸어 놓은 추의 무게가 무거울수록 용수철의 길이가 많이 늘어납니다.

14 10 g중 추가 한 개씩 늘어날 때마다 용수철의 길이는 2 cm씩 늘어난다는 것을 알 수 있습니다. 추의 무게가 50 g중일 때 늘어난 용수철의 길이는 10 cm, 추의 무게가 60 g중일 때 늘어난 용수철의 길이는 12 cm가 될 것으로 예상할 수 있습니다.

15 ㉠은 손잡이, ㉡은 영점 조절 나사, ㉢은 용수철, ㉣은 표시 자, ㉤은 눈금입니다.

17 용수철저울의 눈금을 읽을 때에는 표시 자와 눈높이를 맞추어 읽습니다.

18 용수철저울의 표시 자가 180 g중을 가리키고 있습니다.

19 바지걸이를 사용하여 만든 저울은 양팔저울과 같은 원리인 수평 잡기의 원리를 이용한 것입니다.

20 화면에 숫자로 물체의 무게를 표시하는 것은 전자저울입니다.

3회   5. 혼합물의 분리   34~36쪽

1 ④, ⑤   **2** ①   **3** (1) × (2) ○ (3) ×   **4** ⑤   **5** ②, ⑤   **6** ②   **7** ①   **8** ①   **9** 예 눈 크기가 콩보다 작고 쌀보다 큰 체 한 개와 눈 크기가 쌀보다 작고 좁쌀보다 큰 체 한 개   **10** ㉠, ㉢   **11** ㉠ 체, ㉡ 자석   **12** ⑤   **13** ㉢   **14** 철   **15** ①   **16** (1) ㉡ (2) ㉠   **17** 거름 장치   **18** ③   **19** ⑤   **20** (1) 거름 (2) 거름 (3) 증발

풀이

2 시리얼 과자, 흙탕물, 퇴적암(역암), 잡곡밥은 혼합물입니다.

3 혼합물은 두 가지 이상의 물질이 섞여 있는 것입니다. 화단 흙은 흙, 돌, 식물의 잎과 뿌리, 나뭇가지 등이 섞여 있는 혼합물입니다.

4 염전의 바닷물을 햇빛, 바람 등을 통해 증발시켜 소금을 얻을 수 있습니다.

5 혼합물을 분리하면 원하는 물질을 얻을 수 있고, 우리 생활의 필요한 곳에 이용할 수 있습니다.

6 물과 기름의 혼합물은 기름이 물에 뜨는 성질, 소금과 모래의 혼합물은 거름과 증발의 원리, 철 가루와 고춧가루의 혼합물, 철 구슬과 플라스틱 구슬의 혼합물은 자석에 붙는 성질을 이용하여 분리할 수 있습니다.

7 체의 눈 크기가 콩보다 작고 팥보다 큰 체를 사용하면 가장 먼저 알갱이의 크기가 가장 큰 콩만 체에 남게 되어 분리됩니다.

8 콩, 쌀, 좁쌀의 혼합물을 분리할 때에는 체를 사용하여 분리합니다.

10 체를 사용하여 알갱이의 크기가 다른 물질을 분리할 수 있습니다. 공사장에서 모래와 자갈을 분리하거나 모래와 진흙이 섞여 있는 재첩을 분리할 때 체를 사용합니다.

11 알갱이의 크기 차이를 이용하여 먼저 나무 구슬을 분리하고, 자석에 붙는 성질을 이용하여 철 구슬과 플라스틱 구슬을 분리합니다.

12 철 고리는 자석에 붙고 플라스틱 고리는 자석에 붙지 않는 성질을 이용하여 분리합니다.

13 철 클립이 자석에 붙는 성질을 이용하여 분리할 수 있습니다.

14 캔은 알루미늄으로 된 것과 자석에 붙는 철로 된 것이 있습니다. 캔을 자동 분리기에 넣으면 자석이 있는 위쪽 이동판에 철 캔만 붙어 분리됩니다.

15 모래와 자갈의 혼합물은 체를 사용하여 분리합니다.

16 설탕과 좁쌀의 혼합물은 물에 녹여 거름 장치로 거른 뒤 거른 설탕물을 증발 장치를 사용하여 설탕을 분리합니다.

17 소금과 모래의 혼합물을 물에 녹인 뒤 거름 장치를 사용하여 소금물과 모래로 분리할 수 있습니다.

18 유리 막대를 사용하여 혼합물이 넘치지 않도록 양을 조절하여 깔때기에 붓고, 깔때기 끝의 긴 부분을 비커 옆면에 닿게 설치하여 혼합물이 비커 벽을 타고 흐르도록 합니다.

19 거름종이는 물에 녹는 물질과 물에 녹지 않는 물질을 걸러 주는 중요한 역할을 합니다.

20 (1)은 거름망, (2)는 헝겊이 거름종이 역할을 하여 거름의 원리를 이용한 경우이고, (3)은 햇빛과 바람으로 증발의 원리를 이용한 경우입니다.

8종 검정 교과서 과학

완벽 분석 종합평가

선생님이 강력 추천하는

개념 PLUS +
단원평가

선생님이 **강**력**추**천하는

개념+
PLUS
단원평가

과학

정답과 풀이

4-1

정답과 풀이

개념을 확인해요
15쪽

1 이쑤시개 2 지층 3 화석 4 지층 5 지층
6 휘어진 7 줄무늬 8 두께

개념을 확인해요
17쪽

1 암석 2 지층 3 알갱이 4 줄무늬 5 물
6 지층 7 땅 8 아래

개념을 확인해요
19쪽

1 돋보기 2 퇴적물 3 퇴적암 4 알갱이 5 이
암 6 사암 7 역암 8 역암

개념을 확인해요
21쪽

1 퇴적암 2 사암 3 물 풀 4 물 풀 5 종이컵
6 사암 7 시간 8 무게

개념을 확인해요
23쪽

1 화석 2 삼엽충 3 물고기 4 공룡알 5 동물
6 식물 7 유물 8 화석

개념을 확인해요
25쪽

1 알지네이트 2 지층 3 생물 4 실제 5 모형
6 퇴적물 7 화석 8 화석

개념을 확인해요
27쪽

1 화석 2 물속 3 산호 4 습기 5 바다 6
공룡 7 자연사 8 계획

개념을 다져요
28~31쪽

1 과학자 2 ㉠ 3 ① 4 ㈎ 5 지층 6 ㉡
7 ② 8 예 줄무늬가 보인다. 여러 개의 층으로 이
루어져 있다. 9 알갱이의 크기와 색깔이 다르기 때
문이다. 10 아래에 있는 층 11 ㉠ - ㉣ - ㉢ - ㉡
12 ㉡ 13 퇴적암 14 역암 15 ③ 16 ⑤
17 물 풀 18 모래 알갱이 사이의 공간을 좁아지게
하기 위해서이다. 19 사암 20 예 알갱이의 크
기가 비슷하다. 21 ㉠ 삼엽충 화석, ㉡ 고사리 화
석, ㉢ 나뭇잎 화석, ㉣ 물고기 화석 22 ㉡, ㉢ 23
②, ③ 24 ① 25 지층 26 ㉡㉠㉢㉭㉣ 27
(1) × (2) ○ 28 ⑤ 29 ㉠ 30 ② 31 옛날에
깊이가 얕고 따뜻한 바다였을 것이다.

풀이 ▶

1 ㈎는 과학자들이 지층에서 공룡 뼈 화석을 발굴하고
있는 모습입니다.

2 ㈏의 활동은 책상 위에 흰 종이를 깔고 초콜릿 조각
이 박힌 과자를 올려놓고 이쑤시개를 사용하여 과
자에 있는 초콜릿 조각을 발굴해야 합니다. 붓을 사
용하여 부스러진 과자를 떨어내며 발굴할 수도 있
습니다.

3 초콜릿 조각이 박힌 과자는 화석이 있는 지층을 나타
내고, 초콜릿 조각은 그 속에 묻혀 있는 화석을 나타
냅니다.

4 ㈎와 같이 과학자가 실제로 화석을 발굴하는 활동이
시간이 더 오래 걸립니다.

5 지층은 바닷가 절벽, 산기슭, 도로 옆에 산을 깎아
놓은 부분 등에서 볼 수 있습니다.

6 ㉠은 수평인 지층, ㉡은 휘어진 지층입니다.

7 지층은 오랜 시간에 걸쳐 만들어집니다.

8 각 층의 두께나 색깔이 다른 것도 수평인 지층과 휘
어진 지층의 공통점입니다.

더 알아볼까요!

여러 가지 지층의 공통점과 차이점
- 시루떡이나 샌드위치처럼 여러 겹의 층이 보입니다.
- 층의 두께가 얇은 것도 있고, 두꺼운 것도 있습니다.
- 층의 모양과 색깔이 다릅니다.

9 지층을 이루고 있는 자갈, 모래, 진흙의 알갱이 크기와 색깔이 서로 달라 지층에 평행한 줄무늬가 나타납니다.

10 아래에 있는 층이 쌓인 다음, 그 위에 퇴적물이 쌓여서 새로운 층이 만들어지므로 아래에 있는 층이 먼저 만들어진 것입니다.

11 지층은 물에 의하여 운반된 퇴적물들이 쌓인 뒤에 오랜 시간을 거쳐 단단하게 굳어져 만들어진 것입니다.

12 지층이 땅 위로 솟아오른 뒤 깎여서 우리가 볼 수 있습니다.

더 알아볼까요!

지층이 만들어져 발견되는 과정
- 물이 운반한 자갈, 모래, 진흙 등이 쌓입니다.
- 자갈, 모래, 진흙 등이 계속 쌓이면 먼저 쌓인 것들이 눌립니다.
- 오랜 시간이 지나면 단단한 지층이 만들어집니다.
- 지층은 땅 위로 솟아오른 뒤 보입니다.

13 대부분의 지층은 퇴적암으로 이루어져 있습니다.

14 알갱이의 크기는 역암, 사암, 이암 순으로 큽니다.

15 퇴적암의 색깔은 여러 가지입니다. 만졌을 때 거칠고, 알갱이의 크기가 모래 알갱이 정도인 것은 사암이고, 알갱이의 크기가 크고 작은 것이 섞여 있는 것은 역암입니다.

16 알갱이의 크기가 크고 작은 것이 섞여 있는 것은 역암입니다. 사암은 알갱이의 크기가 모래 알갱이 정도입니다.

17 물 풀을 넣으면 모래 알갱이 사이의 빈 공간을 채워 주고, 모래 알갱이를 서로 붙여 줍니다.

18 실제 퇴적암이 만들어질 때 위에 쌓인 퇴적물이 아래의 퇴적물을 누르는 것처럼 종이컵으로 모래 반죽을 눌러 주는 것입니다.

더 알아볼까요!

- 종이컵으로 모래 반죽을 눌러주면 모래 알갱이 사이의 공간은 좁아집니다.
- 실제 위에 쌓인 퇴적물이 아래에 쌓인 퇴적물을 눌러 주는 것과 같습니다.

19 사암은 주로 모래로 이루어진 암석입니다.

20 퇴적암 모형과 실제 퇴적암 모두 모래로 만들어져 알갱이의 크기가 비슷합니다.

21 삼엽충 화석은 고생대에 번성하던 생물로 바다에서 기는 생활을 하였습니다.

22 ㉠은 삼엽충 화석, ㉣은 물고기 화석으로 동물 화석이고, ㉡은 고사리 화석, ㉢은 나뭇잎 화석으로 식물 화석입니다.

23 ① 고인돌은 옛날에 살았던 생물의 몸체나 생물이 생활한 흔적이 아니라 사람이 만든 유물이고, ④ 생물이 활동한 흔적도 화석입니다. 화석은 최소한 생성한 뒤 1만 년 이상은 되어야 하므로 일주일 전에 생긴 사람의 발자국은 화석이 아닙니다.

24 조개 화석 모형과 실제 조개 화석은 조개 모양과 줄무늬 등이 비슷합니다.

더 알아볼까요!

화석 모형과 실제 화석의 차이점
- 실제 화석은 색깔과 무늬가 선명합니다.
- 화석 모형은 만드는 데 걸리는 시간이 짧지만, 실제 화석은 만들어지는 데 오랜 시간이 걸립니다.

25 화석 모형 만들기에서 찰흙 반대기는 지층, 조개껍데기는 옛날에 살았던 생물, 찰흙 반대기에 찍힌 조개의 겉모양은 화석을 의미합니다.

26 생물의 흔적이나 죽은 생물체 위에 퇴적물이 계속해서 두껍게 쌓이면서 지층 속에 묻힌 생물이 화석이 됩니다.

27 생물의 몸체 위에 퇴적물이 빠르게 쌓여야 화석이 잘 만들어집니다.

28 화석을 통해 옛날에 살았던 생물의 정확한 수는 알 수 없습니다.

29 고사리의 전체적인 모양이 비슷합니다. 고사리가 살던 곳은 기온이 따뜻하고, 습기가 많은 곳이었을 것입니다.

30 조개가 살았던 곳이므로 강이나 바다였을 것입니다.

31 산호는 수온이 25℃ 정도인 따뜻하고 얕은 바다에서 삽니다.

▲ 산호

 1회 단원 평가 **연습**

32~34쪽

1 (1) × (2) ○ **2** 화석 **3** (1)–ⓒ (2)–ⓛ (3)–㉠
4 유미 **5** ⑤ **6** ④ **7** 지층 **8** 알갱이의 크기와
색깔이 다르기 때문이다. **9** ② **10** 역암 **11** 이
암 **12** ⑤ **13** 물 풀 **14** 사암 **15** ③ **16** ⓒ,
ⓔ **17** 화석 모형 **18** ④ **19** ① **20** 자연사 박
물관

풀이

1 실제 화석을 발굴하는 것은 땅을 파내야 하기 때문에
   시간이 더 많이 걸립니다. 초콜릿 조각이 박힌 과자
   는 화석이 있는 지층을 나타냅니다.

2 초콜릿 조각이 박힌 과자는 화석이 있는 지층을 나타
   내고, 초콜릿 조각은 그 속에 묻혀 있는 화석을 나타
   냅니다.

화석
화석이
있는 지층

3 지층은 수평인 지층, 끊어진 지층, 휘어진 지층 등
   여러 가지 모양이 있습니다.
   지층은 자갈, 모래, 진흙 등으로 이루어진 암석들이
   쌓여 층을 이루고 있는 것입니다. 산기슭, 바닷가 절
   벽 등에서 볼 수 있습니다.

4 지층은 얇은 층, 두꺼운 층 등 층의 두께와 색깔이 조
   금씩 다릅니다.

5 지층은 여러 개의 층으로 이루어진 것으로 여러 겹의
   층이 보이는 것과 비슷한 모양입니다.

6 지층 모형을 만들 때에는 투명한 플라스틱 원통에 물
   과 자갈, 모래, 진흙을 차례대로 넣습니다.

7 단단하게 굳어진 지층은 땅 위로 솟아오른 뒤 깎여서
   보입니다.

8 지층을 이루고 있는 진흙, 모래, 자갈의 알갱이의 크
   기와 색깔이 다르기 때문에 줄무늬를 볼 수 있습니다.

더 알아볼까요!

지층을 이루는 알갱이의 크기와 색깔이 다른 까닭
• 다른 크기의 알갱이가 쌓여 만들어지기 때문입니다.
• 쌓이는 알갱이의 색깔이 다르기 때문입니다.

9 운반된 자갈, 모래, 진흙 등을 퇴적물이라고 하고,
   퇴적물이 굳어져 만들어진 암석을 퇴적암이라고 합
   니다.

10 역암은 알갱이의 크기가 크고, 손으로 만지면 부드럽
   기도 하고 거칠기도 합니다.
   퇴적암에는 이암, 사암, 역암 등이 있습니다. 이암은
   진흙과 같이 작은 알갱이로 되어 있고, 사암은 주로
   모래로 되어 있고, 역암은 주로 자갈, 모래로 되어
   있습니다.

11 알갱이의 크기가 가장 작은 암석은 이암, 중간 정도
   인 것은 사암, 크기가 가장 큰 것은 역암입니다.

▲ 이암   ▲ 사암   ▲ 역암

12 진흙, 모래, 자갈과 같은 퇴적물들이 어떻게 단단한
   퇴적암으로 만들어지는지 알아보는 과정입니다.

13 물 풀은 모래의 빈 곳을 채워 주고, 모래 알갱이를 서
   로 붙여 줍니다.

14 사암은 주로 모래로 되어 있는 암석입니다.

15 삼엽충 화석은 머리, 가슴, 꼬리의 세 부분으로 나누
   어진 특징을 관찰할 수 있습니다. ⓛ은 물고기 화석,
   ⓒ은 고사리 화석, ⓔ은 나뭇잎 화석입니다.

16 ㉠과 ⓛ은 동물 화석입니다.

17 조개 화석 모형을 만드는 활동입니다.

18 동물의 뼈나 이빨, 껍데기, 식물의 잎, 줄기 등과 같
   이 단단한 부분이 있으면 화석으로 만들어지기 쉽습
   니다.

19 산호 화석이 발견된 곳은 옛날에 얕고 따뜻한 바다였
   습니다.

더 알아볼까요!

화석의 이용
• 옛날에 살았던 생물의 모습과 그 지역의 환경을 알 수 있습니다.
• 지층이 쌓인 시기도 알 수 있습니다.
• 석유나 석탄과 같은 화석 연료는 우리 생활에 유용하게 활용됩
  니다.

20 자연사 박물관은 자연에 대한 여러 자료를 수집하고
   전시하는 곳으로 관람하는 사람들이 이해하기 쉽게
   다양한 방법으로 전시물이 전시되어 있습니다.

정답과 풀이

1 ①　**2** ③, ⑤　**3** ②　**4** ㉠은 끊어진 지층이고, ㉡은 휘어진 지층이다. 층의 두께와 색깔이 다르다. **5** ②　**6** ㉣　**7** ㉡　**8** ①　**9** 이암　**10** (1) ○ (2) ×　**11** ㉠ 사암 ㉡ 모래　**12** 모래 알갱이를 서로 붙여 주기 위해서이다.　**13** 퇴적암　**14** ⑤　**15** ㉢, 나뭇잎 화석　**16** ㉡　**17** 지민　**18** 지층　**19** ①　**20** ④

풀이

1 과학자들이 실제 지층에서 화석을 발굴하는 것을 초콜릿 조각이 박힌 과자에서 초콜릿 조각을 발굴하는 활동으로 나타낼 수 있습니다.

2 지층은 바닷가 절벽, 산기슭, 고속도로의 산을 깎아 놓은 부분에서 볼 수 있습니다.

3 수평인 지층입니다. 지층은 줄무늬가 보이고 층마다 두께나 색깔이 조금씩 다릅니다.

더 알아볼까요!

여러 가지 지층의 모양

• 수평인 지층: 얇은 층이 수평으로 쌓여 있습니다.

• 끊어진 지층: 층이 끊어져 어긋나 있습니다.

• 휘어진 지층: 지층이 구부러져 있습니다.

4 ㉠은 끊어진 지층, ㉡은 휘어진 지층입니다. 모두 줄무늬가 보이지만 층마다 두께나 색깔이 조금씩 다릅니다.

5 지층은 오랜 시간에 걸쳐 만들어집니다.

6 아래에 있는 층이 쌓인 다음, 그 위에 퇴적물이 쌓여서 새로운 층이 만들어집니다. 그러므로 아래에 있는 층이 먼저 만들어지고, 위에 있는 층일수록 늦게 만들어진 것입니다. 지층 모형 만들기 실험에서도 아래에 있는 모래가 위에 있는 자갈보다 먼저 넣은 것입니다.

7 ㉣ → ㉡ → ㉢ → ㉠ 순서대로 지층이 만들어집니다. ㉣은 물이 운반한 자갈, 모래, 진흙 등이 쌓이는 과정이고, ㉢은 오랜 시간이 지나면 단단한 지층이 만들어지는 과정이며, ㉠은 지층이 땅 위로 솟아오른 뒤 깎여서 보이는 것입니다.

8 암석을 관찰할 때는 알갱이의 크기, 암석의 색깔, 표면을 손으로 만졌을 때의 느낌 등을 자세히 관찰합니다.

9 이암은 진흙과 같이 작은 알갱이로 되어 있어 손으로 만지면 부드럽고 매끄럽습니다.

10 역암은 알갱이의 크기가 이암보다 큽니다. 사암은 알갱이의 크기가 역암과 이암의 중간 정도입니다.

11 손으로 만졌을 때 약간 거칠고 까슬까슬한 느낌이 나는 퇴적암은 사암입니다. 사암은 주로 모래로 되어 있습니다.

12 모래의 빈 곳을 채워 주고 모래 알갱이를 서로 붙여 주기 위해 물 풀을 넣습니다. 실제 퇴적암이 만들어진 때는 물속에 있는 여러 가지 물질이 풀같은 역할을 하여 알갱이들을 서로 단단하게 붙게 합니다.

13 퇴적물이 계속 쌓이면 아래에 있는 퇴적물은 위에 쌓인 퇴적물이 누르는 압력으로 단단해집니다.

14 퇴적암 모형은 하루 만에 만들어지지만, 실제 퇴적암이 만들어지는 데는 오랜 시간이 걸립니다.

15 ㉠, ㉡, ㉣은 동물 화석입니다.

더 알아볼까요!

동물 화석과 식물 화석

• 동물 화석: 삼엽충 화석, 물고기 화석, 새 발자국 화석, 공룡알 화석

• 식물 화석: 고사리 화석, 나뭇잎 화석

16 ㉠은 삼엽충 화석, ㉡은 새 발자국 화석, ㉣은 물고기 화석입니다.

17 새의 배설물은 생물이 활동한 흔적입니다. 이러한 흔적이 남아 있는 것도 화석이며, 동물 화석으로 분류됩니다.

18 퇴적물이 계속 쌓이면 지층이 만들어집니다. 이후에 땅속에서 작용하는 힘으로 지층이 높게 솟아오르고 침식으로 지층이 깎여서 화석을 볼 수 있습니다.

19 석탄이나 석유와 같은 화석 연료는 우리 생활에 유용하게 활용됩니다.

20 ④는 암석이므로 전시실 주제에 적합하지 않습니다.

1 화석 2 ④ 3 ③ 4 ① 5 크기 6 ③ 7
㉠, 층마다 알갱이의 크기와 색깔이 다르다. 8 ㉠
9 퇴적암 10 ㉤, ㉣ 11 (1) ㉠, ㉥ (2) 사암 12
알갱이의 크기 13 물 풀 14 ③ 15 (1) ○
16 ⑤ 17 얼마 지나지 않아 없어진다. 옛것이 아니
다. 18 알지네이트 19 ㉠ 20 (1) ○ (2) ×

풀이

1 과학자들이 지층에서 공룡 뼈 화석을 발굴하는 모습
입니다.

2 끊어진 지층의 모습입니다. ④는 휘어진 지층의 특징
입니다.

3 지층은 오랜 시간에 걸쳐 만들어지며 각 층의 두께와
색깔이 다릅니다.

4 지층은 암석이 층을 이루고 있는 것으로 샌드위치에
서 여러 겹의 층이 보이는 모습과 비슷합니다.

5 지층은 다른 크기의 알갱이들이 쌓여 만들어지고, 쌓
이는 알갱이의 색깔도 다릅니다.

더 알아볼까요!

여러 가지 지층의 공통점
• 지층은 단단한 암석으로 되어 있습니다.
• 줄무늬가 보입니다.
• 알갱이의 색깔이 다르고, 작은 알갱이도 보이고 큰 알갱이도 보
입니다.

6 비커에 넣는 자갈, 모래, 진흙의 양을
다르게 하여 각 층의 두께가 다른 지층
모형을 만들 수 있습니다.

7 지층 모형에서 층마다 알갱이의 크기와
색깔이 서로 달라서 평행한 줄무늬가
나타납니다.

8 지층이 땅 위로 솟아오른 뒤 깎이면 우
리가 볼 수 있습니다.

▲ 지층 모형

9 퇴적암에는 이암, 사암, 역암 등이 있습니다.

10 이암은 주로 진흙으로 되어 있고 알갱이의 크기가 작
습니다.

11 사암은 주로 모래로 이루어져 있습니다.

12 알갱이의 크기가 이암은 작고 사암은 중간이고 역암
은 큽니다.

더 알아볼까요!

지층을 이루고 있는 암석
• 퇴적암은 알갱이의 크기에 따라 이암, 사암, 역암으로 나눌 수
있습니다.
• 이암은 진흙과 같은 작은 알갱이, 사암은 주로 모래, 역암은 주
로 자갈, 모래 등으로 되어 있습니다.

13 물 풀을 넣어야 모래의 빈 곳을 채워 주고, 모래 알갱
이를 서로 붙여 줍니다. 실제 퇴적암이 만들어질 때
는 녹아 있는 여러 가지 물질이 물 풀 같은 역할을 합
니다.

14 위에 쌓인 퇴적물이 아래의 퇴적물을 누르는 것처럼
종이컵으로 모래 반죽을 눌러 모래 알갱이 사이의 공
간을 좁아지게 합니다.

15 퇴적암에 옛날에 살았던 생물의 몸체나 생물이 활동
한 흔적이 남아 있는 것을 화석이라고 합니다.

16 삼엽충 화석은 동물 화석이고 화석이 만들어지는 데
오랜 시간이 걸립니다.

17 화석은 최소 만들어진지 1만 년 이상은 되어야 합
니다.

18 알지네이트로 화석 모형을 표현할 수 있습니다.

더 알아볼까요!

화석 모형과 실제 화석 비교
• 화석 모형 만들기에서 찰흙 반대기는 지층, 조개껍데기는 옛날
에 살았던 생물을 의미합니다.
• 찰흙 반대기에 찍힌 조개의 겉모양과 알지네이트로 만든 조개
의 형태는 화석에 비유됩니다.

19 ㉣ 죽은 생물이 호수나 바다의 바닥으로 운반되어
퇴적물에 묻히고, ㉢ 퇴적물이 계속 쌓여 지층이 만
들어집니다. ㉡ 이 지층은 땅속에서 작용하는 힘으
로 높게 솟아오른 뒤 ㉠ 침식으로 깎여 화석이 드러
납니다.

20 석탄과 석유는 화석이라고 할 수 있고, 우리 생활에
유용하게 활용됩니다.

▲ 석탄

1 ③   2 ①   3 ⑩ 층마다 알갱이의 크기와 색깔이 다르다. 줄무늬를 볼 수 있다.   4 ③   5 ㉣ ㉢ ㉡ ㉠   6 사암   7 ②   8 ①   9 모래 반죽을 굳게 하기 위해서이다.   10 ㉠   11 ㉠ 고사리 화석 ㉡ 삼엽충 화석 ㉢ 나뭇잎 화석 ㉣ 공룡알 화석   12 ③, ④   13 ②   14 ②   15 생물의 몸체 위에 퇴적물이 빨리 쌓여야 한다.   16 ㉡   17 ⑤   18 ③, ④   19 물   20 ⑤

풀이

1 모든 지층은 층의 두께와 색깔이 다릅니다. (가) 휘어진 지층, (나) 끊어진 지층, (다), (라) 수평인 지층입니다.

2 지층은 지구 내부의 힘을 받아 모양이 변하기도 합니다.

3 진흙, 모래, 자갈들이 수평으로 쌓여 있고, 쌓이는 알갱이의 크기와 색깔이 달라 줄무늬를 볼 수 있습니다.

더 알아볼까요!

지층 모형과 실제 지층 비교
• 지층 모형에서 아래에 있는 모래가 위에 있는 자갈보다 먼저 넣은 것입니다.
• 실제 지층에서도 밑에 있는 지층이 먼저 만들어진 것입니다.

4 지층이 땅 위로 솟아오른 뒤 깎여서 우리가 볼 수 있는 과정을 나타낸 것입니다.

5 지층은 아래에서부터 ㉣ → ㉢ → ㉡ → ㉠의 순서로 쌓입니다.

6 ㉠은 사암, ㉡은 역암입니다.

7 ㉡은 역암으로 알갱이 크기가 가장 크고, 손으로 만지면 거칠기도 하고 부드럽기도 합니다.

8 모래에 물 풀을 넣으면 모래의 빈 곳을 채워 주고 모래 알갱이들을 서로 붙여 줍니다.

9 모래 반죽이 딱딱해졌을 때 퇴적암 모형을 종이컵에서 꺼내야하기 때문에 하루 동안 그대로 놓아두어야 합니다.

10 사암과 퇴적암 모형 모두 모래로 만들어지기 때문에 알갱이의 크기가 비슷합니다. 사암은 퇴적암 모형보다 만들어지는 데 오랜 시간이 걸립니다. 퇴적암 모형 만들기에서는 사암이 만들어지는 과정 중 암석이

풍화되어 운반되고 강이나 바다에 쌓이는 과정이 빠져 있습니다.

11 ㉠ 고사리 화석, ㉢ 나뭇잎 화석은 식물 화석이고, ㉡ 삼엽충 화석, ㉣ 공룡알 화석은 동물 화석입니다.

12 화석은 종류와 형태가 다양하며, 위의 화석 중 삼엽충 화석과 공룡알 화석은 오늘날에 볼 수 없습니다.

13 ㉠ 고인돌은 유물이고, ㉡은 옛것이 아닙니다. 화석은 최소한 생성된 뒤 1만 년 이상은 지나야 합니다.

14 화석 모형과 실제 화석은 크기, 모양, 무늬가 비슷합니다. 화석 모형은 만들어지는 데 걸리는 시간이 짧지만, 실제 화석은 만들어지는 데 오랜 시간이 걸립니다.

15 화석이 되려면 생물의 몸체 위에 빨리 퇴적물이 쌓여야 하고 몸체에서 단단한 부분(뼈나 이빨, 껍데기, 식물의 잎, 줄기 등)이 있으면 화석으로 남을 가능성이 큽니다.

16 호박 화석은 나무 진에 생물이 갇혀 화석이 된 것입니다.

17 석탄과 석유는 우리 생활에 연료로 이용되는 화석입니다.

18 화석 속 고사리도 지금의 고사리처럼 기온이 따뜻하고 습기가 많았던 곳에 살았을 것입니다.

▲ 실제 고사리

19 삼엽충, 산호 모두 물속에서 살기 때문에 화석이 발견된 지역의 과거 환경은 물속이었음을 알 수 있습니다.

더 알아볼까요!

화석이 발견된 지역의 과거 환경
• 삼엽충 화석: 머리, 가슴, 꼬리의 세 부분으로 나눌 수 있고, 화석이 발견된 곳은 그때 당시 물속이었다는 것을 알 수 있습니다.
• 산호 화석: 발견된 곳은 그때 당시 물속이었다는 것을 알 수 있습니다.

20 자연사 박물관은 자연에 대한 여러 자료를 수집하고 전시하는 곳입니다.

탐구 서술형 평가

44~45쪽

1 (1) ⓒ, ⓒ (2) 예 여러 개의 층으로 이루어져 있다. 줄무늬가 보인다. (3) 예 책이나 동전을 쌓아 놓은 모습, 시루떡, 무지개 떡   2 지층은 땅 위로 솟아오른 뒤 깎여서 보인다.   3 ㄱ 부드럽고 매끄럽다. ⓒ 거칠거칠하다. ⓒ 알갱이의 크기가 크다.   4 (1) ⓒ, ⓔ (2) 고인돌은 화석이 아닌 유물이고, 모래에 난 사람의 발자국은 옛것이 아니기 때문에 화석이 아니다.

풀이

1 ㄱ 수평인 지층, ⓒ 끊어진 지층, ⓒ 휘어진 지층입니다.

상	끊어진 지층과 휘어진 지층을 바르게 고르고, 지층의 공통점을 바르게 서술하였으며, 우리 주변에서 볼 수 있는 지층의 모습을 바르게 서술하였습니다.
중	끊어진 지층과 휘어진 지층을 바르게 고르고, 지층의 공통점을 바르게 서술하였지만, 우리 주변에서 볼 수 있는 지층의 모습은 서술하지 못했습니다.
하	(1), (2), (3) 중 한 가지만 바르게 서술하였습니다.

2 지층이 솟아오른 뒤 깎이면 우리가 볼 수 있습니다.

상	지층이 만들어져 발견되는 과정 중 네 번째 과정을 바르게 서술하였습니다.
중	지층이 땅 위로 솟아올라 발견된다고만 서술하였습니다.
하	지층이 발견되는 과정을 정확하게 서술하지 못했습니다.

3 알갱이의 크기는 역암, 사암, 이암 순으로 큽니다.

상	퇴적암의 특징을 모두 바르게 서술하였습니다.
중	퇴적암의 특징 중 손으로 만졌을 때의 느낌과 알갱이의 크기 중 한 가지만 바르게 서술하였습니다.
하	퇴적암의 특징을 모두 바르게 서술하지 못했습니다.

4 ㄱ과 ⓒ은 화석입니다.

상	화석이 아닌 것과 화석이 아닌 까닭 모두 바르게 서술하였습니다.
중	화석이 아닌 것은 바르게 선택했지만 화석이 아닌 까닭은 정확하게 서술하지 못했습니다.
하	화석이 아닌 것을 바르게 선택하지 못하고 화석이 아닌 까닭에 대해서도 서술하지 못했습니다.

3 식물의 한살이

개념을 확인해요
47쪽

1 싹 2 눈 3 촉감 4 자 5 호두 6 참외 7 강낭콩 8 껍질

개념을 확인해요
49쪽

1 한살이 2 계획 3 씨 4 물 빠짐 5 두세 6 한살이 7 날짜

개념을 확인해요
51쪽

1 싹 2 물 3 물 4 온도 5 상온 6 온도 7 햇빛

개념을 확인해요
53쪽

1 뿌리 2 뿌리 3 잎 4 뿌리 5 떡잎 6 본잎 7 떡잎싸개 8 잎

개념을 확인해요
55쪽

1 물 2 같 3 두 4 잎, 잎 5 물 6 온도 7 빛 8 물, 빛

개념을 확인해요
57쪽

1 줄기, 잎 2 잎 3 줄기 4 크기, 개수 5 개수 6 잎자루 7 줄자 8 줄기

개념을 확인해요
59쪽

1 꽃 2 꼬투리 3 많 4 많 5 커 6 꽃, 꽃 7 씨 8 번식

개념을 확인해요
61쪽

1 한해살이 2 여러해살이 3 개나리 4 옥수수 5 열매 6 여러해살이 7 식물

개념을 다져요

1 강낭콩   **2** ③   **3** (1) ○ (2) ×   **4** ①   **5** 식물의 한살이   **6** ①   **7** ②   **8** ②   **9** 물   **10** (1) ○ (2) ×   **11** ㉠   **12** ⑤   **13** ㉡, ㉢   **14** 떡잎   **15** 예 뿌리가 나온다.   **16** 떡잎싸개   **17** ①   **18** ㉠   **19** ③   **20** 물, 온도   **21** ②   **22** ㉢   **23** ㉠, ㉡   **24** 식물의 잎은 점점 넓어지고 개수도 많아진다. 줄기도 점점 굵어지고 길이가 길어진다.   **25** ③   **26** 꼬투리   **27** ㉣ → ㉢ → ㉠ → ㉡   **28** 커진다, 많아진다   **29** 한해살이 식물   **30** ③   **31** ⑤   **32** 씨가 싹 터서 자라 꽃이 피고 열매를 맺어 번식한다.

풀이

1 강낭콩은 검붉은색이고, 둥글고 길쭉합니다.

2 참외씨는 연한 노란색이고 길쭉합니다.

3 여러 가지 씨는 종류에 따라 색깔, 모양, 크기 등이 다르지만, 공통적으로 단단하고 껍질이 있습니다.

> **더 알아볼까요!**
>
> **여러 가지 씨의 특징**
> • 호두: 동그랗습니다.
> • 은행나무씨: 달걀 모양과 비슷합니다.
> • 단풍나무씨: 두 개의 씨가 옆에 붙어 있고 날개가 달려 딱딱하고 작습니다.

4 자를 이용하여 씨의 길이를 재거나 비교할 수 있습니다. 루페와 돋보기는 씨의 모양을 자세하게 관찰하는 데 필요한 도구입니다.

5 한살이 기간이 짧은 식물을 선택하여 식물의 한살이를 관찰하는 것이 좋습니다.

7 씨를 심을 때는 씨 크기의 두세 배 깊이로 씨를 심고 흙을 덮습니다.

8 팻말에는 식물 이름, 씨를 심은 날짜, 씨를 심은 사람의 이름, 식물의 별명, 다짐의 말 등을 쓰고 책임감을 갖고 식물을 키우도록 합니다.

9 다르게 할 조건은 물이고, 같게 할 조건은 온도, 공기, 탈지면, 페트리 접시 등입니다.

11 물을 주지 않은 강낭콩은 싹이 트지 않았고, 물을 준 강낭콩은 싹이 텄습니다.

12 씨가 싹 트기 위해서는 물 이외에도 적당한 온도가

필요합니다.

13 물을 주어 싹이 튼 강낭콩의 겉모양은 뿌리가 자라 밖으로 나와 있고, 속 모양을 보면 잎이 싱싱하고 색깔이 노랗습니다. 강낭콩 속에는 식물의 잎과 줄기, 뿌리가 될 부분이 들어 있습니다.

14 땅 위로 두 장의 떡잎이 나오고 떡잎 사이로 본잎이 나옵니다.

16 외떡잎식물은 떡잎싸개가 둘러싸고 있어 본잎을 보호하면서 흙을 뚫고 자랍니다.

17 다르게 할 조건은 물이고, 같게 할 조건은 온도, 양분, 빛, 화분의 크기, 식물의 종류 등입니다.

18 물을 적당히 준 강낭콩은 잎이 잘 자랐지만, 물을 주지 않은 강낭콩은 잎이 시들고 잘 자라지 못했습니다.

20 식물이 잘 자라기 위해서는 물, 적당한 온도, 빛 이외에도 공기, 양분 등이 필요합니다.

22 새순이 난 바로 아래까지의 줄기 길이는 줄자를 사용하여 날짜별로 잽니다.

23 자와 모눈종이로 잎의 길이를 측정할 수 있습니다.

24 식물이 자라면서 잎은 점점 넓어지고 개수도 많아지며, 줄기도 점점 굵어지고 길이가 길어집니다.

25 같은 강낭콩의 꽃을 관찰할 때 꽃의 종류는 달라지지 않습니다. 꽃의 색깔, 모양, 크기, 꼬투리의 모양, 수, 크기 등이 달라집니다.

26 꼬투리 안에 들어 있는 강낭콩이 다시 땅에 떨어져 싹이 트고 자랍니다.

27 꽃봉오리의 개수가 점점 많아지고 꽃이 피기 시작합니다. 꽃이 지면서 열매가 생기고 열매가 점점 커집니다.

28 강낭콩의 꼬투리 안에 여러 개의 강낭콩이 줄지어 들어 있고, 꼬투리와 함께 씨도 자랍니다.

30 한해살이 식물에는 강낭콩, 벼, 옥수수, 호박 등이 있습니다.

31 여러해살이 식물에는 개나리, 감나무, 사과나무, 무궁화나무 등이 있습니다.

32 한해살이 식물은 열매를 맺고 죽지만, 여러해살이 식물은 열매 맺는 것을 반복합니다.

> **더 알아볼까요!**
>
> **한해살이 식물과 여러해살이 식물의 공통점**
> 씨가 싹 터서 자라 꽃이 피고 열매를 맺어 번식합니다.

1회 단원 평가 연습

66~68쪽

1 (1)–ⓒ (2)–㉠ (3)–ⓛ 2 ③ 3 ④ 4 정아 5
① 6 예 식물의 씨가 싹 터서 자라고 꽃이 피며 열
매를 맺어 다시 씨가 만들어지는 과정이다. 7 물
8 ㉠ 9 ④ 10 ④ 11 ① 12 ⓛ 13 ①
14 ①, ⑤ 15 ⓛ 16 열매(꼬투리) 17 씨 18
③ 19 여러해살이 식물이다. 20 ⑤

풀이 ▶

1 (1)은 해바라기씨, (2)는 사과씨, (3)은 봉숭아씨입
니다.

2 10개의 색상을 나타낸 그림을 가지고 씨의 색깔을 관
찰합니다.

더 알아볼까요!

씨 관찰하기
• 눈으로 색깔을 관찰합니다.
• 손으로 촉감을 느낍니다.
• 자나 동전을 이용하여 길이와 크기를 재 봅니다.

3 채송화씨는 크기가 매우 작아서 돋보기를 이용하여
관찰하는 것이 좋습니다.

4 화분에 식물의 씨를 심을 때는 씨 크기의 두세 배 깊
이로 심습니다.

5 식물의 한살이를 관찰할 때에는 한살이 기간이 짧고
잎, 줄기, 꽃, 열매 등을 관찰하기 쉬운 식물을 선택
하는 것이 좋습니다.

더 알아볼까요!

식물의 한살이 관찰하기
• 강낭콩, 복숭아, 나팔꽃, 토마토 등과 같은 식물이 한살이를 관찰
하기 좋습니다.
• 식물의 한살이 과정을 알아보기 위해서는 씨가 싹 트고 잎과 줄기
가 자라는 모습, 꽃과 열매가 자라는 모습 등을 관찰해야 합니다.

6 식물의 한살이를 관찰하기 위해서는 가장 먼저 어떤
식물을 관찰할지 정합니다.

7 씨가 싹 트는 데 물이 미치는 영향을 알아보는 실험
입니다. 실험에서 다른 조건은 모두 같게 하고 물의
양을 다르게 해야 합니다.

8 물을 주지 않은 강낭콩은 싹이 트지 않고 물을 준 강
낭콩은 싹이 틉니다.

9 싹 튼 후 씨의 크기가 조금 더 커집니다. 강낭콩이 싹
터서 자라는 과정은 딱딱했던 씨가 부풀고 뿌리가 나
온 다음 껍질이 벗겨지면서 두 장의 떡잎이 나옵니
다. 떡잎 사이로 본잎이 나오고, 떡잎이 시들고 본잎
이 커집니다.

10 뿌리, 떡잎, 본잎 순서로 볼 수 있습니다. 떡잎싸개
는 외떡잎식물에서만 볼 수 있는 것으로 강낭콩이 싹
터서 자라는 과정에서는 볼 수 없습니다.

11 다르게 할 조건은 물이고, 같게 할 조건은 적당한 온
도, 빛, 양분, 화분의 크기, 식물의 종류 등입니다.

12 물을 준 강낭콩은 잎이 잘 자랐지만, 물을 주지 않은
강낭콩은 시들고 잘 자라지 않았습니다.

13 줄기의 길이, 줄기의 굵기, 잎의 개수, 잎의 넓이, 꽃
의 개수, 열매의 개수 등을 관찰합니다. 식물의 잎은
함부로 맛보지 않습니다.

14 잎의 크기 변화는 자로 재거나 모눈 투명 종이를 대
고 그려서 칸을 세어 봅니다.

15 식물은 자라면서 잎이 점점 넓어지고, 개수도 점점
많아집니다.

16 강낭콩의 꽃이 지고 나면 열매가 생기는데, 이것을
꼬투리라고 합니다.
식물이 자라면 꽃이 피고, 꽃이 지면 열매가 생기며
열매 속에는 씨가 들어 있습니다. 씨에서 다시 싹이
트고 자라 열매를 맺습니다.

17 꽃이 피고 열매를 맺은 식물은 번식을 하기 위해서
씨를 맺습니다.

18 벼는 봄에 싹이 터서 자라고 꽃을 피우며 열매를 맺
어 씨를 만들고 일생을 마치는 한해살이 식물입니다.
개나리는 여러해살이 식물입니다.

▲ 개나리

19 여러해살이 식물은 여러 해 동안 죽지 않고 살아가는
식물로 개나리, 감나무, 사과나무, 무궁화 등이 있습
니다.

20 씨가 싹 터서 자라고, 꽃이 피며 열매를 맺어 다시 씨
가 만들어지는 식물의 한살이 과정이 잘 드러나도록
만드는 것이 가장 중요합니다.

1 ③　　**2** 크기　　**3** ⑤　　**4** ㉢ ㉡ ㉣ ㉠　　**5** ②, ⑤
6 예 한살이 기간이 짧아야 한다.　　**7** ①　　**8** 물　　**9** 물을 준 것은 씨가 싹 트고, 물을 주지 않은 것은 씨가 싹 트지 않았다.　　**10** (1) ○ (2) ×　　**11** ⑤　　**12** 떡잎　　**13** ⑤　　**14** (1) ㉡ (2) 한 화분은 물을 적당히 주고, 다른 화분은 물을 주지 않는다.　　**15** ㉠　　**16** ①
17 줄기의 길이가 점점 길어진다.　　**18** ②　　**19** ①
20 예 씨가 싹 터서 자라며 꽃이 피고 열매를 맺어 번식한다.

풀이

1 여러 가지 씨 중에는 먹을 수 있는 씨도 있지만 먹을 수 없는 씨도 있기 때문에 씨를 맛 보는 것은 바람직하지 않습니다.

2 여러 가지 씨의 모양, 색깔, 크기를 관찰하고 기록한 표입니다.

3 씨는 색깔, 모양, 크기 등의 생김새가 다릅니다. 그러나 씨는 모두 껍질이 있고 단단하다는 공통점이 있습니다.

> **더 알아볼까요!**
>
> **여러 가지 씨의 특징**
> • 식물의 씨는 길쭉하거나 동그란 모양의 씨도 있습니다.
> • 호두처럼 크기가 큰 것도 있지만 채송화씨처럼 매우 작은 것도 있습니다.
> • 강낭콩처럼 검붉은 색도 있고, 참외씨처럼 연한 노란색도 있습니다.

4 화분에 거름흙을 주는 양, 씨를 심는 깊이 등에 유의하며 씨를 심습니다.

5 화분에 꽂는 팻말에는 식물 이름, 씨를 심은 날짜, 씨를 심은 사람의 이름, 식물의 별칭, 다짐의 말 등이 들어가야 합니다.

6 한살이를 관찰하기에 적합한 식물은 한살이 기간이 짧고, 잎, 줄기, 꽃, 열매의 구분이 명확하고, 크기가 적당해야 합니다.

7 강낭콩, 페트리 접시 두 개, 탈지면, 물이 담긴 분무기가 필요합니다.

8 다르게 할 조건은 물이고, 같게 할 조건은 온도, 공기, 탈지면, 페트리 접시 등입니다.

9 씨가 싹 트는 데 물이 미치는 영향을 알아보는 실험으로 씨가 싹 트기 위해서는 적당한 양의 물이 필요합니다.

10 씨가 싹 트기 위해서는 적당한 온도와 적당한 양의 물이 필요합니다. 너무 많은 물을 줄 경우 씨가 썩을 수 있습니다. 씨가 싹 트기 위해서 햇빛이 반드시 필요한 조건은 아닙니다.

11 물을 주지 않은 강낭콩을 잘라 속 모양을 보면 뿌리와 잎은 있지만 납작하게 붙어 있습니다.

> **더 알아볼까요!**
>
> **물을 주어 싸이 튼 강낭콩**
> • 겉모양: 뿌리가 자라 밖으로 나와 있습니다.
> • 속 모양: 잎은 싱싱하고 색깔은 노랗습니다.

12 뿌리가 나온 다음 껍질이 벗겨지면서 떡잎이 나오고 그 사이로 본잎이 나옵니다.

13 옥수수는 싹이 틀 때 본잎이 떡잎싸개에 둘러싸여 나옵니다.

14 식물이 자라는 데 물이 미치는 영향을 알아보는 실험에서 다르게 할 조건은 물이고, 같게 할 조건은 화분의 크기, 식물의 종류, 빛, 양분, 온도 등입니다.

15 식물이 자라는 데 필요한 조건 중 ㉡은 빛, ㉢은 양분이 미치는 영향을 알아보는 실험 모습입니다.

16 씨가 싹 튼 후에 식물은 줄기가 굵어지고 길어지며, 잎의 수도 많아지고 넓어집니다.

17 그래프를 보면 날짜가 지남에 따라 줄기의 길이가 계속 길어짐을 알 수 있습니다.

18 작은 몽우리가 더 커져 꽃봉오리가 되고 꽃이 지고 난 자리에 작은 꼬투리가 생기며, 꼬투리의 개수가 점점 늘어나고 크기가 커집니다.

> **더 알아볼까요!**
>
> **꽃과 열매가 자라는 모습**
> • 꽃의 색깔과 모양, 크기가 달라집니다.
> • 꼬투리의 모양이 달라집니다.
> • 꼬투리의 개수와 크기가 달라집니다.

19 식물은 번식하기 위해서 열매를 맺어 씨를 퍼뜨립니다.

20 씨가 싹 트는 모습, 잎과 줄기가 자라는 모습, 꽃과 열매가 자라는 모습 등을 공통으로 관찰할 수 있습니다.

3회 단원 평가 ^{기출}

72~74쪽

1 길이, 크기　**2** ㉡　**3** ①　**4** 지호　**5** ⑤　**6** ⑤　**7** 물, 적당한 온도　**8** ②　**9** ㉠ 본잎 ㉡ 떡잎　**10** 떡잎싸개　**11** ③　**12** 물은 준 것은 잘 자랐고, 물을 주지 않은 것은 시들고 잘 자라지 못했다.　**13** 줄기　**14** 5월 15일　**15** ⑤　**16** ③　**17** ㉢ ㉡ ㉢ ㉠　**18** 여러해살이 식물　**19** ④　**20** ①

풀이 ▶

1 자와 동전을 이용하여 씨의 길이와 크기를 비교하는 모습입니다.

2 단풍나무씨에 대한 설명입니다. ㉠은 강낭콩, ㉡은 단풍나무씨, ㉢은 호두입니다.

3 호두는 크기가 크고, 채송화씨는 매우 작습니다.

4 화분 바닥에 있는 물 빠짐 구멍을 망이나 작은 돌로 막아야 하고, 화분에 거름흙을 $\frac{3}{4}$ 정도 넣습니다.

5 팻말에 너무 많은 내용을 담지 않도록 하며 장난 섞인 글을 쓰지 않도록 합니다.

6 옥수수, 해바라기, 토마토, 고추 등의 식물은 한살이 기간이 짧고, 크기가 적당하며 쉽게 구할 수 있습니다. 또한 뿌리, 줄기, 잎, 꽃, 열매의 구분이 명확한 식물로 한살이 과정을 관찰하기에 적합한 식물입니다.

더 알아볼까요!

식물의 한살이 관찰 계획 세우기
• 식물의 한살이 과정을 알아보기 위해서 가장 먼저 해야 할 일은 관찰 계획을 세우는 것입니다.
• 식물의 길이, 줄기의 굵기, 잎의 개수, 잎의 넓이, 꽃의 개수, 열매의 개수 등을 관찰합니다.

7 씨가 싹 트는 데 필요한 조건은 물과 적당한 온도입니다. 물을 주지 않은 강낭콩은 싹이 트지 않았고, 물을 준 강낭콩은 싹이 텄습니다. 상온에 둔 강낭콩은 싹이 텄고, 냉장고에 둔 강낭콩은 싹이 트지 않았습니다.

8 씨가 싹 트는 데 온도가 미치는 영향을 알아보는 실험입니다.

9 강낭콩이 싹 터서 자랄 때 12~15일이 되면 떡잎이 시들고 본잎이 커집니다.

10 옥수수는 싹이 틀 때 본잎이 떡잎싸개에 둘러싸여 나옵니다.

11 비슷한 크기로 자란 화분 두 개를 준비해야 합니다.

12 식물이 자라는 데 물이 미치는 영향을 알아본 것으로 물을 준 화분의 강낭콩은 잘 자랐고, 물을 주지 않은 화분의 강낭콩은 잘 자라지 않았습니다.

13 새순이 난 바로 아래까지의 줄기 길이를 줄자를 사용하여 날짜별로 잽니다.

14 강낭콩은 자라면서 줄기가 점점 굵어지고 길어집니다. 위의 표에서 5월 15일은 10일보다 줄기의 길이와 굵기가 줄어들었으므로 측정이 잘못되었음을 알 수 있습니다.

15 뿌리는 흙속에 있어서 측정하기 어렵고, 뿌리의 길이 변화를 자주 측정하다가 식물이 죽을 수도 있으므로 관찰하기 어렵습니다.

16 강낭콩 떡잎의 개수는 두 개이고 본잎이 자라면서 떡잎은 나중에 시들어 떨어지기 때문에 그래프로 나타낼 수 없습니다.

17 강낭콩이 자라면 꽃이 피고 꽃이 지면 꼬투리가 보입니다. 꼬투리의 개수는 점점 늘어나고, 크기도 커집니다.

18 한해살이 식물은 열매를 맺고 죽지만 여러해살이 식물은 열매를 맺는 것을 반복합니다.

19 풀은 한해살이 식물이 많고 나무는 대부분 여러해살이 식물이지만 모든 풀이 한해살이 식물이 아니고, 모든 나무가 여러해살이 식물인 것은 아닙니다. 비비추, 민들레 등의 풀은 여러해살이 식물입니다.

더 알아볼까요!

비비추의 한살이

▲ 봄-씨가 싹이 틉니다.

▲ 여름-꽃이 핍니다.

▲ 가을-열매가 맺힙니다.

▲ 겨울-땅 위의 부분은 시들어 죽지만 땅속에 있는 부분은 살아남습니다.

20 한해살이 식물인 옥수수의 한살이 과정입니다. 한해살이 식물에는 강낭콩, 벼, 옥수수, 호박 등이 있습니다. ②, ③, ④, ⑤는 여러해살이 식물입니다.

정답과 풀이

4회 단원 평가 실전

75~77쪽

1 ③ 2 ①, ④ 3 ① 4 ⑤ 5 ② 6 물 7
온도 8 ④ 9 씨가 싹 트는 과정 10 ㉠ 뿌리
㉡ 떡잎 11 ① 12 ㉡ 13 ③ 14 ㉠ 15 ⑤
16 번식하기 위해서 열매를 맺는다. 17 ⑤ 18
④ 19 ⑤ 20 식물의 한살이

풀이

1 ㉠은 자를 이용하여 씨의 길이를 재는 것이고, ㉡은
씨의 색깔을 관찰하는 것입니다.

2 여러 가지 씨는 색깔, 모양, 크기 등의 생김새가 다르
지만, 공통적으로 단단하고 껍질이 있습니다.

3 봉숭아씨는 어두운 갈색이고 둥근 모양입니다.

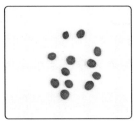

▲ 봉숭아씨

4 씨를 심은 다음 화분에 팻말을 꽂아 햇빛이 비치는
곳에 둡니다.

5 식물의 한살이 과정을 관찰할 때 씨는 거름흙 속에
있기 때문에 씨의 변화는 볼 수 없습니다. 식물을 기
르면서 식물의 길이, 줄기의 굵기, 잎의 개수, 잎의
넓이, 꽃의 개수, 열매의 개수 등을 관찰합니다.

6 씨가 싹 트는 데 물이 미치는 영향을 알아본 실험입
니다.

7 같은 조건 속에서 온도만 다르게 하고 씨가 싹 트는
지 관찰하는 실험입니다. 이 실험은 씨가 싹 트는 데
온도가 영향을 주는지 알아보는 실험입니다.

더 알아볼까요!

씨가 싹 트는 데 온도가 미치는 영향
• 다르게 할 조건: 온도
• 같게 할 조건: 공기, 물, 탈지면, 페트리 접시 등

8 ㉡ 강낭콩은 물을 주지 않은 것으로 뿌리와 잎이 있
으나 납작하게 붙어 있습니다.

9 플라스틱 컵 대신 지퍼 백을 사용하여 씨가 싹 트는
과정을 관찰할 수도 있습니다.

10 씨가 부푼 뒤 뿌리가 나오고 껍질이 벗겨지면서 두
장의 떡잎 사이로 본잎이 나옵니다.

11 식물이 잘 자라는 데 물이 미치는 영향을 알아본 실
험입니다.

12 ㉠은 강낭콩 줄기의 길이를 줄자로 측정하는 모습입
니다.

더 알아볼까요!

잎의 변화를 알아보는 방법
• 모눈종이나 모눈 투명 종이(OHP)를 대고 그려서 칸을 세어 봅
니다.
• 그림을 그려 본을 떠서 크기를 비교합니다.

13 약 두 달 동안 기록한 것이고, 강낭콩 줄기의 길이가
길어지는 것을 알 수 있는 그래프입니다. 그래프를
통해서는 잎의 개수, 넓이, 줄기의 굵기 등의 변화는
알 수 없습니다.

14 꽃이 지고 나면 열매가 생기는데 이것을 꼬투리라고
합니다.

15 꼬투리는 열매이며 안에는 강낭콩이 들어 있습니다.
강낭콩이 자람에 따라 꼬투리의 크기가 커지고 개수
도 많아집니다. 강낭콩은 꽃이 지고 나서 꼬투리가
생깁니다. 꼬투리가 자라면서 꼬투리 안에 씨가 자
랍니다. 강낭콩의 씨는 열매가 됩니다.

16 열매 속에는 씨가 들어 있습니다. 열매 속에 들어 있는
씨는 심으면 다시 싹이 트고 자라 열매를 맺습니다.

17 강낭콩, 벼, 옥수수는 한해살이 식물이고, 개나리,
감나무, 사과나무는 여러해살이 식물입니다.

18 감나무는 여러해살이 식물입니다. 겨울이 되면 죽지
않고 살아남아 이듬해 나뭇가지에서 새순이 나기를
여러 해 동안 반복합니다.

19 벼에 꽃이 핀 모습입니다. 꽃이 피고 약 30일 후 열
매를 맺어 씨를 만듭니다.

더 알아볼까요!

한해살이 식물
• 한해살이 식물은 한 해 동안 한살이를 거치고 일생을 마치는 식
물입니다.
• 강낭콩, 옥수수, 벼, 호박 등이 있습니다.

20 씨에서 싹이 트고 자라 꽃이 진 뒤에 열매를 맺어 다
시 씨가 되는 연속성을 표현해야 합니다.

탐구 서술형 평가

1 (1) 봉숭아씨: 어두운 갈색이다. 모양이 둥글다.　호두: 연한 갈색이다. 동그랗고 주름이 있다.　사과씨: 갈색이다. 둥글고 길쭉하며 한쪽은 모가 나 있다. (2) **예** 단단하다. 껍질이 있다.　**2** 딱딱한 씨가 부풀고 뿌리가 나온 뒤 껍질이 벗겨지면서 두 장의 떡잎 사이로 본잎이 나오고, 떡잎이 시들고 본잎이 커진다.　**3** 겨울에는 온도가 낮아 식물이 잘 자라기 어렵기 때문에 싹이 틀 수 있도록 적당한 온도를 유지하기 위해서 온실에서 식물을 기른다.　**4** 풀이 참조

풀이

1 봉숭아씨와 호두, 사과씨는 색깔, 모양, 크기 등의 생김새가 다르지만 단단하고 껍질이 있다는 공통점이 있습니다. 호두는 크기가 매우 크고 동그랗고, 황토색입니다. 복숭아씨는 둥글고 어두운 갈색이며 크기가 작지만 채송화씨보다는 큽니다.

상	씨의 특징과 공통점을 모두 바르게 서술하였습니다.
중	씨의 특징과 공통점 중 한 가지만 바르게 서술하였습니다.
하	씨의 특징과 공통점 모두 바르게 서술하지 못했습니다.

2 강낭콩이 싹 터서 자라는 과정은 15일 정도에 이루어집니다. 강낭콩은 먼저 뿌리가 나오고 껍질이 벗겨집니다. 그리고 두 장의 떡잎이 나오고 떡잎 사이에서 본잎이 나옵니다.
옥수수의 경우는 싹이 틀 때 본잎이 떡잎싸개에 둘러싸여 나옵니다. 씨가 싹 튼 후에 식물은 줄기도 굵어지고 식물의 키도 자라며 잎의 수도 많아지고 커집니다.

상	강낭콩의 싹이 터서 자라는 과정을 바르게 서술하였습니다.
중	강낭콩의 싹이 터서 자라는 과정을 서술은 하였지만 식물의 각 부분의 명칭을 바르게 서술하지 못했습니다.
하	강낭콩의 싹이 터서 자라는 과정을 서술하지 못했습니다.

3 식물은 적당한 온도가 유지되어야 잘 자랄 수 있습니다. 식물이 잘 자라려면 적당한 온도 이외에 물과 빛도 필요합니다.

상	식물이 자라는 데 적당한 온도가 필요한 것과 겨울에 온실에서 식물을 기르는 것을 바르게 연관지어 서술하였습니다.
중	식물이 자라는 데 적당한 온도가 필요한 것을 명확하게 서술하지 못하고 날씨가 추운 것과 연관지어 서술하였습니다.
하	식물이 자라는 데 필요한 조건만 제시하였습니다.

4

구분	식물의 특징
한해살이 식물	한 해 동안 싹이 터서 자라고 꽃이 피며 열매를 맺어 다시 씨를 만들고 일생을 마친다.
여러해살이 식물	여러 해 동안 죽지 않고 새순이 나오고, 자라서 꽃이 피고 열매를 맺는 것을 반복한다.
한해살이 식물과 여러해살이 식물의 공통점	씨가 싹 터서 자라며 꽃이 피고 열매를 맺어 번식한다.

한해살이 식물은 열매를 맺어 씨를 만들고 죽지만, 여러해살이 식물은 그 과정을 반복합니다. 한해살이 식물에는 강낭콩, 벼, 옥수수, 호박 등이 있고, 여러해살이 식물에는 개나리, 감나무, 사과나무, 무궁화나무 등이 있습니다.

상	한해살이 식물과 여러해살이 식물의 특징과 공통점을 모두 바르게 서술하였습니다.
중	한해살이 식물과 여러해살이 식물의 특징과 공통점 중 한 가지만 바르게 서술하였습니다.
하	한해살이 식물과 여러해살이 식물의 특징과 공통점 모두 바르게 서술하지 못했습니다.

정답과 풀이

개념을 확인해요 81쪽

1 표정   2 무게   3 무게   4 저울   5 무게, 무게
6 몸무게   7 무게

개념을 확인해요 83쪽

1 용수철   2 길이   3 무거운   4 지구   5 무게
6 무겁   7 무게   8 뉴턴

개념을 확인해요 85쪽

1 길이   2 무게   3 길이   4 9   5 무게   6 용
수철   7 용수철   8 용수철

개념을 확인해요 87쪽

1 손잡이   2 고리   3 표시 자   4 눈금   5 영점
조절 나사   6 0   7 무게   8 표시 자

개념을 확인해요 89쪽

1 받침대   2 무게   3 무겁   4 같은   5 무거운
6 받침점   7 멀리

개념을 확인해요 91쪽

1 저울접시   2 저울대   3 받침대   4 수평 조절
장치   5 수평 잡기   6 같은   7 무게

개념을 확인해요 93쪽

1 몸무게   2 전자   3 용수철   4 용수철   5 용수
철   6 수평 잡기   7 수평 잡기   8 용수철

개념을 다져요 94~97쪽

1 ㉢   2 ⑤   3 무게   4 ㉾ 마트에서 상품의 무게
에 따라 가격을 정할 때   5 지구   6 무게   7 ⑴
킬로그램중 ⑵ 뉴턴   8 ③   9 4 cm   10 ④   11
②   12 6   13 용수철저울   14 ㉠ 손잡이 ㉡ 영
점 조절 나사 ㉢ 표시 자   15 ㉢   16 ㉡   17
<   18 ㉠   19 가까이   20 영수   21 수평 잡기
22 저울대   23 ⑤   24 필통   25 ②   26 ①, ④,
⑤   27 ③   28 ②   29 수평 잡기의 원리   30 ④,
⑤   31 ③   32 용수철

풀이

1 사람마다 느끼는 물체의 무게가 다르기 때문에 저울
이 필요합니다.

2 물체를 손으로 들어 무게를 비교할 수 있지만 사람마
다 느끼는 무게가 다릅니다. 여러 가지 물체를 무거
운 순서대로 정확하게 놓을 수 있는 방법으로는 저울
을 이용해 물체의 무게를 측정하는 것입니다.

3 일생생활에서 물체의 무게를 측정하는 경우가 있습니
다. 무게를 정확하게 측정하지 않으면 물건을 파
는 사람이 신뢰를 잃을 수 있습니다.

4 목욕탕에서 몸무게를 측정할 때, 우체국에세 택배를
보낼 때 등도 무게를 정확하게 측정하는 경우입니다.

5 지구가 물체를 끌어당기는 힘의 크기는 무게입니다.

6 g중, kg중, N은 무게의 단위입니다.

7 g중은 '그램중'이라고 읽습니다.

8 지구가 추를 끌어당기는 힘의 크기는 물체의 무게로 나
타냅니다. 지구가 물체를 끌어당기는 힘의 크기가 크면
용수철은 많이 늘어납니다. 용수철에 걸어 놓은 물체가
무거울수록 지구가 물체를 끌어당기는 힘의 크기가 커
지기 때문에 용수철의 길이도 많이 늘어납니다.

9 추의 무게가 20 g중일 때 늘어난 용수철의 길이는
4 cm입니다.

10 20 g중 추 한 개당 늘어난 용수철의 길이가 4 cm이므
로 80 g중일 때 늘어난 용수철의 길이는 16 cm입니다.

11 20 g 중 추 한 개당 4 cm씩 용수철의 길이가 늘어나
기 때문에 추의 무게가 10 g중일 때는 용수철의 길
이가 2 cm 늘어납니다. 20 g 중일 때 늘어난 용수철
의 길이 4 cm에 10 g중일 때 늘어난 용수철의 길이
2 cm를 더하면 6 cm입니다.

12 표를 보면 20 g중 추 한 개당 늘어난 용수철의 길이는 3 cm입니다.

13 용수철의 성질을 이용하여 만든 용수철저울입니다.

> **더 알아볼까요!**
>
> **용수철저울의 원리**
> • 늘어난 용수철의 길이는 용수철에 매단 물체의 무게입니다.
> • 용수철저울은 물체의 무게에 따라 일정하게 늘어나거나 줄어드는 성질을 이용해 만든 것입니다.

14 ㉠은 손잡이, ㉡은 영점 조절 나사, ㉢은 표시 자입니다.

15 표시 자에 대한 설명입니다.

16 영점 조절 나사를 돌려 표시 자의 눈금을 '0'으로 맞춥니다. 저울의 영점을 조절하지 않으면 정확한 무게를 측정할 수 없습니다.

17 수평대의 받침점으로부터 같은 거리에 물체를 올려놓았을 때 기울어진 쪽에 있는 물체가 더 무겁습니다.

> **더 알아볼까요!**
>
> **수평 잡기의 원리를 이용해 두 물체의 무게를 비교하는 방법**
> • 비교하려는 물체를 받침점으로부터 각각 같은 거리에 올려놓고 기울어진 쪽을 알아봅니다.
> • 기울어진 쪽에 있는 물체가 더 무겁습니다.

18 무게가 같은 물체로 수평을 잡으려면 각각의 물체를 받침점으로부터 같은 거리에 놓습니다.

19 무게가 다른 물체로 수평을 잡으려면 무거운 물체는 가벼운 물체보다 받침점에 가까이 놓습니다.

20 몸무게가 서로 다를 때에는 무거운 사람이 시소의 받침점에서 가까운 쪽에 앉으면 시소가 수평을 잡을 수 있습니다.

21 양팔저울은 한쪽에는 물체를 올려놓고 한쪽에는 무게가 일정한 물체를 올려놓은 후 수평이 되도록 하여 물체의 무게를 측정합니다.

> **더 알아볼까요!**
>
> **양팔저울로 물체의 무게를 비교하는 방법**
> • 양팔저울의 받침점으로부터 같은 거리에 있는 저울접시에 물체를 각각 올려놓고 어느 쪽으로 기울어졌는지 확인합니다.
> • 양팔저울의 받침점으로부터 같은 거리에 있는 저울접시의 한쪽에는 물체를, 다른 한쪽에는 무게가 일정한 물체를 올려놓고 무게를 측정해 비교합니다.

22 저울대는 양팔저울에서 양쪽에 저울접시를 거는 부분입니다.

23 ③은 저울접시, ④는 저울대 부분에 대한 설명입니다.

24 필통은 클립 15개와 같고, 지우개는 클립 7개와 같기 때문에 필통이 더 무겁습니다.

25 체중계, 가정용 저울, 용수철저울은 용수철의 성질을 이용한 저울입니다.

26 양팔저울은 수평 잡기의 원리를 이용한 저울입니다.

27 체중계, 가정용 저울, 용수철저울은 용수철의 성질, 양팔저울은 수평 잡기의 원리를 이용한 저울입니다.

> **더 알아볼까요!**
>
> **전자저울의 예**
> • 구입한 젤리의 무게를 측정하는 전자저울−젤리 가게
> • 실험 약품의 무게를 측정하는 전자저울−실험실
> • 여행 가방의 무게를 측정하는 전자저울−공항

28 양팔저울은 두 물체의 무게를 직접 비교할 수 있고 기준 물체를 이용하여 물체의 무게를 측정할 수도 있습니다.

> **더 알아볼까요!**
>
> **기준 물체의 조건**
> • 모양이 같고 무게가 일정해야 합니다.
> • 무게가 비교하는 물체의 무게에 비해 적당히 작아야 합니다.
> • 크기는 기준 물체를 놓는 용기의 크기에 비해 적당히 작아야 합니다.

29 바지걸이를 사용한 저울은 수평 잡기의 원리를 이용하여 만든 저울입니다.

30 지퍼 백 두 장을 바지걸이에 매달아 만듭니다.

31 책가방은 크고 무거워 기준 물체가 될 수 없습니다.

32 용수철이 늘어나거나 줄어드는 성질을 이용하여 만든 저울입니다.

1 사람마다 느끼는 물체의 무게가 다르기 때문이다.
2 ①   3 무거울수록   4 무게   5 ③   6 ③
7 4.5   8 표시 자   9 영점 조절 나사   10 용수철
저울은 물체의 무게에 따라 용수철이 일정하게 늘어
나거나 줄어드는 용수철의 성질을 이용한 것이다.
11 같은   12 ②   13 <   14 양팔저울   15 연
필   16 55 g중   17 ㉠   18 ㉡   19 전자저울
20 수평 잡기의 원리

풀이

1 물체의 무게는 물체를 손으로 들어 보고 짐작할 수
있지만 무게가 정확하지 않기 때문에 저울을 사용해
야 합니다.

2 일상생활에서 무게를 측정하는 경우가 많습니다. 우
체국에서 등기 보낼 때 우편물의 무게를 정확히 측정
해야 하고, 화물차가 싣고 있는 무게가 적합한지 알
기 위해 무게를 측정해야 합니다.

3 추가 무거울수록 지구가 추를 끌어당기는 힘의 크기
가 크기 때문에 용수철이 더 많이 늘어납니다.

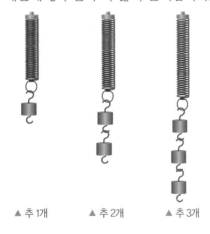

▲ 추 1개   ▲ 추 2개   ▲ 추 3개

4 g중(그램중), kg중(킬로그램중), N(뉴턴)은 무게의
단위입니다. 지구가 물체를 끌어당기는 힘은 물체의
무게로 나타냅니다. 용수철에 매단 물체의 무게가 무
거울수록 용수철은 많이 늘어납니다.

5 추 한 개당 늘어난 용수철의 길이는 3 cm이기 때문
에 추의 무게가 60 g중일 때 늘어난 용수철의 길이는
9 cm입니다.

6 20 g중 추 한 개당 늘어난 용수철의 길이는 3 cm이
기 때문에 추의 무게가 10 g중일 때 늘어난 용수철의
길이는 1.5 cm입니다.

7 추의 무게가 10 g중일 때 늘어난 용수철의 길이는
1.5 cm이기 때문에 추의 무게가 30 g중일 때 늘어난
용수철의 길이는 1.5(cm)×3(개)=4.5 cm가 됩니다.

8 물체의 무게는 표시 자가 가리킨 눈금의 숫자를 단위
와 함께 읽습니다.

9 물체의 무게는 표시 자와 관찰자의 눈이 수평이 되는
위치에서 측정합니다.

10 용수철저울은 용수철이 무게에 따라 일정하게 늘어
나는 성질을 이용하여 물체의 무게를 측정하는 저울
입니다.

11 받침점이 가운데 있는 경우 무게가 같은 물체로 수평
을 잡으려면 각각의 물체를 받침점으로부터 같은 거
리에 놓아야 합니다.

12 무게가 같은 나무토막은 받침점으로부터 각각 같은
거리에 올려놓아야 수평을 잡을 수 있습니다. 왼쪽
나무판자 ②번에 나무토막을 올려놓았기 때문에 오
른쪽 나무판자 ②번에 나무토막을 올려놓아야 수평
을 잡을 수 있습니다.

13 민지보다 민수의 몸무게가 무겁기 때문에 민수가 시
소의 받침점에서 가까운 쪽에 앉아야 시소가 수평을
잡을 수 있습니다.

14 양팔저울은 수평 잡기의 원리를 이용한 것입니다.

15 양팔저울로 두 물체의 무게를 비교할 때 아래로 기울
어진 쪽이 무거운 물체입니다.

16 5 g중 클립 11개는 55 g중이므로 필통의 무게는 55 g
중입니다.

더 알아볼까요!

클립과 같은 역할을 할 수 있는 물체
• 같은 금액의 동전, 똑같은 단추와 같이 일정한 무게를 가진 물체
가 있습니다.
• 무게가 일정한 기준 물체를 이용하면 물체의 무게를 비교할 수
있습니다.

17 전자저울은 화면에 숫자로 물체의 무게를 표시하는
저울입니다.

18 양팔저울은 수평 잡기의 원리를 이용한 저울입니다.

19 전자저울의 예로는 택배의 무게를 측정하는 저울, 실
험 약품의 무게를 측정하는 저울, 정육점에서 고기의
무게를 측정하는 저울 등이 있습니다.

20 바지걸이를 사용하여 만든 저울은 수평 잡기의 원리
를 이용한 것입니다.

2회 단원 평가 도전

1 사람마다 느끼는 물체의 무게가 다르기 때문에
2 ㉠, ㉡, ㉢ 3 무게 4 ㉠ 5 ㉢ 6 ⑤ 7 ①
8 ④ 9 ② 10 ㉢ 11 ① 12 ② 13 ①
14 승현이가 도연이보다 받침점에 더 가까이 앉지 않는
다. 15 ㉠ 16 ③ 17 (1) 체중계, 가정용 저울
(2) 양팔저울 (3) 전자저울 18 ⑤ 19 ④ 20 무
게에 따라 용수철이 일정하게 늘어나는 성질을 이용
한 저울이다.

풀이

1 사람마다 느끼는 물체의 무게가 달라서 무게를 정확
히 측정하기 위해 저울이 필요합니다.

2 운동 경기에서 몸무게에 따라 체급을 나눌 때 몸무
게를 측정하지만, 축구 선수는 체급을 나누지 않습
니다.

3 지구가 물체를 끌어당기는 힘은 물체의 무게로 나타
냅니다.

4 지구가 물체를 끌어당기는 힘의 크기가 클수록 용수
철은 많이 늘어납니다.

5 용수철에 걸어 놓은 추의 무게가 일정하게 늘어나면
용수철의 길이도 일정하게 늘어납니다.

더 알아볼까요!

늘어난 용수철의 길이와 무게와의 관계
• 용수철의 길이가 늘어나는 까닭은 지구가 추를 끌어당기는 힘
때문입니다.
• 지구가 추를 끌어당기는 힘의 크기는 늘어난 용수철의 길이만
큼 손으로 잡아당겨 보면 알 수 있습니다.

6 용수철저울은 추의 무게가 무거울수록 많이 늘어납
니다. 1 kg중은 1000 g중입니다.

7 20 g중 추 한 개당 늘어난 용수철의 길이는 4 cm입
니다.

8 용수철의 성질을 이용한 저울은 용수철저울, 가정용
저울, 체중계 등이 있습니다. 용수철은 가벼운 물체
보다 무거운 물체를 매달았을 때 더 많이 늘어납니
다. 늘어난 용수철의 길이는 용수철에 매단 물체의
무게를 나타냅니다.

9 ㉠은 손잡이, ㉡은 영점 조절 나사, ㉢은 표시 자, ㉣
은 눈금, ㉤은 고리입니다.

10 용수철저울로 물체의 무게를 재었을 때 표시 자가 가
리키는 눈금의 숫자를 단위와 같이 읽으면 됩니다.
용수철저울의 눈금을 읽을 때에는 표시 자와 눈높이
를 맞춥니다. ㉠은 200 g중, ㉡은 400 g중입니다. ㉢
물체의 무게가 600 g중으로 가장 무겁습니다.

11 시소는 기다란 수평대와 받침대를 이용한 놀이 기구
입니다. 시소를 탈 때 수평 잡기의 원리를 확인할 수
있습니다.

12 받침점이 가운데 있고 무게가 같은 물체로 수평을 잡
으려면 각각의 물체를 받침점으로부터 같은 거리에
놓아야 합니다.

더 알아볼까요!

수평 잡기의 원리를 이용해 두 물체의 무게를 비교하는 방법
• 비교하려는 물체를 받침점으로부터 각각 같은 거리에 올려놓고
기울어진 쪽을 알아봅니다.
• 기울어진 쪽에 있는 물체가 더 무겁습니다.

13 무게가 다른 물체로 수평을 잡으려면 무거운 물체
는 가벼운 물체보다 받침점에 가까이 놓습니다.

14 승현이와 도연이가 받침점으로부터 같은 거리에 앉
았을 때 시소가 승현이 쪽으로 기운 것으로 보아 승
현이가 도연이보다 몸무게가 더 무거운 것을 알 수
있습니다.

15 양팔저울로 두 물체의 무게를 비교할 때 기울어진 쪽
이 무거운 물체입니다. 즉 풀(㉠)은 가위(㉡)보다 무
거운 물체입니다.

16 양팔저울에서 물체를 올려놓는 부분은 저울접시이
고, 양팔저울은 측정할 수 있는 범위가 정해져 있으
며, 저울대가 수평을 이루어야 물체의 무게를 정확히
측정합니다.

17 우리 주변에서 볼 수 있는 저울은 다양한 기준으로
분류할 수 있습니다.

18 화면에 숫자로 무게를 표시하는 전자저울입니다.
용수철의 성질을 이용한 저울은 용수철저울, 가정용
저울, 체중계 등이 있습니다. 수평 잡기의 원리를 이
용한 저울은 양팔저울 등이 있습니다.

19 용수철과 일회용 접시를 이용하여 만든 것으로 용수
철의 성질을 이용한 저울입니다.

20 긴 플라스틱 통 안에 용수철이 들어 있어서 물체의
무게에 따라 늘어나거나 줄어듭니다.

1 ⑤ 2 무게 3 ⓒ 4 무게 5 ② 6 용수철에 걸어 놓은 추의 무게가 일정하게 늘어나도 용수철의 길이는 일정하게 늘어나지 않았기 때문이다. 7 16 cm 8 ⑤ 9 수평 10 200 11 ① 12 수평 잡기의 원리 13 (1) 소희 (2) 소희가 예준이보다 받침점으로부터 더 멀리 앉아 있기 때문이다. 14 ④ 15 ㉠ 16 평평한 곳에 받침대를 세운다. 17 ⑤ 18 ① 19 ③ 20 ④, ⑤

풀이

1 사람마다 느끼는 물체의 무게가 다르기 때문에 저울이 필요합니다. 물체의 무게를 들어 보고 짐작할 수 있지만 사람마다 느끼는 물체의 무게가 다르기 때문에 정확하지 않습니다.

2 일상생활에서 물체의 무게가 이용되는 경우입니다.

3 무거운 추를 걸면 용수철이 많이 늘어나기 때문에 손으로 잡아당기기도 어렵습니다.

더 알아볼까요!

지구가 추를 끌어당기는 힘의 크기
• 가장 무거운 추가 가장 잡아당기기 어렵습니다.
• 가장 무거운 추를 가장 세게 잡아당겨야 합니다.

4 용수철에 걸어 놓은 물체가 무거울수록 지구가 물체를 끌어당기는 힘의 크기가 커지기 때문에 용수철의 길이도 많이 늘어납니다.

5 늘어난 용수철의 길이는 용수철에 매단 물체의 무게입니다.

더 알아볼까요!

용수철의 성질
• 물체의 무게가 무거울수록 용수철은 더 많이 늘어납니다.
• 용수철저울은 물체의 무게에 따라 일정하게 늘어나거나 줄어드는 용수철의 성질을 이용해 만든 것입니다.

6 용수철을 이용한 저울은 추의 무게에 따라 용수철이 일정하게 늘어나거나 줄어들어야 합니다.

7 20 g중 추 한 개당 늘어난 용수철의 길이는 4 cm입니다.

8 용수철저울은 최소 측정 가능한 무게와 최대 측정할 수 있는 무게의 범위가 정해져 있습니다.

9 표시 자와 관찰자의 눈이 수평이 되는 위치에서 눈금을 읽습니다.

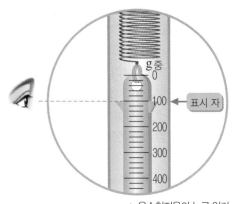

▲ 용수철저울의 눈금 읽기

10 표시 자의 눈금이 200 g중을 가리키므로 물체의 무게는 200 g중입니다.

11 용수철저울의 작은 눈금 하나가 무게 20 g중을 나타냅니다.

12 일상생활에서는 놀이터의 시소에 이용한 원리입니다.

13 무거운 사람이 가벼운 사람보다 받침점에 더 가까이 앉아야 시소가 수평이 됩니다.

14 무게가 다른 물체로 수평을 잡으려면 무거운 물체는 가벼운 물체보다 받침점에 더 가까이 놓습니다.

15 저울대는 양팔저울의 양쪽에 저울접시를 거는 부분입니다.

16 가장 먼저 평평한 곳에 받침대를 세우고 저울대의 중심을 받침대와 연결한 후에 저울대의 중심에서 같은 거리에 저울접시를 걸어 양팔저울을 사용합니다.

더 알아볼까요!

양팔저울로 물체의 무게를 측정하는 방법
• 저울대가 수평을 이루는지 확인한 다음, 한쪽에는 무게를 측정하고자 하는 물체를 놓고 다른 한쪽에는 클립을 올려놓습니다.
• 저울대가 수평을 잡을 때까지 클립을 올려놓습니다.

17 양팔저울로 물체의 무게를 측정할 때 이용할 수 있는 물체는 무게가 일정해야 합니다.

18 무게에 따라 용수철이 늘어나고 줄어드는 성질을 이용하여 만든 저울입니다.

19 용수철저울은 측정된 값으로 물체의 무게를 비교할 수 있습니다. 두 물체의 무게를 직접 비교할 수 있는 저울은 양팔저울입니다.

20 지퍼 백 두 장을 바지걸이에 걸어 만듭니다.

4회 단원 평가 실전

1 ④ **2** ⑤ **3** ㉠ **4** ㉠, ㉢, ㉤ **5** (1)–㉡
(2)–㉠ **6** (1) 7.5 cm (2) 18 cm **7** 용수철의 성질
8 고리 **9** 표시 자 **10** 200g중 **11** ③ **12** 받
침대의 오른쪽 나무판자 ②번에 놓는다. **13** ㈏
14 ④ **15** ① **16** 필통, 가위, 풀, 지우개 **17** 화
면에 숫자로 물체의 무게를 표시하는 저울이다. **18**
(1)–㉡ (2)–㉠ (3)–㉢ **19** ②, ⑤ **20** ②

풀이 ▶

1 정한 물체의 무게 순서가 다른 것은 사람마다 느끼
는 물체의 무게가 다르기 때문입니다.

2 택배를 보낼 때 무게를 측정해서 택배 요금을 정합니
다. 마트에서 과자를 살 때, 옷가게에서 옷을 살 때,
운동 경기를 관람할 때, 친구와 놀이터에서 놀 때에
는 무게를 측정하지 않습니다.

3 용수철이 많이 늘어날수록 손으로 잡아당기는 힘의
크기가 커져 힘이 듭니다.

4 g중(그램중), kg중(킬로그램중), N(뉴턴)은 무게의
단위입니다. m(미터), km(킬로미터)는 길이의 단위
이고, mL(밀리미터)는 부피의 단위입니다.

5 지구가 추를 끌어당기는 힘의 크기는 늘어난 용수철
의 길이만큼 손으로 잡아당기면 알 수 있습니다. 용
수철에 걸어 놓은 물체가 무거울수록 지구가 물체를
끌어당기는 힘의 크기도 커지기 때문에 용수철의 길
이도 늘어납니다.

6 20g중 추 한 개당 늘어난 용수철의 길이가 3 cm이
기 때문에 10g중 추 한 개당 늘어난 용수철의 길이는
1.5 cm입니다.

7 체중계와 가정용 저울은 물체의 무게에 따라 일정하
게 늘어나거나 줄어드는 용수철의 성질을 이용해 만
든 것입니다. 물체의 무게가 무거울수록 용수철은 더
많이 늘어납니다.

8 용수철저울의 고리 부분입니다.

더 알아볼까요!

용수철저울의 사용 방법
• 준비한 용수철저울을 스탠드에 걸어 놓습니다.
• 영점 조절 나사를 돌려 표시 자를 눈금의 '0'에 맞춥니다.
• 용수철저울의 고리에 물체를 걸고 표시 자가 가리키는 눈금의
  숫자를 단위와 같이 읽습니다.

9 용수철저울의 표시 자가 가리키는 눈금이 물체의 무
게입니다.

10 표시 자가 가리키는 눈금이 물체의 무게입니다. 표시
자는 눈금 200g중을 가리키고 있습니다.

11 몸무게가 무거운 사람이 가벼운 사람보다 받침점에
더 가까이 앉아야 수평을 잡을 수 있습니다.

12 받침점이 가운데 있는 경우 무게가 같은 물체로 수평
을 잡으려면 각각의 물체를 받침점으로부터 같은 거
리에 놓아야 합니다.

13 나무판자 위의 무게가 다른 두 물체가 수평이 되었을
때는 받침점으로부터 가까운 곳에 있는 물체가 더 무
겁습니다.

14 ㉠은 저울접시, ㉡은 저울대, ㉢은 받침대입니다. 그
외에도 양팔저울에는 받침점과 수평 조절 장치가 있습
니다.

더 알아볼까요!

양팔저울 각 부분의 이름
• 저울접시: 양팔저울에서 측정하고자 하는 물체를 올려놓는 부분
  입니다.
• 저울대: 양팔저울에서 양쪽에 저울접시를 거는 부분입니다.
• 받침대: 양팔저울의 저울대 가운데가 받침점 역할을 할 수 있도
  록 걸어놓은 세로 부분입니다.
• 받침점: 양팔저울의 받침대와 저울대가 만나는 부분입니다.
• 수평 조절 장치: 저울대가 수평을 잡을 수 있게 조절하는 장치입
  니다.

15 양팔저울은 평평한 곳에 받침대를 세웁니다.

더 알아볼까요!

양팔저울로 물체의 무게 측정하는 방법
• 저울대가 수평을 잡을 때까지 추를 올려놓습니다.
• 물체의 무게를 어림해 처음에는 무거운 추를 먼저 올려놓고 나
  중에는 가벼운 추로 수평을 맞춥니다.
• 분동을 사용하면 좀 더 정확한 물체의 무게 측정이 가능합니다.

16 클립의 수가 가장 많은 물체가 가장 무겁습니다.
17 전자저울의 특징입니다.
18 용수철의 성질을 이용한 저울에는 가정용 저울, 체중
계 등이 있습니다.
19 저울은 물체의 무게를 비교하거나 측정하기에 편리
하고, 튼튼하며 정확해야 합니다.
20 용수철은 용수철의 성질을 이용한 저울을 만들 때 필

요합니다. 수평 잡기의 원리를 이용한 저울을 만들 때는 용수철은 필요 없고 받침대와 나무판자 역할을 할 수 있는 물건이 필요합니다.

탐구 서술형 **평가**

110~111쪽

1 (1) 각각의 물체를 받침점으로부터 같은 거리에 놓는다. (2) 무거운 물체를 가벼운 물체보다 받침점에 더 가까이 놓는다. 무거운 물체는 받침점에 가까이, 가벼운 물체는 받침점에서 멀리 놓는다. **2** (1) 수평 잡기의 원리 (2) ㉠ 두 물체의 무게를 직접 비교하여 측정한다. ㉡ 한쪽 저울접시에 클립을 올려놓고 물체의 무게를 측정한다. **3** (1) ㉠, ㉢, ㉣ (2) ㉤ (3) ㉡ **4** ㈎ 각 단추들의 무게가 일정하지 않기 때문이다.

풀이

1 수평대의 받침점과 물체 사이의 거리를 보고 물체의 무게를 비교할 수 있습니다.
  • 나무토막의 무게가 서로 같은 경우: 나무판자의 받침점으로부터 같은 거리에 놓으면 수평을 잡을 수 있습니다.
  • 나무토막의 무게가 다른 경우: 무거운 물체를 나무판자의 받침점에 가까운 쪽에 놓고, 가벼운 물체를 나무판자의 받침점에서 먼 쪽에 놓습니다.

상	물체의 무게가 같은 경우와 무게가 다른 경우의 수평을 잡는 방법을 모두 바르게 서술하였습니다.
중	물체의 무게가 같은 경우에 수평을 잡는 방법만 바르게 서술하였습니다.
하	두 경우에 수평을 잡는 방법을 모두 서술하지 못하였습니다.

2 양팔저울은 수평 잡기의 원리를 이용합니다. 저울대가 수평을 잡을 때까지 클립을 올려 물체의 무게를 측정합니다. 두 물체의 무게를 직접 비교할 때는 기울어진 쪽의 물체의 무게가 더 무겁습니다.

▲ 세 가지 물체의 무게를 비교하는 방법

상	양팔저울의 원리와 물체를 비교하는 방법을 모두 바르게 서술하였습니다.
중	양팔저울의 원리는 바르게 서술하였지만, 물체를 비교하는 방법에 대한 서술이 부족합니다.
하	양팔저울의 원리만 바르게 서술하였습니다.

3 저울은 용수철의 성질, 수평 잡기의 원리, 전자저울로 나누어 분류할 수 있습니다.

상	저울의 기준에 알맞게 저울을 분류하였습니다.
중	저울을 분류하는 세 가지 기준 중 한 가지를 바르지 않게 분류하였습니다.
하	저울을 분류하는 세 가지 기준 중 두 가지 이상을 바르지 않게 분류하였습니다.

4 기준 물체는 각 물체들의 무게가 일정해야 하는데 여러 가지 모양의 단추들은 각각 무게가 다릅니다. 기준 물체로 적합한 것은 무게가 같은 클립, 무게가 같은 동전 등이고, 기준 물체로 적합하지 않은 것은 무게가 다른 돌, 무게가 다른 단추 등입니다.

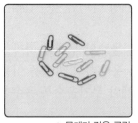 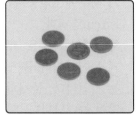
▲ 무게가 같은 클립　　　▲ 무게가 같은 동전

상	기준 물체로 적합하지 않은 까닭을 바르게 서술하였습니다.
중	기준 물체로 적합하지 않은 까닭으로 무게의 용어를 사용하지 않고 서술하였습니다.
하	기준 물체로 적합하지 않은 까닭을 서술하지 못하였습니다.

개념을 확인해요 113쪽

1 소금 2 혼합물 3 성질 4 건포도 5 혼합물
6 혼합물 7 혼합물 8 물

개념을 확인해요 115쪽

1 혼합물 2 사탕수수 3 설탕 4 분리 5 혼합물 6 설탕 7 팔찌 8 분리

개념을 확인해요 117쪽

1 콩 2 손 3 체 4 두 5 손, 체 6 콩 7 체 8 체

개념을 확인해요 119쪽

1 자석 2 철 구슬 3 철 4 자석 5 철 6 철
7 자석 8 자석

개념을 확인해요 121쪽

1 소금, 모래 2 거름 장치 3 거름종이 4 모래
5 소금물 6 증발 7 된장, 간장

개념을 다져요 122~125쪽

1 ① 2 ① 3 ④ 4 혼합물 5 ⓔ 원하는 물질을 얻을 수 있다. 설탕과 다른 물질을 섞어서 생활에 필요한 다양한 물질을 만들 수 있다. 6 ⑤ 7 설탕 8 ⓔ 원하는 물질을 얻을 수 있다. 우리 생활의 필요한 곳에 이용할 수 있다. 9 ⑤ 10 ③ 11 콩 12 ⓔ 공사장에서 모래와 자갈을 분리할 때, 어민들이 강가에서 체를 사용하여 재첩을 잡을 때 13 ⑤ 14 자석 15 ① 16 ④ 17 ⓛ, ⓔ, ⓜ 18 ⓐ 19 모래 20 ① 21 ② 22 ②, ⑤ 23 소금 24 (1) 증발 접시 (2) 알코올램프 25 ② 26 자석 27 ⓔ 염전에서 소금을 만들 때, 메주와 소금물의 혼합물에서 걸러낸 물질을 끓여서 간장을 만들 때 28 ⓐ 된장, ⓛ 간장 29 ④ 30 ⓔ 우유갑 31 ⑤ 32 ⓐ 거름 ⓛ 증발

풀이

1 두 가지 이상의 물질이 섞여 있는 것을 혼합물이라고 합니다.
2 혼합물은 두 가지 이상의 물질이 성질이 변하지 않은 채로 섞여 있는 것입니다.
3 김밥은 여섯 가지 이상의 재료가 섞여 있고, 팥빙수는 세 가지 이상의 재료가 섞여 있습니다.
4 혼합물은 여러 가지 재료들을 섞어 만들어도 각 재료의 맛은 변하지 않습니다.
5 별 사탕, 솜사탕 등은 설탕을 다른 물질과 섞어서 만든 것입니다.
6 사탕수수에서 분리한 설탕을 다른 물질과 섞어 별 사탕, 막대 사탕, 솜사탕 등을 만들 수 있습니다.

▲ 사탕수수 ▲ 설탕 ▲ 사탕

7 사탕수수 즙에서 물을 제거하여 설탕을 얻고 설탕을 다른 물질과 섞어 만듭니다. 다양한 종류의 구슬로 만든 팔찌는 설탕과 다른 물질을 섞어 만든 사탕을 나타냅니다.
8 두 가지 이상의 물질이 섞여 있는 혼합물을 분리하면 생활에 편리합니다.

9 콩, 팥, 좁쌀의 혼합물은 알갱이의 크기 차이를 이용하여 분리합니다.

10 알갱이의 크기가 다른 고체 혼합물은 체를 사용하면 쉽게 분리합니다.

11 콩, 팥, 좁쌀의 혼합물은 콩>팥>좁쌀의 순서로 알갱이의 크기가 큽니다.

12 해변 쓰레기 수거 장비도 체를 사용하여 쓰레기를 효과적으로 수거합니다.

13 철 구슬이 자석에 붙는 성질을 이용하여 혼합물을 분리합니다.

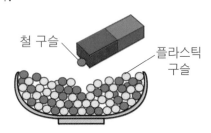

철 구슬

플라스틱 구슬

14 철이 자석에 붙는 성질을 이용하여 철 구슬을 분리할 수 있습니다.

15 혼합물에 철로 된 물질이 섞여 있을 때는 철이 자석에 붙는 성질을 이용하여 분리할 수 있습니다.

16 알루미늄 캔은 자석에 붙지 않고, 철 캔은 자석에 붙는 성질이 있습니다.

17 고깔 모양으로 접은 거름종이를 깔때기 안에 넣고 물을 묻히고 깔때기 끝의 긴 부분을 비커의 옆면에 닿게 설치한 후 거르고자 하는 액체 혼합물이 유리 막대를 타고 천천히 흐르도록 붓습니다.

18 깔때기 끝의 긴 부분을 비커의 옆면에 닿게 설치하여 용액이 비커의 벽을 타고 흐르도록 합니다.

19 소금은 물에 녹아서 거름종이를 빠져나가고, 거름종이 위에는 모래가 남습니다.

20 모래는 물에 녹지 않고 소금은 물에 녹는 성질을 이용한 것입니다.

21 깔때기는 거름 장치를 꾸밀 때 필요한 실험 도구입니다.

22 거름 장치로 걸러진 물질은 소금물로, 소금물을 가열하면 물이 증발하고 소금이 남습니다.

23 소금물을 알코올램프로 가열하면 물이 증발하여 소금만 남습니다.

▲ 증발 장치

24 증발 현상을 이용하여 소금물에서 소금과 물을 분리합니다.

25 알갱이의 크기 차이를 이용하여 체를 사용하여 흙과 재첩을 분리합니다.

26 고춧가루와 철 가루를 분리하기 위해서는 자석을 이용하여 철 가루를 분리합니다.

27 증발은 물이 없어지고 나머지 물질이 남는 것입니다.

28 전통 장을 만들 때는 거름과 증발이 이용됩니다. 메주를 소금물에 넣어 두고 여러 날이 지나면 메주가 소금물에 섞여 혼합물이 만들어집니다. 이 혼합물을 천으로 거르면 물에 녹는 물질은 천을 빠져나가고 물에 녹지 않는 물질은 천에 남게 됩니다. 천에 남아 있는 물질은 된장을 만들고 천을 빠져나간 액체는 끓여서 간장을 만듭니다.

29 폐지를 물에 녹여서 종이를 걸러 내고(거름) 물에 젖은 종이를 말립니다.(증발)

30 폐지로 재생 종이를 만들 수 있습니다.

31 종이 만들기 틀을 수조에 넣고 원하는 두께가 되도록 종이뜨기를 합니다.

32 종이 만들기 틀로 종이뜨기를 하는 것은 거름의 원리, 종이를 틀에서 분리하여 말리는 것은 증발의 원리를 이용한 것입니다.

1회 단원 평가 연습

126~128쪽

1 ② **2** ④ **3** 미숫가루 물, 팥빙수 **4** 단무지, 달걀, 당근, 시금치 등 두 가지 이상이 물질이 섞여서 만들어진 음식이기 때문이다. **5** ① **6** ⑤ **7** ④ **8** ③ **9** >, > **10** 두 개 **11** ① **12** 철 캔 **13** 철 캔은 자석에 달라붙고, 알루미늄 캔은 자석에 달라 붙지 않기 때문이다. **14** ①, ② **15** (가) **16** ② **17** (1) 모래 (2) 소금 **18** ㉠ 거름, ㉡ 증발 **19** ①, ⑤ **20** (1) ㉠ (2) ㉢

풀이 ▶

1 물감을 탄 소금물이 머리 말리개에 의해 물이 증발하고 소금만 남은 것입니다.

2 눈을 가리고도 재료를 알아맞힐 수 있는 것은 재료의 성질이 변하지 않았기 때문입니다.

3 혼합물은 두 가지 이상의 물질이 성질이 변하지 않은 채 섞여 있는 것입니다.

4 김밥은 두 가지 이상의 재료가 섞여 있어서 혼합물입니다.

단무지
김
밥 달걀 당근 시금치

더 알아볼까요!

생활 속 혼합물
미숫가루 물, 나박김치, 바닷물, 재활용품이 섞여 있는 쓰레기 등이 있습니다.

5 여러 개의 구슬이 섞인 혼합물에서 팔찌를 만들기 위해서는 구멍이 뚫린 구슬을 골라 만들어야 합니다.

6 사탕수수 즙에서 물을 제거하여 설탕을 얻을 수 있습니다.

7 책상 서랍 속에서 클립을 분리하는 것은 자연에서 얻는 혼합물을 분리하는 경우가 아닙니다.

8 알갱이의 크기가 콩이 가장 크고, 팥이 중간, 좁쌀이 가장 작습니다.

▲ 콩   ▲ 팥   ▲ 좁쌀

9 알갱이의 크기는 콩이 가장 큽니다.

10 체의 눈의 크기가 좁쌀보다는 크고 팥보다는 작은 것 한 개와, 팥보다는 크고 콩보다는 작은 것 한 개 총 두 개가 필요합니다.

11 체를 사용하여 체의 눈 크기보다 작은 모래와 체의 눈 크기보다 큰 쓰레기를 수거합니다.

더 알아볼까요!

생활 속에서 알갱이의 크기 차이를 이용하여 혼합물을 분리하는 예
• 어민들이 강 하구에서 모래와 진흙 속에 사는 재첩을 체를 사용하여 잡습니다.
• 건물을 짓는 공사장에서 모래와 자갈을 분리하고자 할 때 체를 사용합니다.

12 철이 자석에 붙는 성질을 이용하여 분리합니다.

13 자동 분리기의 위쪽 이동판에는 자석이 들어 있습니다.

14 ①, ②는 알갱이의 크기 차이를 이용하여 체를 사용하는 경우이고, ③, ④, ⑤는 자석에 붙는 성질을 이용하여 자석을 사용합니다.

15 소금과 모래의 혼합물을 물에 녹인 뒤 거름 장치를 사용하여 먼저 모래를 걸러내야 합니다.

16 소금이 튀는 위험한 상황의 예방을 위해서는 보안경을 반드시 착용합니다.

17 (가)의 거름종이 위에는 모래가 분리되고, (나)의 증발 접시에는 소금이 분리됩니다.

더 알아볼까요!

증발 접시에서 나타나는 현상
• 물이 점차 줄어듭니다.
• 시간이 지남에 따라 물이 점차 끓습니다.
• 하얀색 알갱이가 생기고, 하얀색 알갱이가 사방으로 튑니다.

18 소금과 모래 혼합물의 분리 방법은 거름과 증발의 원리를 이용합니다.

19 ②, ④는 철이 자석에 붙는 성질을 이용한 것입니다.

20 물을 증발시켜 소금물에서 소금과 물을 분리하여 소금을 얻을 수 있습니다.

정답과 풀이

1 ㉡ ㉠ ㉢ ㉣	2 혼합물 3 ③ 4 ⑤ 5 설탕
6 ② 7 분리 8 ④ 9 ㉢, ㉣ 10 ① 11 알갱이의 크기 차이 12 체 13 ㉢, ㉥ 14 자석
15 ③ 16 자석을 이용하여 분리한다. 17 ③
18 소금 19 ① 20 ③, ⑤

풀이

1 머리 말리개로 그림을 말리면 그림 표면에 소금 같은 작은 알갱이가 있습니다.

2 두 가지 이상의 물질이 성질이 변하지 않은 채 서로 섞여 있는 것은 혼합물입니다.

3 혼합물은 두 가지 이상의 물질이 성질이 변하지 않고 섞여 있는 것입니다.

4 나박김치는 무, 물, 고춧가루 등 두 가지 이상의 재료가 들어가는 혼합물입니다.

5 사탕수수는 물과 설탕 등의 물질을 포함하고 있으며 사탕수수 즙에서 물을 제거하여 설탕을 얻을 수 있습니다.

6 설탕에 다른 물질을 섞어서 별 사탕과 솜사탕을 만들 수 있습니다.

다양한 종류의 구슬 혼합물	구멍 뚫린 플라스틱 구슬	팔찌
사탕수수	설탕	설탕과 다른 물질을 섞어 만든 사탕

7 사탕수수 즙에서 설탕을 분리하여 별 사탕이나 솜사탕을 만들 수 있습니다.

더 알아볼까요!

혼합물을 분리하면 좋은 점
• 설탕으로 사탕을 만드는 것처럼 분리한 물질을 다른 물질과 섞어 생활에 필요한 물질을 만들 수 있습니다.
• 혼합물을 분리하면 원하는 물질을 얻을 수 있고, 우리 생활의 필요한 곳에 효과적으로 이용할 수 있습니다.

8 손으로 분리하면 시간이 오래 걸리고 크기가 작은 좁쌀은 손으로 집기가 어렵습니다.

9 크기가 다른 고체 알갱이가 섞인 혼합물을 분리할

때 체를 사용하면 여러 개의 알갱이를 쉽게 분리할 수 있습니다. 체를 사용할 때 알갱이의 크기와 체의 눈의 크기를 잘 살펴보고 사용합니다.

10 체는 알갱이의 크기 차이를 이용하여 혼합물을 분리할 때 이용합니다. ④와 ⑤는 철 가루가 자석에 붙는 성질을 이용하여 분리합니다.

11 알갱이의 크기가 모래는 자갈보다 작고, 좁쌀은 콩보다 작은 특징을 이용하여 혼합물을 분리합니다.

12 알갱이의 크기 차이를 이용하여 혼합물을 분리하는 예입니다.

13 자석에 붙는 철과 같은 물질이 들어 있는 혼합물은 자석을 이용하여 분리할 수 있습니다.

14 철 캔이 달라붙는 까닭은 자석이 있기 때문입니다. 혼합물에 철로 된 물질이 섞여 있을 때는 철이 자석에 붙는 성질을 이용하여 분리할 수 있습니다.

15 알갱이의 크기 차이가 있는 혼합물은 체로, 자석에 붙는 물질과 붙지 않는 물질이 섞여 있는 혼합물은 자석으로 분리합니다.

16 철은 자석에 붙고 플라스틱은 자석에 붙지 않는 성질을 이용하여 분리합니다.

더 알아볼까요!

생활 속에서 자석을 사용하여 혼합물을 분리하는 예
• 흙속에 섞여 있는 철 가루를 분리합니다.
• 말린 고추를 기계를 사용하여 고춧가루로 만들 때 생기는 철 가루를 자석을 사용하여 분리합니다.

17 소금과 모래의 혼합물에 물을 섞어 모래와 소금물로 분리합니다.

18 소금물을 증발 장치에서 알코올램프로 가열하면 물은 증발하고 소금만 남습니다.

19 알코올램프의 불은 뚜껑으로 덮어서 끕니다.

더 알아볼까요!

실험을 할 때 주의할 점
• 증발 접시 안에 있던 소금이 시간이 지남에 따라 튈 수 있으므로 보안경을 반드시 착용합니다.
• 알코올램프의 불을 끌 때 삼발이가 가열되어 뜨거울 수 있으므로 면장갑을 끼고 화상에 주의합니다.

20 증발은 물이 증발되어 혼합물을 분리하는 방법입니다. ①은 거름의 원리를 이용한 것입니다.

3회 단원 평가

1 증발   2 ④, ⑤   3 혼합물에 섞여 있는 물질의
성질은 변하지 않기 때문에   4 ② ① ⓒ ⓒ ⑩   5
분리   6 ⓒ, ②   7 ②   8 ②   9 ⑦ 팥, 좁쌀 ⓒ
좁쌀   10 알갱이의 크기 차이   11 ⑦, ⓒ   12 ④
13 ⑤   14 도정 과정에서 생긴 철 가루와 쌀을 분
리하기 위해서   15 (1) 자석 (2) 체 (3) 체 (4) 자석
16 ③, ⑤   17 ②   18 ③   19 (1)–ⓒ (2)–⑦
20 ⓒ

풀이

1 소금물로 그린 그림의 표면이 울퉁불퉁한 것은 소금
물 물감이 머리 말리개에 의해 물이 증발하고 소금만
남은 것입니다.

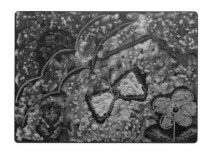

2 혼합물은 두 가지 이상의 물질이 성질이 변하지 않은
채 섞여 있는 것입니다.

3 혼합물은 성분 물질을 분리하더라도 그 물질의 성질
은 변하지 않습니다.

더 알아볼까요!

생활 속 혼합물
• 김밥: 김, 밥, 단무지, 달걀, 당근, 시금치 등을 섞어서 만듭니다.
• 팥빙수: 과일, 팥, 얼음 등을 섞어서 만듭니다.

4 다양한 모양과 크기의 구슬로 다양한 팔찌를 만들 수
있습니다.

5 혼합물을 분리하여 우리 생활의 필요한 곳에 효과적
으로 이용할 수 있습니다.

6 ⑦과 ⓒ은 혼합물입니다. 혼합물을 분리하면 원하는
물질을 얻어 우리 생활의 필요한 곳에 이용할 수 있
습니다.

7 콩, 팥, 좁쌀의 혼합물은 손으로 분리하는 것보다 체
를 사용하면 더 쉽고 빠르게 분리할 수 있습니다.

8 체의 눈의 크기가 좁쌀보다는 크고 팥보다는 작은 것
과 팥보다는 크고 콩보다는 작은 것이 필요합니다.

9 콩, 팥, 좁쌀의 순서로 알갱이의 크기가 큽니다.

10 알갱이의 크기가 다른 고체 혼합물을 분리할 때 체를
사용하면 쉽게 분리할 수 있습니다.

11 체는 알갱이의 크기 차이를 이용하여 분리할 때 이용
합니다.

12 납작못은 자석에 붙는 성질이 있기 때문에 직접 손으
로 만지지 않고 자석을 이용하면 쉽게 잡을 수 있습
니다. 자석을 비닐봉지나 지퍼 백에 넣고 누름 못에
가까이 가져가면 철이 자석에 붙는 성질 때문에 누름
못이 자석에 붙게 됩니다. 그런 뒤 비닐봉지나 지퍼
백에서 자석을 빼면 누름 못이 쉽게 분리됩니다.

13 자석에 붙는 철과 같은 물질이 들어 있는 혼합물은 자
석을 사용하여 분리할 수 있습니다. 철 가루와 설탕의
혼합물에 자석을 넣으면 철 가루만 자석에 붙습니다.

14 쌀을 얻기 위한 도정 과정에서 철 가루와 쌀이 섞이
게 되는데 이 과정에서 자석 봉을 이용하여 철 가루
를 분리합니다.

15 알갱이의 크기 차이가 있는 혼합물은 체를 사용하고,
자석에 붙는 물질과 붙지 않는 물질이 섞여 있는 혼
합물은 자석을 사용하여 분리합니다.

16 소금과 모래의 혼합물에서 물에 녹는 성질이 있는 소
금과 물에 녹지 않는 성질이 있는 모래는 ㈎의 거름
장치로 분리하고, 거름 장치로 거른 소금물은 ㈏의
증발 장치로 분리합니다.

| 거름종이에
남아 있는 물질 | 거름종이를
빠져 나간 물질 |
| --- | --- |
| 모래 | 소금물 |

17 물이 점차 끓고 하얀색 알갱이가 생깁니다.

18 천에 남아 있는 건더기는 된장을 만들고 천을 빠져나
간 액체는 간장 재료입니다. 천으로 혼합물을 거르면
물에 녹은 물질은 철은 빠져나가고, 물에 녹지 않은
물질은 천에 남게 됩니다.

19 증발 장치는 알코올램프로 증발 접시에 담긴 물질을 끓
여 물을 증발시켜 새로운 물질을 얻을 수 있게 합니다.

20 거름의 원리와 증발의 원리를 이용하여 재생 종이를
만들 수 있습니다. ② 과정은 증발 현상을 이용한 과
정입니다.

4회 단원 평가 실전

135~137쪽

1 ⑤ 2 여러 가지 재료를 섞어 간식을 만들어도 각 재료의 맛은 변하지 않기 때문에 3 도연 4 ② 5 ㄹ ㄱ ㄷ ㄴ 6 ㉠ 사탕수수, ㉡ 설탕 7 ⑤ 8 알갱이의 크기 차이 9 ④ 10 ① 11 ⑤ 12 ⑤ 13 철 구슬이 자석에 붙는 성질을 이용한다. 14 ③ 15 (1)-ㄴ (2)-㉠ 16 ④ 17 ㉡ ㉠ ㉢ 18 (1) 모래 (2) 소금물 19 ㉠ 된장, ㉡ 간장 20 ①, ②

풀이

1 머리 말리개의 바람과 열로 물을 빨리 증발시킬 수 있습니다.

2 혼합물은 두 가지 이상의 물질이 섞여 있어도 물질의 성질은 변하지 않습니다.

3 혼합물은 두 가지 이상의 물질이 성질이 변하지 않은 채 섞여 있는 것입니다.

4 김밥, 미숫가루 물, 팥빙수는 두 가지 이상의 물질이 섞여 있는 혼합물입니다.

5 큰 그릇에 담겨 있는 다양한 종류의 구슬을 관찰하고 자신이 원하는 구슬을 생각하며 만들고 싶은 팔찌를 디자인합니다.

6 사탕수수에서 설탕을 얻어 다른 물질과 섞어 사탕을 만들 수 있습니다.

7 예로 구리 광석에서 순수한 구리를 얻은 후 구리와 섞어 10원짜리 동전을 만들 수 있습니다. 혼합물을 분리하면 원하는 물질을 얻을 수 있고, 우리 생활의 필요한 곳에 이용할 수 있습니다.

▲ 구리 광석　　▲ 순수한 구리　　▲ 다른 금속을 섞어 만든 그릇

8 콩, 팥, 좁쌀의 혼합물은 알갱이의 크기 차이를 이용하여 체로 쉽게 분리할 수 있습니다.

9 콩, 팥, 좁쌀의 혼합물을 알갱이의 크기 차이를 이용하여 분리할 때는 체를 사용하는 것이 여러 개의 알갱이를 쉽게 분리할 수 있어 편리합니다.

10 알갱이의 크기 차이를 이용하여 혼합물을 분리합니다.

11 시리얼, 초콜릿, 말린 과일 등을 섞은 간식은 혼합물입니다.

12 알갱이의 크기 차이가 있기 때문에 체를 이용합니다. 그러나 눈의 크기가 쌀보다 작은 체를 사용하면 쌀과 팥을 분리할 수 없습니다.

13 자석에 철 구슬이 붙기 때문에 플라스틱 구슬과 철 구슬을 분리할 수 있습니다.

더 알아볼까요!

자석을 사용한 혼합물 분리
• 철이 자석에 붙는 성질을 이용하여 철 구슬을 분리할 수 있습니다.
• 혼합물에 철로 된 물질이 섞여 있을 때는 철이 자석에 붙는 성질을 이용하여 분리할 수 있습니다.

14 구리 광석에서 순수한 구리를 얻을 때는 자석을 사용하지 않습니다.

15 알갱이의 크기 차이가 있는 혼합물, 자석에 붙거나 붙지 않는 물질이 섞여 있는 혼합물 등 혼합물의 차이점을 확인합니다.
(1) 납작못만 자석에 붙습니다.
(2) 알갱이가 큰 자갈만 체에 남습니다.

16 납작못은 자석에 붙고 플라스틱 못은 자석에 붙지 않는 성질을 이용하여 자석을 사용하여 혼합물을 분리합니다.

17 모래와 소금의 혼합물에 물을 넣어 소금을 녹인 후 거름 장치로 모래를 분리하고 소금물은 증발을 이용하여 소금과 물로 분리합니다.

18 물에 녹지 않는 모래를 거름 장치로 거르고, 거름 장치로 거른 소금물을 증발 접시에 넣고 가열하여 소금을 얻습니다.

더 알아볼까요!

조상들이 소금을 얻었던 방법
전통 방식으로 얻은 소금을 자염이라고 합니다. 이때 바닷물을 소금에 넣고 끓이는데 가마솥은 증발 접시와 같은 역할을 하고, 가마솥을 달구는 장작불은 알코올램프와 같은 역할을 합니다.

19 거름과 증발의 원리를 이용하여 메주로 된장과 간장을 만드는 모습입니다.

20 폐지를 물에 녹여서 종이를 거르고(거름), 물에 젖은 종이를 말립니다.(증발)

탐구 서술형 평가

1 (1) ◉ 구리를 분리하여 순수한 구리를 얻으면 구리의 장점을 살린 물건을 만들 수 있다. (2) ◉ 전선, 구리관　**2** (1) 두 가지 이상의 물질이 성질이 변하지 않은 채 섞여 있기 때문이다. (2) 체 / 체의 눈의 크기가 팥보다 크고 콩보다 작은 체를 사용한다.　**3** (1) 자석 (2) ◉ 흙속에 섞여 있는 철 가루를 분리한다. 기계로 말린 고추를 고춧가루로 만들 때 생기는 철 가루를 분리한다.　**4** (1) 소금은 물에 녹고 모래는 물에 녹지 않는다. (2) 메주와 소금물의 혼합물을 천으로 걸러 천 위에 된장 재료가 남는다. / 천을 빠져나간 액체를 끓여서 간장을 만든다.

풀이

1 혼합물인 구리 광석에서 구리를 분리하면 구리의 장점을 살린 물건을 만들 수 있습니다. 구리를 재료로 만든 물체에는 전선, 구리관 등이 있습니다. 우리 생활 속에서 많이 사용되는 구리, 철 등은 혼합물인 광석에서 얻습니다. 구리 광석에서 순수한 구리를, 철 광석에서 순수한 철을 얻습니다. 순수한 물질은 그 자체로 생활 속에서 사용되기도 하고, 다른 금속과 섞여 필요한 물질로 만들어져 사용되기도 합니다.

상	구리를 분리하여 사용하면 좋은 점과 순수한 구리를 재료로 만든 물체 모두 바르게 서술하였습니다.
중	구리를 분리하여 사용하면 좋은 점을 서술하지 못하였습니다.
하	두 가지 모두 서술하지 못하였습니다.

2 콩, 팥, 좁쌀은 알갱이의 크기 차이를 이용하여 체를 사용하면 쉽게 분리할 수 있습니다. 콩, 팥, 좁쌀은 두 가지 이상의 물질이 성질이 변하지 않은 채 서로 섞여 있는 혼합물입니다. 콩, 팥, 좁쌀의 혼합물은 서로 알갱이의 크기가 다르므로 체와 같은 도구를 사용하면 원하는 물질을 효과적으로 분리할 수 있습니다. 손으로 분리하면 시간이 오래 걸리고 크기가 작은 좁쌀은 손으로 집기도 어렵습니다.

상	콩, 팥, 좁쌀이 혼합물인 까닭과 콩을 분리하는 방법 모두 바르게 서술하였습니다.
중	콩, 팥, 좁쌀이 혼합물인 까닭과 콩을 분리하는 방법 중 한 가지만 바르게 서술하였습니다.
하	두 가지 모두 서술하지 못하였습니다.

3 알루마늄 캔과 철 캔을 자동 분리기에 넣으면 이동판에 실려 옮겨질 때 자석이 들어 있는 위쪽 이동판에 철 캔이 달라붙어 분리됩니다. 철은 자석에 붙는 성질이 있습니다. 폐건전지를 가루로 만든 뒤 자석을 사용하여 철을 분리할 수 있고, 쌀을 도정할 때 생기는 철 가루를 자석 봉을 사용하여 분리할 수 있습니다.

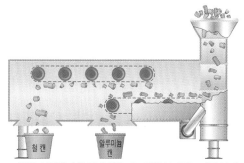

▲ 자석을 사용하여 철 캔과 알루미늄 캔을 분리하는 자동 분리기

상	철 캔을 쉽게 분리할 수 있는 도구와 혼합물을 분리하는 예를 모두 바르게 서술하였습니다.
중	철 캔을 쉽게 분리할 수 있는 도구와 혼합물을 분리하는 예 중 한 가지만 바르게 서술하였습니다.
하	두 가지 모두 서술하지 못하였습니다.

4 전통 장을 만들 때는 천을 사용하여 혼합물을 분리합니다. 메주를 소금물에 넣어 두고 여러 날이 지나면 메주가 소금물에 섞여 혼합물이 만들어집니다. 이 혼합물을 천으로 거르면 물에 녹은 물질은 천을 빠져나가고 물에 녹지 않은 물질은 천에 남게 됩니다. 천에 남아 있는 건더기로 된장을 만들고, 천을 빠져나간 액체는 끓여서 간장을 만듭니다.

상	소금과 모래의 성질과 전통 장을 만드는 과정에서 원리가 이용되는 경우에 대해 바르게 서술하였습니다.
중	소금과 모래의 성질은 바르게 서술하였지만 전통 장을 만드는 과정에서 각 실험 장치의 원리가 이용되는 경우에 대한 서술이 부족합니다.
하	두 가지 모두 서술하지 못하였습니다.

정답과 풀이

142~144쪽

1회 100점 예상문제

1 ④ 2 (다) 3 9.5 cm 4 예 가늘고 뾰족한 모양이다. 5 ④ 6 ②, ③, ④ 7 ① 8 예 여러 개의 층으로 되어 있다. 줄무늬가 보인다. 9 ㄴ 10 ④, ⑤ 11 ㄴ 12 ① 13 ④ 14 ① 15 예 화분 바닥에 있는 물 빠짐 구멍을 막는다. 16 ②, ⑤ 17 (1) 두 개의 페트리 접시에 물을 주어 (2) 한쪽 페트리 접시에만 물을 주어 18 ① 19 동건 20 ㉢ ㉠ ㉣ ㉡

풀이

1 눈, 코, 입, 귀, 피부의 다섯 가지 감각 기관을 사용하여 과학적인 현상을 관찰할 수 있습니다.

2 가루 물질의 무게를 재기 전에 미리 약포지를 올린 뒤 영점을 맞추어, 물질의 무게에 약포지의 무게가 포함되지 않도록 합니다.

3 구연산이 1 g 증가할 때 거품의 높이가 1 cm씩 높아지므로 2.5 g이면 9.5 cm로 예상할 수 있습니다.

4 부리의 모양이 벌새의 부리와 비슷하게 생긴 것을 관찰할 수 있으며 뾰족한 부리로 좁은 곳의 먹이를 꺼내 먹기 쉽다는 것을 추리할 수 있습니다.

5 나무 틈에 사는 벌레를 꺼내 먹기 때문에 부리가 가늘고 뾰족하고 여러 가지 씨를 먹이로 하기 때문에 부리가 크고 두꺼운 것입니다.

6 내용은 간단하게 설명하고 표, 그림, 그래프, 몸짓을 사용하여 효과적으로 전달하도록 합니다.

7 지층은 수평인 지층, 끊어진 지층, 휘어진 지층 등 모양이 다양합니다. ②와 ④는 수평인 지층, ③과 ⑤는 휘어진 지층입니다.

8 여러 가지 모양의 지층은 시루떡이나 샌드위치처럼 여러 개의 층으로 이루어져 있고, 층의 모양, 두께, 색깔이 다릅니다.

9 지층은 ㉡→㉣→㉠→㉢의 순서로 만들어져 발견됩니다.

10 ㉠은 이암, ㉡은 사암, ㉢은 역암입니다.

11 사암은 주로 모래가 굳어져 만들어진 퇴적암입니다.

12 화석 모형 만들기 실험에서 찰흙 반대기는 지층, 조개껍데기는 옛날에 살았던 생물, 찰흙 반대기에 찍힌 조개의 겉모양과 알지네이트로 만든 조개의 형태는 화석에 비유됩니다.

13 산호는 물의 깊이가 얕고 따뜻하며 파도가 잔잔한 바다에서 삽니다.

14 참외씨는 연한 노란색이고 길쭉합니다. ②는 사과씨, ③은 채송화씨, ④는 강낭콩, ⑤는 호두입니다.

15 화분 바닥에 있는 물 빠짐 구멍을 망이나 작은 돌을 사용하여 막습니다.

16 식물의 한살이를 관찰하기 위해서는 한살이 기간이 짧고, 잎, 줄기, 꽃, 열매 등을 관찰하기 쉬운 식물이 적합합니다.

17 씨가 싹 트는 데 물이 미치는 영향을 알아보는 실험이므로 한쪽 페트리 접시에만 물을 주어야 합니다.

18 비슷한 크기로 자란 강낭콩 화분 두 개 중에 한 화분은 물을 적당히 주고, 다른 화분은 물을 주지 않는 실험입니다.

19 강낭콩은 자라면서 잎이 점점 넓어지고 개수도 많아집니다. 줄기도 점점 굵어지고 길이가 길어지며 개수도 많아집니다.

20 강낭콩의 꽃과 열매가 자라는 순서: 꽃봉오리가 생깁니다. → 꽃이 핍니다. → 꽃이 지고 열매가 생깁니다. → 열매가 자랍니다.

145~147쪽

2회 100점 예상문제

1 (나) 2 전자저울 3 (차례로) 부피, 무게 4 식용 구연산의 양을 1 g씩 늘릴 때마다 발생하는 탄산수 거품의 높이가 1 cm씩 높아진다. 5 부리가 크고 두껍다.(○) 6 ④ 7 ㉢ 8 ⑤ 9 ① 10 화석 11 ⑤ 12 퇴적물 13 ① 14 (1) 사과씨 (2) 강낭콩 15 ② 16 싹 트는 데 물이 필요하다 17 (1) ㉡, ㉢, ㉣, ㉤, ㉥ (2) ㉠ 18 ④ 19 ④ 20 ③

풀이

1 변화가 일어난 후에는 거품이 내려가고 탄산수가 다시 투명해집니다.

2 전자저울에 표시되는 공기 방울의 위치를 보고 수평을 맞출 수 있습니다.

3 눈금실린더는 액체의 부피를 측정할 때 사용하고 저울은 무게를 측정할 때 사용됩니다.

4 구연산의 양과 높이의 관계를 확인합니다. 측정값이 많을수록 정확한 규칙을 얻을 수 있습니다.

5 (나)와 (라) 핀치의 부리 모양이 콩새의 부리와 비슷하게 생긴 것을 관찰할 수 있으며 크고 두꺼운 부리로 단단한 씨를 부숴 먹기 쉽다는 것을 추리할 수 있습니다.

6 가늘고 뾰족한 부리가 있기 때문에 좁은 나무 틈에 사는 벌레를 꺼내 먹기 쉬울 것입니다.

7 아래에 있는 층이 쌓인 다음 그 위에 자갈, 모래, 진흙 등이 쌓여서 새로운 지층이 만들어집니다. 지층은 아래에 있는 층이 먼저 만들어진 것입니다.

8 알갱이의 크기가 이암은 작고, 사암은 중간이며, 역암은 크기가 큽니다.

9 암석의 무게는 암석의 특징이라고 할 수 없으며, 암석의 무게는 각각 다릅니다.

10 공룡이나 새의 발자국, 배설물, 조개가 판 구멍 등 생물이 활동한 흔적도 화석이 될 수 있습니다.

11 삼엽충은 고생대에 살던 동물로 머리, 가슴, 꼬리의 세 부분으로 나누어지고, 모양이 잎을 닮았습니다.

12 퇴적물이 생물의 몸체 위에 쌓여서 화석이 만들어집니다.

13 어떤 생물의 화석이 많이 남아 있다면 그 생물이 많이 살았을 것이라고 짐작할 수 있지만 정확한 수를 알 수는 없습니다.

14 (1)은 사과씨, (2)는 강낭콩입니다.

15 식물의 뿌리는 땅속에 있으므로 뿌리가 자라는 모습을 관찰하기는 어렵습니다.

17 식물이 자라는 데 물이 필요한지 알아보는 실험이므로 물 조건만 다르게 하고 나머지 조건은 같게 해야 합니다.

18 식물의 줄기는 시간이 지남에 따라 점점 길어지므로 막대그래프에서 막대의 길이가 점점 길어집니다.

19 강낭콩은 꽃이 피고 진 자리에 열매가 생기므로 꽃과 열매는 동시에 생기지 않습니다.

20 감나무는 여러 해 동안 죽지 않고 살면서 한살이를 반복하는 여러해살이 식물입니다.

3회 100점 예상문제 148~150쪽

1 저울 **2** ② **3** © **4** 무게 **5** ③ **6** 15 cm **7** ③ **8** ④ **9** ⓜ © © ㄱ ② **10** (개)는 수평 잡기의 원리를 이용한 저울이고, (나)는 용수철의 성질을 이용한 저울이다. **11** (1) × (2) ○ (3) ○ **12** 홍연 **13** ⑤ **14** 알갱이의 크기 차이를 이용한다. **15** 좁쌀 **16** ⑤ **17** ② **18** © ㄱ ② © **19** ③ **20** ②

풀이

1 저울을 사용하면 물체의 무게를 정확하게 측정할 수 있고, 사람마다 물체의 무게를 측정한 값이 같습니다.

2 목욕탕에서는 저울을 이용해 몸무게를 측정합니다.

3 용수철에 건 추의 무게가 무거울수록 용수철은 많이 늘어납니다.

4 용수철에 추를 걸어 놓았을 때 용수철의 길이가 늘어나는 것은 지구가 추를 끌어당기는 힘 때문입니다.

5 용수철에 추를 한 개씩 더 걸 때마다 용수철은 3 cm씩 늘어난다는 것을 알 수 있습니다.

6 용수철에 20 g중 추를 한 개씩 걸 때마다 용수철은 3 cm씩 늘어나므로 추를 네 개 걸면 12 cm, 다섯 개 걸면 15 cm 늘어납니다.

7 ㄱ은 손잡이, ㄴ은 영점 조절 나사, ㄷ은 표시 자, ㄹ은 눈금, ㅁ은 고리입니다.

8 받침점을 가운데 놓고 무게가 같은 물체로 수평을 잡으려면 각각의 물체를 받침점으로부터 같은 거리에 놓으면 됩니다.

9 양팔저울을 사용할 때는 가장 먼저 저울을 평평한 곳에 놓습니다.

11 혼합물에 섞여 있는 물질은 섞이기 전과 같은 각 물질로 분리할 수 있습니다.

12 김밥 재료들의 맛과 색깔은 변하지 않습니다.

13 설탕은 사탕수수에서 얻을 수 있고, 사탕수수에서 분리한 설탕을 다른 물질과 섞으면 사탕을 만들 수 있습니다.

14 알갱이의 크기가 서로 다른 성질을 이용하여 콩, 팥, 좁쌀의 혼합물을 분리할 수 있습니다.

15 눈의 크기가 팥보다 크고 콩보다 작은 체를 사용한 후에 좁쌀보다 크고 팥보다 작은 체를 사용하면 콩 → 팥 → 좁쌀의 순서로 혼합물의 알갱이를 분리할

수 있습니다.

16 철 구슬은 자석에 붙지만 플라스틱 구슬은 자석에 붙지 않습니다.

17 철 구슬만 자석에 붙는 성질을 이용하여 플라스틱 구슬과 철 구슬의 혼합물을 분리합니다.

18 거름종이는 고깔 모양으로 접어 깔때기 안에 넣고 물을 묻힙니다.

19 거름종이에 남아 있는 물질은 물에 녹지 않는 모래이고, 거름종이를 빠져나간 물질은 소금물입니다.

20 폐지로 만든 종이 죽과 물을 수조에 넣고 식용 색소를 넣은 뒤 잘 섞어 종이 만들기 틀을 수조에 넣고 원하는 두께가 되도록 종이뜨기를 하여 재생 종이를 만듭니다.

4회 100점 예상문제   151~153쪽

1 ㉡   2 지구가 가벼운 추보다 무거운 추를 끌어당기는 힘의 크기가 크기 때문이다.   3 ㉡, ㉢   4 ⑵
○   5 ⑴ 용수철의 성질 ⑵ ㈐   6 ④   7 ㉠   8
⑤   9 영미가 재경이보다 몸무게가 무겁다.   10 ④
11 ②   12 ⑤   13 예 원하는 물질을 얻을 수 있다.
14 ③, ④   15 ㉡   16 ④   17 자석   18 모래
19 ①, ③   20 ①

풀이

1 물체의 무게를 손으로 들어서 비교하는 것은 사람마다 느끼는 물체의 무게가 다를 수 있기 때문에 정확하지 않습니다.

2 지구가 물체를 끌어당기는 힘은 물체의 무게로 나타납니다.

3 물체를 이루는 물질의 양은 질량이며, 용수철에 걸어놓은 물체의 무게가 무거울수록 용수철은 많이 늘어납니다.

4 용수철의 끝 부분을 종이 자의 0 cm 눈금에 맞춥니다.

5 ㈎는 윗접시저울, ㈏는 가정용 저울, ㈐는 체중계, ㈑는 전자저울입니다.

6 ① 물체는 고리에 걸고 무게를 잽니다. ② 고리에 걸 수 없는 물체는 구멍을 뚫은 지퍼 백에 넣고 무게를 잽니다. ③ 물체의 무게는 표시 자의 눈금이 움직이

지 않을 때 측정합니다. ⑤ 용수철 저울이 측정할 수 있는 물체의 무게는 정해져 있습니다.

7 용수철저울로 물체의 무게를 잴 때에는 ㉡→㉣→㉢→㉠의 순서로 합니다.

8 물체의 무게가 무거울수록 용수철이 많이 늘어납니다.

10 1~2 g중 정도의 매우 가벼운 물체의 무게도 정확하게 잴 수 있는 저울은 전자저울입니다.

11 시리얼, 초콜릿, 말린 과일 등을 섞어 만든 간식은 각각의 맛과 색깔을 그대로 유지한 혼합물입니다.

12 김밥은 단무지, 달걀, 당근, 시금치 등 여러 가지 재료가 섞여 있는 혼합물입니다.

13 혼합물을 분리하면 원하는 물질을 얻을 수 있고, 분리한 물질을 다른 물질과 섞어 생활에 필요한 물질을 만들 수 있습니다.

14 모래와 자갈 혼합물의 분리와 크기가 다른 방울토마토의 분리는 알갱이의 크기 차이를 이용한 것입니다.

17 철은 자석에 붙고 알루미늄은 붙지 않으므로 자석을 사용하여 철 캔과 알루미늄 캔을 분리합니다.

18 소금과 모래의 혼합물을 물에 녹여 거름 장치로 거르면 거름종이에 모래만 남습니다.

19 깔때기와 거름종이는 물질을 거를 때 사용합니다.

20 증발 접시에 남은 물질은 소금입니다. 소금은 하얀색고체이고 짠맛이 납니다.

5회 100점 예상문제   154~156쪽

1 ⑴-㈐ ⑵-㈎ ⑶-㈎   2 눈금실린더   3 ③
4 ⑴ ○   5 ⑤   6 ③   7 ⑵ ○   8 ㈐, ㈑   9
②   10 온도   11 ②   12 씨가 싹 터서 자라 꽃이 피고 열매를 맺어 번식한다.   13 ③   14 ㉠   15 ②
16 수평 잡기   17 ③   18 콩   19 ②   20 ⑤

풀이

1 손으로 만져보는 것은 피부 감각 기관을 이용하여 알 수 있는 것이고 구연산을 넣었을 때 거품이 발생하는 것은 눈으로 보고 알 수 있습니다.

2 눈금실린더에 물을 부을 때에는 눈금실린더의 가운데 부분을 잡고 기울여서 물을 붓고, 정확한 측정을 위해 스포이트를 사용할 수 있습니다.

3 화려함의 기준은 사람에 따라 다르기 때문에 과학적인 분류 기준이 될 수 없습니다.

4 먹이의 종류에 따라 부리 모양이 다릅니다. (1) 솔새 핀치는 뾰족하고 가느다란 부리로 나무 구멍 속 곤충을 꺼내 먹기 쉽고 (2) 큰땅핀치는 크고 튼튼한 부리로 씨를 부숴 먹기 쉽습니다.

5 지층은 아래에서부터 차례대로 쌓이므로 지층의 아래에 있는 층은 위에 있는 층보다 먼저 만들어진 것입니다.

6 지층 모형은 층마다 알갱이의 크기와 색깔이 다르고 층층이 쌓여 있으며 수평입니다.

7 사암은 모래가 굳어져 만들어진 암석입니다.

8 (가)는 삼엽충 화석, (나)는 공룡알 화석입니다.

9 식물의 한살이를 관찰할 때에는 한살이 기간이 짧고 잎, 줄기, 꽃, 열매 등을 관찰하기 쉬운 식물을 선택하는 것이 좋습니다.

10 씨가 싹 트는 데 온도가 미치는 영향을 알아볼 때는 온도를 제외한 모든 조건을 같게 합니다.

11 강낭콩이 싹 틀 때는 먼저 뿌리가 나오고 떡잎이 나온 후, 본잎이 나옵니다.

12 식물은 한살이 기간이 다를 수 있지만 한해살이 식물과 여러해살이 식물 모두 씨가 싹 트고 자라 꽃이 피고 열매를 맺어 다시 씨를 만들어 대를 잇습니다.

13 200g중과 300g중 사이의 눈금이 5칸이므로 한 칸은 20g중입니다. 200g중에서 눈금 한 칸 위를 가리키므로 필통의 무게는 180g중입니다.

14 받침점을 가운데 놓고 무게가 같은 물체를 받침점으로부터 같은 거리에 놓으면 수평이 됩니다.

15 기준 물체는 일정한 무게를 가진 물체이어야 합니다.

16 바지걸이의 양 끝에 지퍼 백을 매달고 지퍼 백을 매단 바지걸이가 수평을 이루도록 합니다. 바지걸이를 이용한 저울은 수평 잡기의 원리에 맞게 저울을 만들어 물체의 무게를 비교할 수 있습니다.

17 바닷물을 증발시켜 만드는 소금은 두 가지 이상의 물질이 섞인 것이 아니므로 혼합물이 아닙니다.

18 체의 눈 크기가 팥보다 크고 콩보다 작으면 콩은 체 위에 남고, 팥과 좁쌀은 체를 빠져나옵니다.

19 모래와 소금은 모두 자석에 붙지 않으므로 자석으로 혼합물을 분리할 수 없습니다.

20 거름 종이를 빠져나간 물질은 소금물로 증발 접시에 소금물을 붓고 가열하면 물은 증발하고 소금이 생깁니다.

6회 100점 예상문제 157~159쪽

1 (3) ○ 2 (1) 식용 구연산의 양 (2) 거품의 높이 3 (가) 4 (2) 예 크고 두꺼운 부리가 있기 때문에 단단한 씨를 부숴 먹기 쉽다. 5 역암 6 이암 7 ① 8 ④ 9 ② 10 두세 11 (다) ○ 12 ③ 13 ㉤ 14 ② 15 ① 16 예 시소가 성욱 쪽으로 기울어진다. 17 (1)-㉠, ㉡ (2)-㉢, ㉣ 18 (1) 좁쌀 (2) 콩 19 ㉠ 좁쌀, 팥 ㉡ 팥, 콩 20 ④

풀이

1 변화가 일어나는 중에 발생했던 거품이 사라지고 색깔이 투명해지는 것은 변화가 일어난 후의 관찰 모습입니다.

2 식용 구연산의 양에 따른 거품의 높이를 나타내므로 가로축에 늘어나는 구연산의 양을 표시하고 결과로 세로축에 거품의 높이를 표시합니다.

3 크기의 기준이 명확하지 않기 때문에 사람에 따라 크기가 큰 것과 크기가 크지 않은 것의 분류 기준이 달라집니다.

4 두꺼운 견과류 망치와 비슷한 원리로 단단한 씨를 부숴 먹기 쉬울 것으로 추리할 수 있습니다.

5 알갱이의 크기가 가장 작은 것은 이암, 중간인 것은 사암, 가장 큰 것은 역암입니다.

6 이암은 진흙이나 갯벌의 흙과 같이 알갱이의 크기가 매우 작은 것이 굳어져 만들어진 암석이기 때문에 만지면 부드럽습니다.

7 삼엽충은 고생대에 살던 동물로 머리, 가슴, 꼬리의 세 부분으로 나눌 수 있으며 모양이 잎을 닮았습니다.

8 조개 화석이 발견된 것으로 보아 옛날에 강이나 바다나 호수였다는 것을 알 수 있습니다.

9 식물의 씨는 열매에서 생기는데, 씨가 싹 터서 자라 잎, 줄기, 뿌리, 꽃, 열매 등이 만들어집니다.

10 씨를 너무 얕게 심으면 씨가 마르거나 동물에게 먹히기 쉽고, 너무 깊게 심으면 공기가 잘 통하지 않아 씨가 썩기 쉽습니다.

11 (가)와 (나)는 물을 주어 싹이 튼 강낭콩의 특징입니다.

12 호박, 벼, 옥수수, 강낭콩은 한해살이 식물이고 개나리, 감나무, 사과나무, 무궁화 등은 여러해살이 식물입니다.

13 물체가 무겁다는 것은 지구가 그 물체를 가벼운 물체보다 더 세게 끌어당긴다는 것입니다. 지구가 더 세게 끌어당길수록 용수철은 많이 늘어납니다.

14 물체의 무게를 측정하기 전에 용수철저울의 표시 자를 눈금 '0'에 맞추어 놓습니다.

15 두 나무토막은 받침점으로부터 같은 거리에 놓여 있고 나무판자가 수평이 되었으므로 두 나무토막의 무게가 같다는 것을 알 수 있습니다.

16 유리가 시소의 받침점에 더 가까이 한 칸 앞으로 옮겨 앉으면 유리와 받침점까지의 거리가 성욱보다 가까워지므로 성욱 쪽이 무거워져 시소가 성욱 쪽으로 기울어집니다.

17 물과 소금물은 혼합물이 아니고, 김밥과 나박김치는 혼합물입니다.

18 콩, 팥, 좁쌀을 크기가 작은 것부터 순서대로 나열하면 좁쌀, 팥, 콩입니다.

19 좁쌀이 먼저 분리될 경우에는 체의 눈 크기가 좁쌀보다 크고 팥보다 작은 체를 사용한 것입니다.

20 거름 장치를 꾸밀 때는 깔때기 끝의 긴 부분을 비커의 옆면에 닿게 설치하여 용액이 비커의 벽을 타고 흐르도록 합니다.

www.kyohak.co.kr

단원평가 총정리

변형 국배판 / 1~6학년 / 학기별

- 디자인을 참신하게 하여 학습 효율성을 높였습니다.
- 단원 평가에 완벽하게 대비할 수 있도록 전 범위를 수록하였습니다.
- 교과 내용과 관련된 사진 자료 등을 풍부하게 실어 학습에 흥미를 느낄 수 있도록 하였습니다.
- 수준 높은 서술형 문제를 실었습니다.

정답과 풀이

과학